埋地管道瞬变电磁检测理论与应用

胡 博 于润桥 著

科 学 出 版 社
北 京

内 容 简 介

本书从应用角度出发，详细阐述了瞬变电磁检测埋地管道的理论基础、方法技术和应用实例。全书共 6 章，主要内容包括埋地管道无损检测技术的发展、瞬变电磁法的特点、瞬变电磁检测埋地管道腐蚀的基本理论、基于非均匀网格剖分的时域有限差分三维正演数值模拟技术、模拟各种管道腐蚀模型和工况的试验研究、适用于实际检测操作的数据处理方法，以及在油气管道和热力管道中的工程应用情况。

本书可作为高等学校无损检测及相关专业学生、教师的参考资料，也可供从事无损检测研究与工程应用的科研人员和工程师参考。

图书在版编目(CIP)数据

埋地管道瞬变电磁检测理论与应用/胡博，于润桥著. —北京：科学出版社，2019.11

ISBN 978-7-03-062805-3

Ⅰ. ①埋…　Ⅱ. ①胡…　②于…　Ⅲ. ①瞬变电磁法-应用-埋地敷设-地下管道-金属管-管道检测　Ⅳ. ①U173.9②P631.3

中国版本图书馆 CIP 数据核字(2019)第 235583 号

责任编辑：朱英彪　赵晓廷／责任校对：贾娜娜
责任印制：吴兆东／封面设计：蓝正设计

科学出版社出版
北京东黄城根北街 16 号
邮政编码：100717
http://www.sciencep.com
北京厚诚则铭印刷科技有限公司 印刷
科学出版社发行　各地新华书店经销
*
2019 年 11 月第　一　版　开本：720 × 1000　1/16
2021 年 7 月第二次印刷　印张：11
字数：220 000

定价：85.00 元
(如有印装质量问题，我社负责调换)

前　言

随着我国经济建设的快速发展，金属管道的敷设数量急剧增加。目前，我国的油气输送管道、热力管道等均采用埋地的方式。埋地管道随着服役时间增长，会发生腐蚀、变形甚至破裂，这些损伤将严重威胁管道的运营安全，甚至造成极大的经济损失和人员伤亡。因此，迫切需要研发无损检测新技术和综合检测技术，以及时有效地对在役埋地管道的运营状况进行检测。

瞬变电磁法起源于地球物理勘探领域，是一种建立在电磁感应原理基础上的时域人工源电磁探测方法。它利用不接地回线向地下发送一次磁场，在一次磁场间歇期间，测量由地下介质产生的感应二次磁场随时间的变化，来达到寻找各种地质目标体的目的。将瞬变电磁法应用到埋地管道腐蚀的无损检测中，是地球物理勘探和无损检测学科交叉应用的一个新方向。埋地管道本体发生腐蚀后，腐蚀区域介质的导电性会发生显著变化，腐蚀物质为高阻体，而管道本体金属为低阻体，即产生介质导电性的差异，这是瞬变电磁法得以应用的前提。

本书作者一直致力于瞬变电磁检测埋地管道腐蚀缺陷的理论研究和应用，取得了一系列的成果，本书内容是对相关研究和应用成果的总结。全书共 6 章。第 1 章介绍埋地管道检测的背景和相关现状，指出埋地管道腐蚀检测的重要性和紧迫性，并介绍瞬变电磁检测埋地管道腐蚀的原理和特点，分析瞬变电磁法的发展和在埋地管道检测应用中存在的问题。第 2 章介绍瞬变电磁检测埋地管道腐蚀的基本理论和方法，包括检测原理和检测装置、埋地管道的瞬变电磁响应过程、激励和接收信号的特点和采样方法，以及均匀半空间瞬变电磁场的相关计算等。第 3 章介绍埋地管道腐蚀模型的瞬变电磁场三维正演数值模拟技术，利用时域有限差分算法对模型进行非均匀网格剖分和共形计算，得到不同腐蚀模型的瞬变电磁响应特征，并给出有限元法仿真的部分结果进行对比分析。第 4 章介绍埋地管道模型的试验研究，设计优化检测装置参数，验证数值模拟结果，并进行各种实际工况下的模拟试验。第 5 章介绍瞬变电磁检测埋地管道的野外工作方法、埋地管道的数据处理方法和相关的实际工程应用，给出瞬变电磁法在石油管道、天然气管道和城市热力管道检测中的应用案例。第 6 章为本书的总结和展望。

本书第 1～4 章由胡博撰写，第 5 章和第 6 章由于润桥撰写，全书由胡博进行统稿。本书的出版得到了国家自然科学基金项目(51565043)和南昌航空大学的资助，在此表示感谢。

由于作者水平有限，书中难免存在不妥之处，敬请广大读者批评指正。

作　者
南昌航空大学
2019 年 3 月

目　录

第 1 章　绪　　论

1.1　埋地管道检测背景和现状

油气远距离输送最常用、最经济的方式是金属管道输送，基本上采用埋地的方式，埋深一般在地下 0.5～2m。我国油气输送管道已突破 8 万 km，其中大部分管道已经使用了 10～20 年，到了事故发生概率高峰期。需要特别指出的是，在我国石油开采领域，有的油井已进入含水量高、含盐量高、原油稠度高、需要高温注水的开发阶段，集输管道腐蚀严重，不少输油管道已处于频繁修补的状态。油气输送管道随着服役时间的增长，会发生腐蚀、变形甚至破裂，这些损伤将严重威胁管道的运营安全。2013 年 11 月 22 日凌晨 3 时许，青岛中石化黄潍输油管道发生破裂泄漏，处置过程中，当日上午 10 时 30 分许，发生燃爆事故，共造成 62 人死亡，136 人受伤，直接经济损失 7.5 亿元。经国家安全生产监督管理总局调查，事故主因是输油管路与排水暗渠交汇处管道腐蚀变薄破裂，原油泄漏，流入排水暗渠，挥发的油气与暗渠中的空气混合形成易燃易爆气体，在相对封闭的空间内集聚。该事件敲响了长输油气管道安全隐患的警钟。因此，油气储运行业迫切需要无损检测新技术和综合检测技术。及时有效地对在役管道的运营状况进行检测是保障能源安全输送的重要环节之一，其中检测埋地金属管道的腐蚀状况是管道安全性评价的关键。

埋地金属管道的非开挖检测技术包括内检测技术和外检测技术。内检测技术主要是对管道内壁的几何形状进行检查，适合大口径长输干线的管体腐蚀检测，成熟的内检测技术有漏磁法[1,2]、超声波法[3,4]和涡流法等。采用漏磁法和超声波法进行内检测时需要用到爬行机，若管道中有铁锈等其他物质堆积阻塞，以及在管道的拐角处，会因爬行机无法作业而导致检测失败。涡流法包括普通涡流法和远场涡流法。普通涡流法由于对铁磁材料的穿透力很弱，仅限于检测表面腐蚀；远场涡流法[5,6]对缺陷的定量较为困难。因此，在实际作业中，对老龄化的管道和运营状况不明确的管道，是无法采取内检测技术的。外检测技术是通过向管道施加额定交、直流电信号在管道正上方检测信号变化的无损检测技术，现有的外检测技术如管中电流法和电位梯度法，主要实现的是对管道外包覆层破损情况的检测，相关技术的应用已经比较成熟。而对管道本体的检测，是工程领域尚未妥善解决的问题。目前，对管道本体腐蚀的地面非开挖外检测技术主要有基于感应二次磁场测量的瞬变电磁法

(transient electromagnetic method, TEM)和基于金属磁记忆原理的非接触式磁力层析诊断技术。这两种技术都还处于探索和开发阶段，其中用非接触式磁力层析诊断技术检测时要求管道带有一定压力，测磁信号较弱，容易受环境因素的影响，对应力集中区域较为敏感；而瞬变电磁法既不受野外复杂场地条件的影响，也不受管道运营状况的影响，可同时获得管道的内外腐蚀缺陷信息，对管道的腐蚀全貌做出评价，且应用成本低，具有良好的应用前景。此外，超声导波检测技术也能够实现对埋地管道的不开挖长距离检测，但存在波源影响纵向模态导波传播[7]和弯头处模态转换复杂等问题[8]，实际应用效果尚不明确。

1.2　瞬变电磁法简介

瞬变电磁法起源于地球物理勘探领域，是一种建立在电磁感应原理基础上的时域人工源电磁探测方法。它利用不接地回线向地下发送一次脉冲磁场(通常称为一次磁场)，在其激发下，地下地质体中激励起的感应涡流将产生随时间变化的感应电磁场(通常称为二次磁场)。由于二次磁场包含地下地质体丰富的地电信息，在一次脉冲磁场关断的间隙期间，利用线圈观测二次磁场，通过对二次磁场响应信息的提取和分析，可以达到探测地下地质体的目的。因其研究的是二次磁场响应信息与时间的关系，故属于时域电磁法。一次磁场和二次磁场均为瞬态场，也称其为瞬变电磁法。

埋地金属管道本体发生腐蚀后，腐蚀区域介质的导电性发生显著变化，腐蚀物质为高阻体，而管道本体金属为低阻体，形成介质导电性的差异，这是瞬变电磁法得以应用的前提。利用瞬变电磁法对埋地金属管道腐蚀进行检测，在稳定激励电流小回线周围建立一次磁场，瞬间断开激励电流便形成了一次磁场“关断”脉冲。这一随时间陡变的磁场在管体中激励起随时间变化的“衰变涡流”，即二次磁场，二次磁场穿过接收回线中的磁通量随时间变化，在接收回线中激励起感应电动势，最终观测到用激励电流归一化的二次磁场衰变曲线，即瞬变电磁响应曲线。采集的二次磁场信息是处理后的归一化感应电动势，它是包含被测管道、管道内输送的介质、防腐层和围土介质等各种影响因素在内的综合信号，可以从中分离提取出与被测管道本体直接相关的时变信息。在其他条件不变的情况下，如果管体发生腐蚀减薄，管壁厚度不同的管段分离出的瞬变电磁响应曲线将存在差异，继而通过反演计算，可得到被测管段的管壁厚度。

瞬变电磁检测信号具有时间和空间的可分性。这是因为观测是在激励信号关断后的时间段进行的，且只分析脉冲关断期间的数据，所以去除了一次磁场的干扰，这就是瞬变电磁检测信号在时间上的可分性。另外，由傅里叶变换可知，任何脉冲信号都可分解为不同频率的正弦信号之和，不同观测时间信号的主要频率成分不同，则相应时间的场在管中的传播速度不同，检测深度也就不同，这就是瞬变电磁检测信号在空间上的可分性。应用瞬变电磁法检测埋地金属管道腐蚀缺陷，具有以下特点。

(1) 可以采用同点装置观测，通常用中心回线装置。这种装置的体积效应小，横向分辨能力强，与检测目标有最佳的耦合，响应信号强。

(2) 可在断电后进行观测，排除了一次磁场即装置耦合噪声的干扰，简化了对异常响应的研究，具有更高的检测和分辨能力。

(3) 在管道外、上方地面直接检测管壁缺陷，可实现不开挖、在役检测，大大缩短管道的更换和修复时间，提高检测效率。

(4) 受激励线圈方位、形状等的影响很小，可根据现场检测条件调整装置的结构，具有测地工作简单、灵活、工作效率较高的优点。

(5) 由于激励信号能量分布的频带较宽，通常信噪比较低，所以容易受到雷电等自然和人为因素的影响，可以通过采集信号的多次叠加和选取合适的观测时窗来降低噪声的干扰。

(6) 增大激励信号发射功率可增强感应二次磁场强度，进而可以增加检测深度。

1.3　瞬变电磁法的发展和埋地管道检测中存在的问题

美国学者早在 1989 年申报的专利中就提出用瞬变电磁法检测金属管道的壁厚，但当时使用比金属管道尺寸小的通电线圈进行电磁信号的发射和接收，因此该方法更加接近于涡流检测法[9]。20 世纪末，用于埋地金属管道腐蚀检测的瞬变电磁法开始成为工程物探领域研究的新方向[10]，尤其在油气田长输管道外部无损检测中显示出其独特的优势[11,12]。国内学者借鉴瞬变电磁法探测低阻地质体的原理，将瞬变电磁法用于检测埋地金属管道的腐蚀程度。最早在大庆油田进行探索性试验并取得一定成功经验[13]，之后又在胜利油田开展了瞬变电磁检测的相关实践[14]，但在理论研究方面，研究人员只是在简化模型的基础上做了初步探索[15,16]，离解决埋地金属管道腐蚀检测的实际问题尚有差距。管道埋地深度大于 5m 的瞬变电磁无损检测以及多层管体的检测理论和技术都是未妥善解决的问题[17,18]。此后，相关的理论研究便一直处于停滞阶段。

瞬变电磁正演理论的研究已有 60 多年，一维和二维正演模拟算法已经较为成熟。20 世纪 80 年代国内外学者开始着手研究 2.5 维电磁场的数值模拟，开辟了多维反演的研究方向。三维正演是反演的基础，对进一步提高资料解释水平和方法的应用效果具有重要的理论指导和现实意义。传统的正演模拟是在频域中进行计算，再通过数值手段将结果转换到时域[19]，不仅能够实现一维计算，还可推广到三维模型[20]，当模型较为复杂时，其计算精度比直接在时域计算低。由于实际地下环境非常复杂，为了能够模拟复杂的地质模型，有限差分法、有限元法和积分方程法等数值模拟算法被引入电磁场计算中。

Leppin 用时域有限差分(finite difference time domain, FDTD)法求解了 2.5 维矩形电流回线的电磁响应问题[21]；Tabarovsky 等将有限差分法和积分方程法相结合进行了 2.5 维模拟[22]；Unsworth 等用 TM (transverse magnetic)模式实现了频域电流偶极源电磁场的 2.5 维有限单元法模拟[23]，当异常较小时，计算精度低；王华军等实现了中心回线瞬变电磁法的 2.5 维有限元数值算法，直接计算二次磁场，取得较好效果[24]；Chang 等对电偶极子源进行了 2.5 维有限元数值模拟，并引入新的二次磁场计算方法，只需要计算一次磁场的两个分量[25]；Xiong 对电导率分块均匀的地电模型进行瞬变电磁法 2.5 维有限元数值模拟[26]；辛会翠等尝试用瞬变电磁法进行了 2.5 维有限差分正演模拟[27]。

三维有限元数值模拟早期应用在微波天线领域，最近几年才开始用于三维地电磁场的正演模拟。Persova 等给出了用有限元法模拟三维地电磁场的基本算法[28]，接着进一步给出了地表不接地回线的精确计算[29]；Um 等采用 Dirichlet 边界条件对电磁场扩散方程进行了时域的有限元模拟[30]，并对频域有限元法求解大地电磁扩散的迭代方程进行了有效处理[31]；基于自适应时间步长加倍方法计算的时域三维有限元法被应用到海洋电磁勘探中，其计算速度得到改善，但晚期的时间步长过大且对模型电导率有一定限制[32]；Onegova 等对含有金属铀的地质导向水平井模型的瞬变电磁场进行了三维有限元模拟[33]；Li 等进行了基于矢量有限单元法的大回线源瞬变电磁法三维数值模拟[34]，仍需要进行频域到时域的转换。

Wang 等最早实现了三维显示差分格式的 FDTD 数值模拟，该算法可展现电磁场在地下随时间传播的全过程[35]；Teixeira 等用 Wang 等建立的算法对复杂介质中圆柱目标体的瞬变电磁波场进行计算[36]；Pavlov 等应用 Wang 等建立的算法模拟了同时存在电导率和磁导率异常的电磁场[37]；为了使模型更加接近实际，Commer 等使用交错网格和 DuFort-Franke 法对接地电流源的三维模型进行了并行有限差分模拟[38]。Niu 等利用三维 FDTD 法模拟海洋可控源瞬变电磁法，重点分析了海平面上的边界条件[39]。Panayappan 等模拟了随钻测井过程中井中低频电磁场的 FDTD 法，主要研究电偶极子和磁偶极子在层状地质模型中的分布[40]。岳建华等对全空间瞬变电磁场进行了三维 FDTD 正演模拟研究[41]，改进了吸收边界条件[42]。闫述等也做了相关研究，并总结了复杂三维瞬变电磁场 FDTD 模拟中需要解决的问题[43]。孟庆鑫等研究了井中磁源瞬变电磁法三维 FDTD 数值模拟[44]。Tang 等用基于张量格林函数的积分方程法模拟了长偏移瞬变电磁法的地形影响[45]。孙怀凤等研究了考虑关断时间的矩形回线源激发瞬变电磁场的三维 FDTD 正演算法[46]。Marchant 等直接在时域模拟三维电磁场的激发极化效应[47]。胡博等用边界元法模拟了矿井瞬变电磁检测中巷道的响应特征[48]，但边界元法与积分方程法相似只适合异常较为单一的模型。

通过上述分析，用瞬变电磁法勘探地下目标体的正演数值模拟存在如下问题：一是三维有限元算法研究起步晚，时域的有限元算法相对更加复杂，难以克服计算量大、计算时间长的缺点，因此实际应用中多研究 2.5 维的地电模型，并进行时频转换；二是积分方程法和边界元法受算法本身的限制，仅适合简单模型的正演计算，无法实现地下复杂目标体的模拟；三是三维模型的时域瞬变电磁模拟主要使用 FDTD 算法，但仍然存在计算时间与网格密度间的制约关系，目前仅用于常规 Yee 氏网格的剖分计算，对于尺寸较大的地下目标体，其网格剖分和算法较为成熟，能够满足计算需求，而对于特殊形状的异常体和较小尺寸的模型，则缺少相应网格剖分技术和算法来保证异常体边界处的计算精度。

目前，对埋地金属管道地电模型瞬变电磁场正演理论的研究较少，尤其是管道埋深较浅，早期信号受一次磁场的影响较大，且具有特殊腔体结构和小尺寸的特点，一般的地球物理地电模型正演算法不适合此种模型，埋地金属管道的瞬变电磁无损检测实践应用缺乏科学的理论支撑。因此，有必要对埋地金属管道腐蚀模型的正演数值模拟技术做深入研究，为精确解释管道的腐蚀程度提供理论依据。由于瞬变电磁法观测的是关断时间后的纯二次磁场，信号幅值较弱，噪声水平相对较高，尤其在工程物探应用中，多数是在人文干扰较强的地区进行工作，此类问题更为严重。需要对瞬变电磁测量中噪声的数据进行处理，常用的方法有三点指数逼近非线性平滑去噪、小波变换去噪[49,50]、随机共振[51]和等效源技术[52]等。本书作者通过部分模型试验和现场实测的相关研究发现，当外界噪声(主要是高压线等电磁噪声)干扰较大时，检测结果误差一般在 50%以上，现有的检测装置无法满足实际检测应用的要求，且对于不同的检测目标，去噪方法的应用效果也有所不同。文献[53]中也对噪声干扰进行了说明，但未提出有效的解决方案。因此，在检测过程中既要提高信号的幅值，又要有效地抑制噪声的干扰，建立高精度的检测方法。

本书作者将地球物理勘探与埋地金属管道的无损检测相结合，围绕埋地金属管道腐蚀的浅部瞬变电磁检测展开相关理论和实践研究。为了得到准确的瞬变电磁响应，建立符合实际情况的埋地金属管道三维地电模型，对管壁结构进行精细的网格剖分。有限差分算法更加适合直接在时域进行计算，可选为数值模拟的主要手段，对埋地金属管道不同腐蚀程度数学模型的瞬变电磁场进行数值模拟，并结合实际物理模型试验对算法进行验证和修正。通过数值模拟能够揭示埋地金属管道腐蚀模型的浅部瞬变电磁响应特征，得到瞬变电磁响应与埋地金属管道壁厚之间的定性和定量关系，进而分析相关参数的影响规律，为埋地金属管道腐蚀检测提供理论依据。在数值算法建立过程中关键要解决管道特殊腔体结构模型的网格剖分技术和吸收边界条件的设置，保证较小尺寸管壁边界处瞬变电磁响应的计算精度，真实模拟由仪器关断时间造成的一次磁场的影响。为了准确有效地采集瞬变电磁响应信息、减少噪声的影响、提高检测精度，试验中改进传统的接收装置，加入聚磁磁芯，提高接收信号的强度，得到有效的数据处理方法，建立高精度瞬变电磁检测技术。相关研究结果为精确解释长输油气管道的内外腐蚀程度提供了良好的理论依据，实现了在役管道的非开挖检测和安全性评估。

1.4 本书主要内容

全书共 6 章。第 1 章介绍埋地管道检测背景和相关现状，指出埋地管道腐蚀检测的重要性和紧迫性，并介绍瞬变电磁检测埋地管道腐蚀的原理和特点，分析瞬变电磁法的发展和在埋地管道检测应用中存在的问题。第 2 章介绍瞬变电磁检测埋地管道腐蚀的基本理论和方法，包括检测原理、检测装置、瞬变电磁响应过程、信号特点和采样方法、均匀半空间瞬变电磁场的相关计算等内容。第 3 章介绍埋地管道腐蚀模型的瞬变电磁场三维正演数值模拟技术，利用时域有限差分算法对模型进行非均匀网格剖分和共形计算，得到不同腐蚀模型的瞬变电磁响应特征，并进行有限元法仿真对比分析。第 4 章介绍埋地管道模型的试验研究，设计优化检测装置参数，验证数值模拟结果，并进行各种实际工况下的模拟试验。第 5 章介绍瞬变电磁检测埋地管道的工作方法和实际的工程应用，包括野外工作流程、数据处理方法和在油气管道及热力管道中的检测应用情况。第 6 章为本书的总结和展望。

1.5 本章小结

及时有效地对在役管道的运营状况进行检测是保障能源安全输送的重要环节之一，其中检测埋地金属管道的腐蚀状况是管道安全性评价的关键依据。瞬变电磁法起源于地球物理勘探领域，是一种建立在电磁感应原理基础上的时域人工源电磁探测方法。埋地金属管道本体发生腐蚀后，腐蚀区域介质的导电性能发生显著变化，而介质导电性的差异是瞬变电磁法得以应用的前提。该方法既不受野外复杂场地条件的影响，也不受管道运营状况的影响，可同时获得管道的内外腐蚀缺陷信息，对管道的腐蚀全貌做出评价，且应用成本低，具有良好的应用前景。

参考文献

[1] Gloria N B S, Areiza M C L, Miranda I V J, et al. Development of a magnetic sensor for detection and sizing of internal pipeline corrosion defects[J]. NDT & E International, 2009, 42(8): 669-677.

[2] 刘金海，吴振宁，王增国，等. 漏磁内检测数据中的管壁缺陷特征提取方法[J]. 北京工业大学学报, 2014, 40(7): 1041-1047.

[3] Goedecke H. Ultrasonic or MFL inspection: Which technology is better for you?[J]. Pipeline & Gas Journal, 2003, 230(10): 34-41.
[4] 张鹏, 蒲正元. 管道缺陷漏磁和超声波检测数据的对比分析[J]. 中国安全科学学报, 2014, 24(10): 113-119.
[5] Bruce N J. The remote field eddy current technique for stress corrosion crack detection and identification[J]. British Journal of Non-Destructive Testing, 1993, 35(5): 241-246.
[6] 张伟, 师奕兵, 王志刚, 等. 管道裂纹远场涡流检测的定量反演方法研究[J]. 仪器仪表学报, 2013, 34(8): 1681-1689.
[7] 胡剑虹, 唐志峰, 吕福在, 等. 波源对纵向模态导波在管道中传播的影响研究[J]. 机械工程学报, 2015, 51(12): 16-23.
[8] 周邵萍, 张浦根, 吕文超, 等. 基于导波的弯管裂纹缺陷的检测[J]. 机械工程学报, 2015, 51(6): 58-65.
[9] Lara P F. Transient electromagnetic method for detecting corrosion on conductive containers having variations in jacket thickness: US, 4843319[P]. 1989.
[10] Bobachev A A, Bolshakov D K, Ivanova S V, et al. Pipeline's studies—New problem for geophysics[C]. Proceedings of 4th EEGS-ES Meeting, Barcelona, 1998: 563-566.
[11] Pellerin L. Applications of electrical and electromagnetic methods for environmental and geotechnical investigations[J]. Surveys in Geophysics, 2002, 23(2): 101-132.
[12] Tezkan B. A review of environmental applications of quasi-stationary electromagnetic techniques[J]. Surveys in Geophysics, 1999, 20(3): 279-308.
[13] 黄桂柏, 王淑英. 瞬变电磁法在埋地钢质管道腐蚀检测中的应用[J]. 石油化工腐蚀与防护, 2001, 18(4): 39-42.
[14] 龙媛媛, 石仁委, 柳言国. 埋地管道不开挖地面腐蚀检测技术在胜利油田纯梁采油厂的应用[J]. 石油工程建设, 2007, 33(3): 54-56.
[15] 高永才, 李永年, 王绪本, 等. 瞬变电磁法金属管道腐蚀检测理论初探[J]. 物探化探计算技术, 2005, 27(1): 29-33.
[16] 邹延延. 地下管线探测技术综述[J]. 勘探地球物理进展, 2006, 29(1): 14-19.
[17] 张汉春, 莫国军. 特深地下管线的电磁场特征分析及探测研究[J]. 地球物理学进展, 2006, 21(4): 1314-1322.
[18] 党瑞荣, 赵峰, 高国旺, 等. 基于瞬变电磁法的多层管柱检测技术研究[J]. 无损探伤, 2006, 30(6): 40-42.
[19] Hu B, Yue J H, Yang H Y. Arithmetic study of transient response of vertical magnetic bipolar source in whole space plane layered medium[J]. Mining Science and Technology, 2009, 19(1): 120-123.
[20] 殷长春, 黄威, 贲放. 时间域航空电磁系统瞬变全时响应正演模拟[J]. 地球物理学报, 2013, 56(9): 3153-3162.
[21] Leppin M. Electromagnetic modeling of 3-D sources over 2-D inhomogeneities in the time domain[J]. Geophysics, 1992, 57(8): 994-1003.
[22] Tabarovsky L A, Goldman M M, Rabinovich M B, et al. 2.5-D modeling in electromagnetic methods of geophysics[J]. Journal of Applied Geophysics, 1996, 35(4): 261-284.
[23] Unsworth M J, Travis B J, Chave A D. Electromagnetic induction by a finite electric dipolesource over a 2-D earth[J]. Geophysics, 1993, 58(2): 198-214.

[24] 王华军，罗延钟. 中心回线瞬变电磁法 2.5 维有限单元算法[J]. 地球物理报，2003，46(6): 854-862.

[25] Chang Y J, Luo Y Z, Meng Y L. Numerical modeling on transient electromagnetic responses of a 3-D electric dipole source on 2-D plarizable earth surface[J]. Progress in Electromagnetics Research Symposium, 2005, 1(3): 22-26.

[26] Xiong B. 2.5D forward for the transient electromagnetic response of a block linear resistivity distribution[J]. Journal of Geophysics and Engineering, 2011, 8(1): 115-121.

[27] 辛会翠，汤井田，徐志敏. 瞬变电磁法 2.5 维有限差分正演模拟[J]. 地球物理学进展，2014，29(5) : 2278-2286.

[28] Persova M G, Soloveichik Y G, Trigubovigh G M. Computer modeling of geoelectromagnetic fields in three-dimensional media by the finite element method[J]. Izvestiya Physics of the Solid Earth, 2011, 47(2): 79-89.

[29] Persova M G, Soloveichik Y G, Trigubovigh G M, et al. Transient electromagnetic modelling of an isolated wire loop over a conductive medium[J]. Geophysical Prospecting, 2014, 62(5): 1193-1201.

[30] Um E S, Harris J M, Alumbaugh D L. 3D time-domain simulation of electromagnetic diffusion phenomena: A finite-element electric-field approach[J]. Geophysics, 2010, 75(4): F115-F126.

[31] Um E S, Commer M, Newman G A. Efficient pre-conditioned iterative solution strategies for the electromagnetic diffusion in the earth: Finite-element frequency-domain approach[J]. Geophysical Journal International, 2013, 193(3): 1460-1473.

[32] Um E S, Harris J M, Alumbaugh D L. An iterative finite element time-domain method for simulating three-dimensional electromagnetic diffusion in earth[J]. Geophysical Journal International, 2012, 190(2): 871-886.

[33] Onegova E V, Epov M I. 3D simulation of transient electromagnetic field for geosteering horizontal wells[J]. Russian Geology and Geophysics, 2011, 52(7): 725-729.

[34] Li J H, Zhu Z Q, Liu S C, et al. 3D numerical simulation for the transient electromagnetic field excited by the central-loop based on the vector finite element method[J]. Journal of Geophysics and Engineering, 2011, 8(4): 560-567.

[35] Wang T, Hohmann G W. A finite difference time domain solution for three dimensional electromagnetic modeling[J]. Geophysics, 1993, 58(6): 797-817.

[36] Teixeira F L, Chew W C. Finite-difference computation of transient electromagnetic waves for cylindrical geometries in complex media[J]. IEEE Transactions on Geoscience and Remote Sensing, 2000, 38(4): 1530-1543.

[37] Pavlov D A, Zhdanov M S. Analysis and interpretation of anomalous conductivity and magnetic permeability effects in time domain electromagnetic data. Part I: Numerical modeling[J]. Journal of Applied Geophysics, 2001, 46(4): 217-233.

[38] Commer M, Newman G. A parallel finite-difference approach for 3D transient electromagnetic modeling with galvanic sources[J]. Geophysics, 2004, 69(5): 1192-1202.

[39] Niu J J, Simpson J J. On the air-sea boundary in transient marine CSEM detection modeling of subseafloor hydrocarbon reservoirs[J]. IEEE Antennas and Wireless Propagation Letters, 2012, 11: 651-654.

[40] Panayappan K, Jain S, Mittra R, et al. Modeling logging while drilling systems at low

frequencies using the finite difference time domain (FDTD)[C]. IEEE Antennas and Propagation Society International Symposium, Memphis, 2014: 500-501.
[41] 岳建华, 杨海燕, 胡博. 矿井瞬变电磁法三维时域有限差分数值模拟[J]. 地球物理学进展, 2007, 22(6): 1904-1909.
[42] 杨海燕, 岳建华. 吸收边界条件在全空间瞬变电磁计算中的应用[J]. 中国矿业大学学报, 2009, 38(2): 263-268.
[43] 闫述, 傅俏, 王刚, 等. 复杂 3D 瞬变电磁场 FDTD 模拟中需要解决的问题[J]. 煤田地质与勘探, 2007, 35(2): 63-66.
[44] 孟庆鑫, 潘和平. 井中磁源瞬变电磁三维时域有限差分数值模拟[J]. 中南大学学报(自然科学版), 2013, 44(2): 649-655.
[45] Tang X G, Hu W B, Yan L J. Topographic effects on long offset transient electromagnetic response[J]. Applied Geophysics, 2011, 8(4): 277-284.
[46] 孙怀凤, 李貅, 李术才, 等. 考虑关断时间的回线源激发 TEM 三维时域有限差分正演[J]. 地球物理学报, 2013, 56(3): 1049-1064.
[47] Marchant D, Haber E, Oldenburg D W. Three-dimensional modeling of IP effects in time-domain electromagnetic data[J]. Geophysics, 2014, 79(6): E303-E314.
[48] 胡博, 岳建华, 于润桥. 巷道对全空间瞬变电磁场影响的边界元数值模拟[J]. 中国矿业大学学报, 2013, 42(5): 774-781.
[49] Wang Y, Ji Y, Li S, et al. A wavelet-based baseline drift correction method for grounded electrical source airborne transient electromagnetic signals[J]. Exploration Geophysics, 2013, 44(4): 229-237.
[50] Nenna V, Pidlisecky A. The use of wavelet transforms for improved interpretation of airborne transient electromagnetic data[J]. Geophysics, 2013, 78(3): E117-E123.
[51] 王国富, 张海如, 张法全, 等. 基于尺度变换随机共振的瞬变电磁弱信号检测[J]. 地球物理学报, 2011, 54(7): 1928-1934.
[52] Maclennan K, Li Y. Signal extraction from 4D transient electromagnetic surveys using the equivalent source method[J]. Geophysics, 2011, 76(3): F147-F155.
[53] 石仁委. 埋地管道壁厚的瞬变电磁检测技术研究[J]. 石油化工腐蚀与防护, 2007, 24(2): 10-22.

第 2 章　瞬变电磁检测埋地管道腐蚀的基本理论

2.1　瞬变电磁检测原理

瞬变电磁法是利用不接地回线向地下发送一次脉冲磁场，在其激发下，地下地质体中激励起的感应涡流将产生随时间变化的感应二次磁场。由于二次磁场包含地下地质体丰富的地电信息，在一次脉冲磁场的间歇期间(断电后)，利用线圈观测二次磁场(或称响应场)，通过对这些响应信息的提取和分析，达到探测地下地质体的目的[1]。

假设大地是均匀各向同性的导电介质，大地表面放置发射线圈，在发射线圈中加载阶跃电流 I，随时间 t 的变化满足以下条件：

$$I(t)=\begin{cases} I, & t<0 \\ 0, & t\geqslant 0 \end{cases} \tag{2.1}$$

当 $t<0$ 时，即激励电流断开之前，激励电流在发射线圈及其周围空气和大地中形成稳定磁场，即一次磁场。当 $t=0$ 时，激励电流突然断开，之前由激励电流形成的一次磁场随之消失。这一剧烈变化在大地和周围空气中会产生响应，即在大地中被激励起感应电流以维持激励电流断开之前形成的磁场，使线圈周围磁场不会马上消失。随后线圈周围的介质将消耗这一感应电流，则感应电流迅速衰减，其衰减速度与介质的电阻率有关，衰减的同时又会在其周围产生新的感应电磁场，即二次磁场，比一次磁场减弱很多。之后由于大地导电介质的存在，这一过程将持续几个来回，直到介质中的欧姆损耗将电磁场能量消耗完毕。这就是瞬变电磁响应在大地中产生的过程，其中形成的电磁场即瞬变电磁场。在一次磁场信号关断后，可以用接收线圈接收二次磁场信号并提取、分析信号特征，即通过瞬变电磁法进行检测。地下介质的导电性、形状、埋深、缺陷类型、体积规模、发射电流的形态和频率不同，导致二次磁场也不相同。在瞬变电磁检测中，一次磁场和二次磁场的变化导致了接收线圈中感应电动势的变化。因此，要得到二次磁场随时间变化的衰减曲线，就需要对感应电动势进行数字化采集并做相应处理。

由于被检测目标体的欧姆损耗，感应涡流将迅速衰减，衰减的快慢与检测目标体的电性参数、体积形态、结构等有关，电阻率低的目标体其感应涡流衰减速度较慢，电阻率高的目标体其感应涡流衰减速度较快。感应磁场包含丰富的检测目标体信息，检测目标体的电性分布及体积形态结构可通过提取和分离感应磁场的响应信息得到。图 2.1 所示为低阻体和高阻体产生的感应电动势随时间的衰减差异。

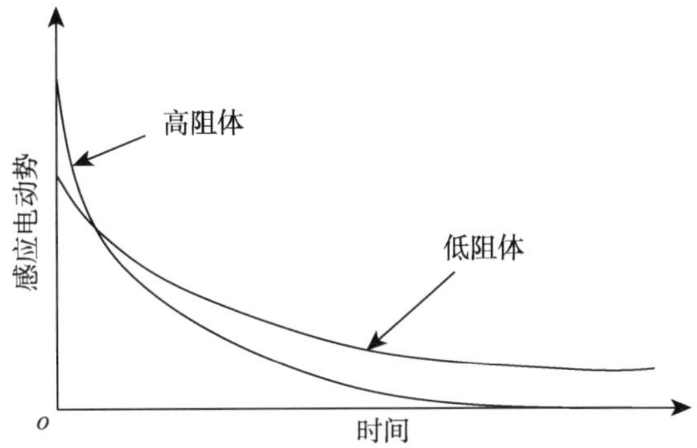

图 2.1　低阻体和高阻体产生的感应电动势随时间的衰减差异

2.2　瞬变电磁检测装置

瞬变电磁检测装置按照激励信号发射线圈与信号接收线圈的大小和相对位置的不同可分为三大类[2]。

1. 同心检测装置

同心检测装置是激励信号发射线圈与信号接收线圈的几何中心相重合的检测装置。激励信号发射线圈与信号接收线圈的大小相同，这类检测装置称为重叠回线检测装置，如图 2.2(a) 所示；激励信号发射线圈的尺寸大于信号接收线圈，这类检测装置称为中心回线检测装置，如图 2.2(b) 所示；激励信号发射线圈尺寸小于信号接收线圈，会造成检测装置整体功率降低等一系列弊端，故没有此类的检测装置。使用同心检测装置可以使检测装置与被测目标有很好的耦合，获得较好的信号分辨率。

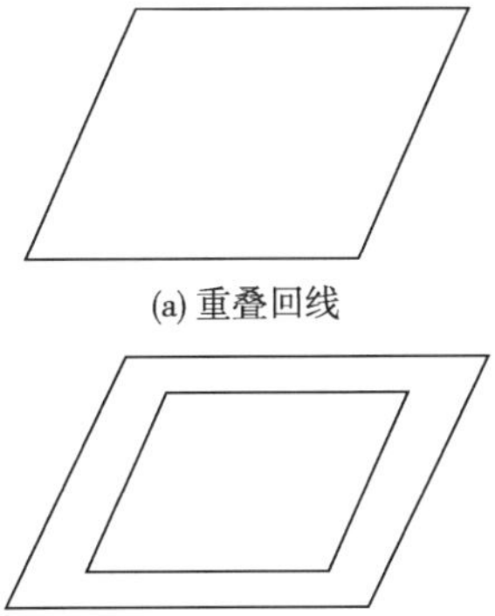

(a) 重叠回线

(b) 中心回线

图 2.2　同心检测装置

2. 偶极检测装置

激励信号发射线圈与信号接收线圈相分离，并始终保持一定的距离，沿测线逐点移动，在检测过程中保持两者的相对静止，这种装置称为偶极检测装置，如图 2.3 所示。由于受到收发距离的影响，其观测信号微弱、探测深度小、工作装置应用不便利，实际应用中已很少使用。

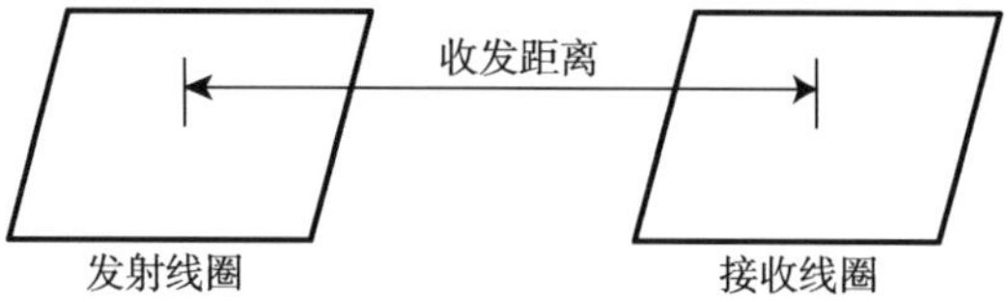

图 2.3　偶极检测装置

3. 大定回线检测装置

激励信号发射线圈的尺寸远远大于信号接收线圈，发射线圈采用边长达数百米的矩形回线，接收线圈沿垂直于发射线圈长边的测线，逐个测点采集三个分量的感应电动势，这种装置称为大定回线检测装置，如图 2.4 所示。为了提高效率，通常在发射线圈框内外都需要进行观测。采用该装置进行检测，极易受到干扰电平的影响，观测信号较为微弱，虽然其信号接收线圈可以设计为阵列式，但装置整体尺寸过大，不适于埋地管道的检测。

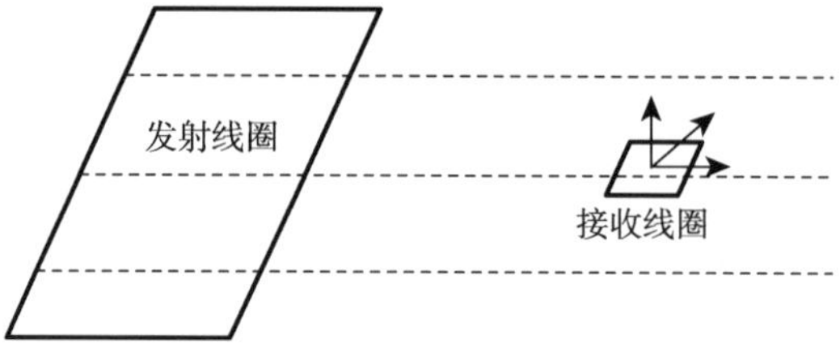

图 2.4　大定回线检测装置

将瞬变电磁法用于埋地管道的检测，由于管道埋藏深度较浅，管道响应信号幅值小，腐蚀产生的异常信号更弱，噪声干扰强，所以要求检测装置具有高的信噪比和灵敏度，同时还要符合野外施工条件。综合各种因素考虑，宜选用同心检测装置，这样不仅可以与被测目标有很好的耦合，获得较好的分辨率，还可以做到激励信号发射线圈与信号接收线圈的一体化，使检测系统的使用更为方便。另外，考虑到线圈之间的互感作用，采用中心回线检测装置能够获得更好的检测效果。

2.3　埋地管道瞬变电磁响应过程

金属管道敷设运行后，由于长期埋置于地下相对恶劣的环境中，有可能发生腐蚀，无论是电化学腐蚀、杂散电流腐蚀、细菌腐蚀还是疲劳损伤，都会导致埋地金属管道的电导率和磁导率发生变化。因此，若能检测出管体电导率和磁导率发生变异的位置和大小，即可确定管体发生腐蚀的位置并对管体腐蚀程度做出评价。

在埋地金属管道上方地面放置检测线圈，通过瞬变电磁检测系统发射机在激励线圈中加载脉冲电流，激励电流会在线圈周围和大地空间建立水平或垂直的稳定一次磁场。瞬间关断激励电流，一次磁场立即消失，根据法拉第电磁感应定律，为了使空间的一次磁场不会立即消失，线圈周围空间会产生阻碍一次磁场消失的感应衰变涡流，以便维持断开之前初始磁场的稳定状态。接收线圈接收衰变涡流产生的感应二次磁场的变化情况并产生感应电动势，最终观测到这一随时间衰减的感应磁场，这一瞬变响应过程如图 2.5 所示。

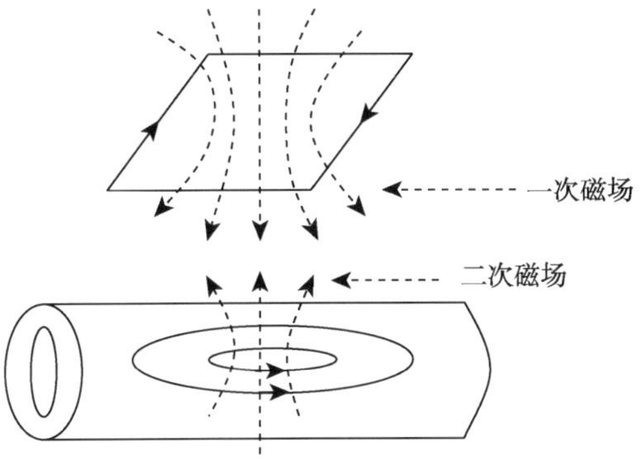

图 2.5　埋地管道瞬变响应过程

瞬变响应的感应磁场信息是管体、管道输送介质和管道周围回填土介质的综合反应。在同一次检测过程中，接收回线与发射回线的形状、尺寸、匝数以及相对管道空间位置的收发距离都是相同的；管道内输送介质以及管道周围土介质的电导率和磁导率认为是相同的；被测管道的埋深、材质和直径是相同的；瞬间干扰可以通过多次叠加测量或提高信噪比的方法得到抑制。这些因素都可以视为确定因素，因此在一定条件下上述因素均可作为背景来处理。接收到的感应磁场信号的变化只与埋地管道的壁厚相关。经过数据反演处理，即可得到管道剩余壁厚的数据。

2.4　瞬变电磁检测中的信号

2.4.1　激励信号

瞬变电磁检测常用的激励信号为具有周期性的脉冲序列，包括矩形脉冲序列、梯形脉冲序列、三角脉冲序列和半正弦脉冲序列等。这些脉冲序列极易受到直流偏置电流和环境噪声的干扰，为了避免这些干扰，实际瞬变电磁检测常采用周期重复的双极性脉冲序列，最常见的是双极性矩形脉冲序列、双极性半正弦脉冲序列和双极性梯形脉冲序列[2]，如图 2.6 所示，横坐标是时间 t，T 表示脉冲序列的重复周期，H_0 表示幅值，d 表示单个脉冲持续时间。图 2.6 中的三种激励信号波形均为理想状况下的波形，而实际由于受到电子线路负载的影响，激励信号波形在开启和关断的瞬间会发生改变，图 2.6(c) 所示的双极性梯形脉冲就是图 2.6(a) 所示的双极性矩形脉冲序列较接近于实际的波形。

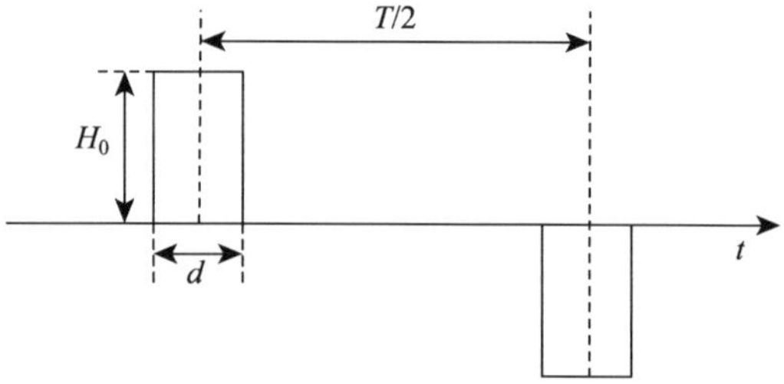

(a) 双极性矩形脉冲序列

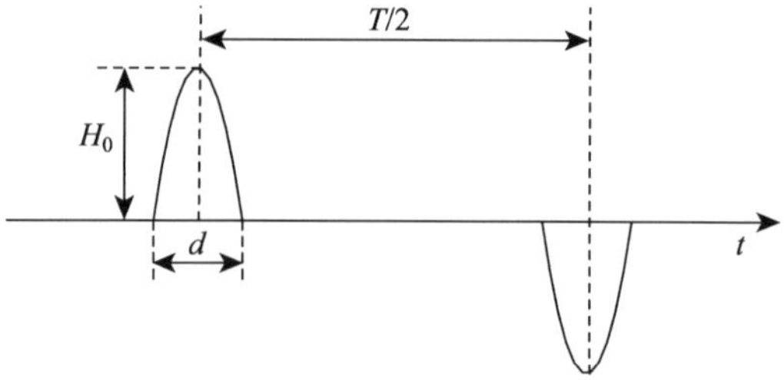

(b) 双极性半正弦脉冲序列

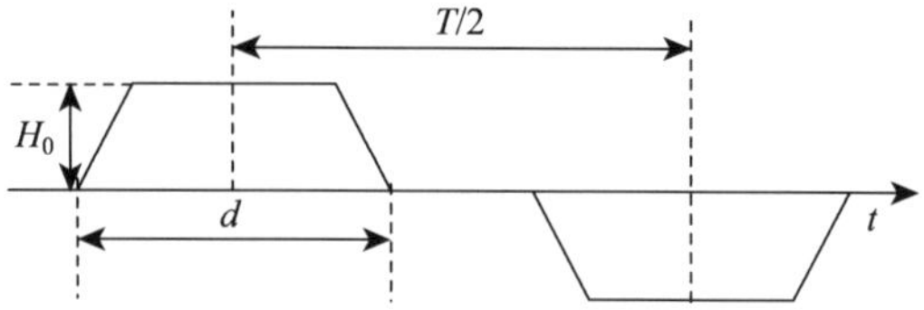

(c) 双极性梯形脉冲序列

图 2.6　常见原始激励信号波形

2.4.2　接收信号

根据法拉第电磁感应定律，在瞬间关断发射线圈中的激励电流后，地下导体介质中会激励出衰变涡流，进而产生感应磁场，该感应磁场信号随着时间扩散衰减，按照观测时间的不同其扩散过程可分为早期、中期、晚期三个阶段。

假设通过接收线圈的磁通为 Φ，接收线圈的等效面积、面积及匝数分别为 q 、

S 及 N，根据法拉第电磁感应定律，接收线圈的感应电动势 $V(t)$ 与作用磁场的磁感应强度 $B(t)$ 的关系为[2]

$$V(t) = -\frac{\mathrm{d}\Phi}{\mathrm{d}t} = -q\frac{\mathrm{d}B(t)}{\mathrm{d}t} = -SN\frac{\mathrm{d}B(t)}{\mathrm{d}t} \tag{2.2}$$

已知 $V(t)$ 的值，就可以计算出其磁感应强度的值：

$$B(t) = \int_t^{\infty} [V(t)/q]\mathrm{d}t \tag{2.3}$$

可见，观测信号 $V(t)$ 正比于 $\mathrm{d}B(t)/\mathrm{d}t$。由此，在如图 2.7(a)所示的激励磁场信号 $B_1(t)$ 下，可以获得信号接收线圈观测到的一次磁场信号 $V_1(t)$ 和管道感应二次磁场信号 $V_2(t)$ 的波形，如图 2.7(b)和(c)所示。T 为激励脉冲序列的重复周期，t_{of} 为激励信号的关断时间。实际检测中，接收线圈只采集激励信号中脉冲间歇时段(即关断后)被测目标的感应二次磁场信号，采样信号如图 2.8 所示。

下面讨论接收线圈实际采集的感应二次磁场信号的动态范围、衰减特性和频带范围。

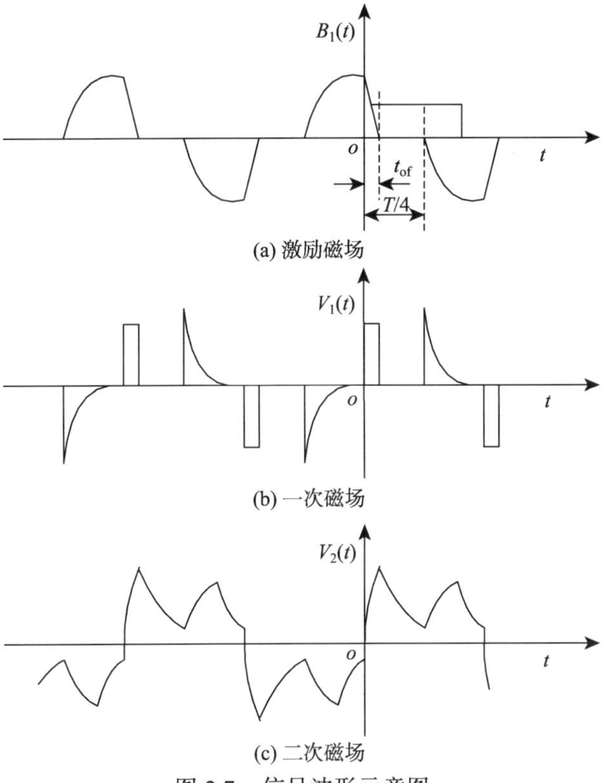

图 2.7　信号波形示意图

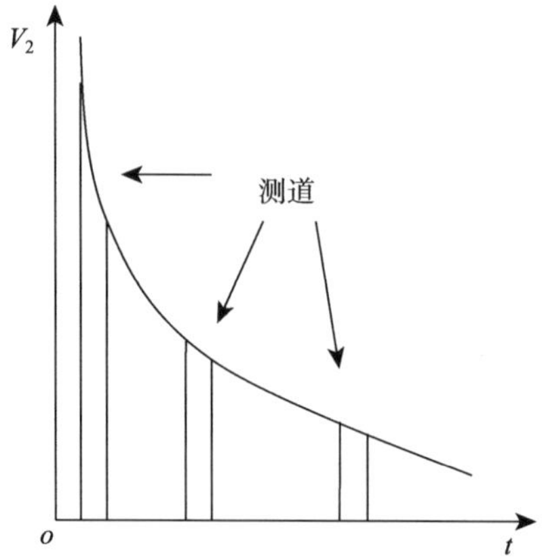

图 2.8　瞬变电磁信号采样示意图

局部导电体上用接收线圈观测到的感应电动势的时间特性取决于式(2.4)[2]：

$$V(t) \propto \frac{1}{\tau}\sum_{n=1}^{\infty} e^{-n^2 t/\tau} \tag{2.4}$$

可见，瞬变电磁信号的响应幅值及衰减速度很大程度上取决于导体的时间常数 τ 值。图 2.1 中给出了不同导电性介质的响应信号的差异，即信号的动态范围与导体的电阻率有关。对低阻体而言，由于 τ 值较大，尽管初始响应的幅值不是很大，但衰减速度很慢，典型的衰减时间范围是从 100～200μs 至 10～20ms，跨越近两个级次。对高阻体而言却正好相反，初始响应信号幅值大，但衰减速度很快。总体而言，在宽广的时间范围内，信号衰减的规律是，在早期，信号幅值高且衰减速度较快；在晚期，信号幅值弱且衰减速度较慢。信号的动态范围除了与 τ 值有关外，还与检测管道的规模、腐蚀、埋深和观测点位置等几何因子有关。对同一个观测点而言，从早期到晚期的信号幅值会从 $n\times10^5$ μV 变化至零点几微伏，如此大的动态范围内的信号都要求准确测定，这对仪器的分辨率提出了较高的要求。另外，晚期信号的磁场信号较弱，易被外部噪声淹没，需要采取有效措施对其进行放大处理或采用有效的噪声处理技术。

为了在很宽的时间范围内不失真地准确确定瞬变电磁响应的衰减特性，除了在足够宽的时间范围内有足够多的测道外，各测道之间的采样时间间隔及门宽也应随测道不同而有所改变。在早期，信号衰减快，采样时间间隔及门宽都必须相当窄，才能保证精确地分辨信号的衰减特性；而在晚期，信号衰减较慢，采样时间间隔及门宽都应增大，以适应弱信号缓慢衰减的特性。因此，整个采样时间内要求有足够多的时窗采样，且各时窗之间的采样时间间隔不同。

瞬变电磁检测所用的是宽频电磁系统，从理论上讲信号频谱可以无限延伸，信号频带范围从几赫兹到几万赫兹。实际上，随着谐波次数的增高，信号能量变弱，例如，重复频率为 35.7Hz 的双极性方波脉冲系列，高于 100 次谐波的发送能量实际上已小于基波的 1/1000。另外，对非调谐式的宽带接收机而言，频带过宽会使系统的信噪比下降。考虑到上述两方面的因素，接收机的通频带一般为 0～10^4Hz。由于瞬变电磁法的探测深度受到外部噪声的限制，在已选定信号频带的情况下，需采取有效措施提高仪器的抗干扰能力，对晚期弱信号进行放大以提高信噪比，并有必要对观测到的数据进行滤波处理。

2.5　激励信号参数对观测结果的影响

瞬变电磁检测技术中所用到的激励信号参数除电流外，还包括加载到发射线圈中的激励脉冲重复周期 T 、脉冲宽度 d 、关断时间 t_{of} 和间歇时间 T_{of} 。通常情况下，激励信号为双极性脉冲，可选择 $d = T_{\text{of}} = T/4$ 。为了更好地解释激励信号参数变化对观测信号的影响，本节引入观测因子 K_{G} ，$K_{\text{G}} = M_{\text{G}}/T_{\text{S}}$ ，其中 M_{G} 为实际观测值，T_{S} 为单脉冲情况下的理论响应值[2]。

2.5.1　脉冲宽度的影响

当脉冲宽度 d 值较小时，其观测结果中不仅包含脉冲上升沿所激励起来的响应信号，还包含与该脉冲邻近的前几个脉冲所激励的响应信号。对三维导体而言，其理论响应值 $V(t)$ 与 $\tau \mathrm{e}^{t/\tau}$ 成反比，因此可得

$$\begin{aligned} M_{\text{G}} &= \frac{1}{\tau \mathrm{e}^{t/\tau}} - \frac{1}{\tau \mathrm{e}^{(t+T/4)/\tau}} - \frac{1}{\tau \mathrm{e}^{(t+2T/4)/\tau}} + \frac{1}{\tau \mathrm{e}^{(t+3T/4)/\tau}} + \cdots \\ &= \frac{1}{\tau \mathrm{e}^{t/\tau}}(1 - V - V^2 + V^3 + \cdots) = \frac{1}{\tau \mathrm{e}^{t/\tau}} \frac{1-V}{1+V^2} \end{aligned} \tag{2.5}$$

式中，$V = \dfrac{1}{\mathrm{e}^{T/4\tau}}$；$\tau$ 为三维导体的时间常数。

因此，有

$$K_{\text{G}} = \frac{1-V}{1+V^2} \tag{2.6}$$

对导电半空间或水平导电薄板而言，其理论响应值 $V(t)$ 与 t^m 呈反比关系，因此可得

$$\begin{aligned} M_{\text{G}} &= \frac{1}{t^m} - \frac{1}{(t+T/4)^m} - \frac{1}{(t+2T/4)^m} + \frac{1}{(t+3T/4)^m} + \cdots \\ &= \frac{1}{t^m}\left[1 - \sum_{n=1,3,\cdots}^{\infty} \sin\frac{n\pi}{2}\left\{\frac{1}{(1+nx)^m} + \frac{1}{[1+(n+1)x]^m}\right\}\right] \end{aligned} \tag{2.7}$$

式中，$x = T/(4t)$ ；导电半空间的参数 $m = 5/2$ ；水平导电薄板的参数 $m = 4$ 。

因此，有

$$K_G = \left[1 - \sum_{n=1,3,\cdots}^{\infty} \sin\frac{n\pi}{2}\left\{\frac{1}{(1+nx)^m} + \frac{1}{[1+(n+1)x]^m}\right\}\right] \tag{2.8}$$

图 2.9 给出了线性坐标系下脉冲宽度 d 与观测因子 K_G 的关系曲线。当 d 值减小时，其观测值会偏离理论响应值($K_G<1$)，从而产生误差。假设 K_G 允许的下限值为 0.9，那么从图 2.9 中可以确定相应的 τ/d 或 t/d 的上限值，且当被测目标体的时间常数 τ 越大时，所需要的脉冲宽度越大。

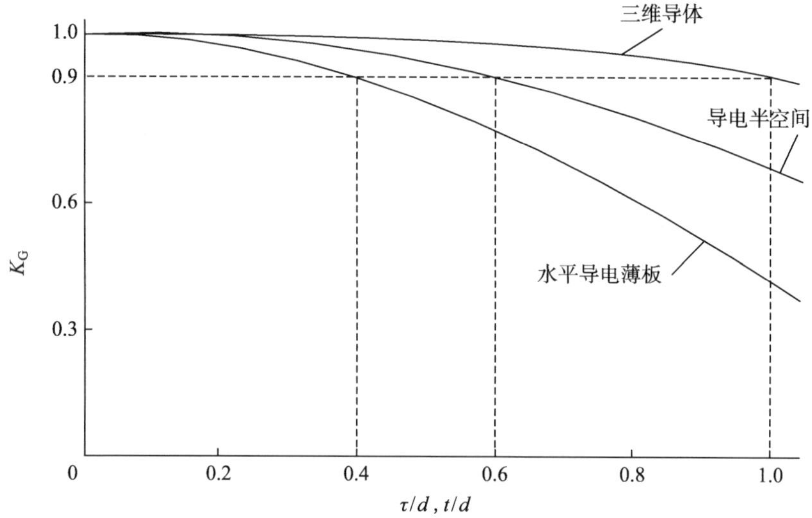

图 2.9　脉冲宽度与观测因子的关系

2.5.2　关断时间的影响

如图 2.7(a)所示，当激励信号发射电流关断时间为 t_{of} 时，其实际观测值 M_G 为

$$M_G = \frac{1}{t_{of}}\int_t^{t+t_{of}} V(t)\mathrm{d}t \tag{2.9}$$

式中，$V(t)$ 为理论响应值。

对于三维导体，$V(t)$ 与 $\tau e^{t/\tau}$ 成反比，根据式(2.9)可得观测因子 K_G 为

$$K_G = \frac{\tau}{t_{of}}\frac{e^{t_{of}/\tau}-1}{e^{t_{of}/\tau}} \tag{2.10}$$

对于导电半空间或水平导电薄板，$V(t)$ 与 t^m 成反比，可得观测因子 K_G 为

$$K_G = \frac{t}{(m-1)t_{of}}\frac{(\tau+t_{of})^{m-1}-\tau^{m-1}}{(\tau+t_{of})^{m-1}} \tag{2.11}$$

导电半空间的参数 $m = 5/2$；水平导电薄板的参数 $m = 4$。

图 2.10 给出了对数坐标系下观测因子 K_G 与关断时间 t_{of} 的关系曲线。当关断时间增大时，M_G 将会偏离理论响应值 $V(t)$ ($K_G > 1$)，且时间常数较大的介质受 t_{of} 的影响较小。

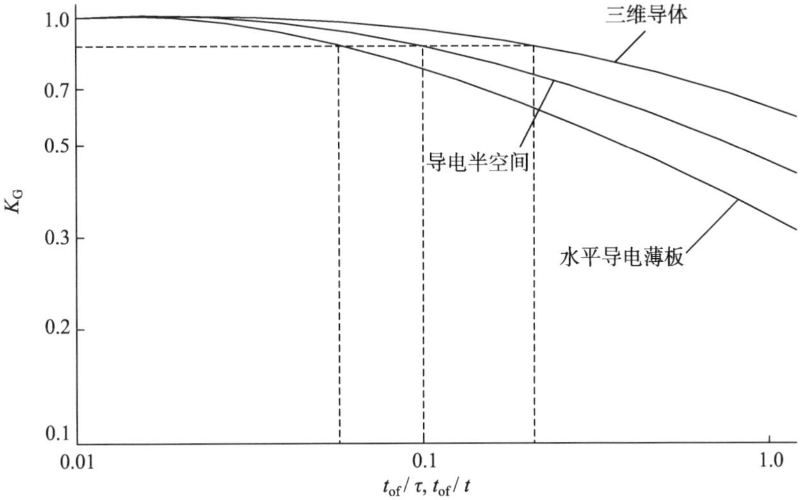

图 2.10　关断时间与观测因子的关系

因此，激励信号电流脉冲的脉冲宽度 d 值过小和脉冲电流关断时间 t_{of} 值过大都将使实际观测值偏离理论响应值。但是，从频谱方面进行讨论，增大电流脉冲的持续时间 d 值，或者增大关断时间 t_{of} 值，相应地可以增大频谱在低频段的功率密度，这对提高系统抗干扰能力有一定的帮助。

2.6　信号采样方法

针对瞬变电磁信号的特点，各瞬变电磁检测系统对信号的采集主要有三种方式：模拟积分采样、数字化叠加采样和模拟积分-数字化叠加采样[3]。

2.6.1　模拟积分采样

早期的检测大多采用模拟电路来实现瞬变电磁信号的实时采样，即在一次有效持续时间内，无失真地取出复现原信号所必需的全部样品。在信号检测方法理论中，把它称为“频率压缩技术”，也就是把一个高重复频率的瞬变电磁信号转变为对时间变化的离散量的集合，即低频复制，这种方法的关键在于采样过程的积分[2]。

对于含有强噪声干扰的信号，一般都是通过放大器放大其幅度来显示测量值。

但是，放大电路和测量仪器的固有噪声以及外界的干扰噪声往往比有用信号的幅度大得多，放大被测信号的同时也放大了噪声，而且还会附加一些额外的噪声，如放大器的内部固有噪声和各种外部干扰，因此仅靠放大是不能把强噪声中的有用信号检测出来的。只有在有效抑制噪声的条件下增大信号的幅度，才能提取出有用信号。基于积分技术的瞬变电磁接收机就是基于此目的而研制的。

加拿大 Geonics 公司的 EM-37 系列瞬变电磁系统采用模拟积分采样方式，在电路上设置多个积分器，分时段对信号进行采集。其优点是采样精度高，缺点是电路设计复杂、对电路的精度要求高，信号的特点是采样的起始时间、采样窗口宽度和采样次数由时标信号确定，通常采样时间和采样次数是固定的。采样积分器的采样是由采样脉冲控制模拟开关实现的，积分是由 RC 积分电路或者集成运算放大器构成的积分电路来实现的。

2.6.2　数字化叠加采样

数字化叠加采样是当前最流行的一种采样方式，其工作原理是先对信号进行全波形密集均匀分布的多点采样，然后把密集的采样点分成若干个时间道信号，每次采样完成后，相同的时间道相叠加，以实现软件积分的目的。通过采样电路对电磁感应信号在宽的时域内多点密集均匀采样，以便获取感应信号的整个衰减特性，数字处理部分在计算机上进行。这种方式的优点是电路简单、使用灵活，在计算机中可利用多种不同的方法进行数据处理，系统的功能和信号的检测能力增强。加拿大 Crone 公司的 PEM 系统，我国的 WDC-2 型接收机、ATEM-Ⅱ型接收机和 WTEM-1Q 型接收机均采用这种方式。

下面以 WTEM-1Q 浅部瞬变电磁检测系统为例，说明数字化叠加采样方法。该检测系统按照等对数间隔采样，在各时窗内取多个采样点的算术平均值作为该时窗的幅值，最后系统输出各时窗的中心时间和幅值。在采样过程中，该系统在同一点还能进行多次采样叠加求平均值，能够消除瞬间干扰信号，但是会增加检测时间。表 2.1 给出了该瞬变电磁检测系统的采样时窗表，其中 4Hz 的结束时窗号为 31，8Hz 的结束时窗号为 28，16Hz 的结束时窗号为 25，32Hz 的结束时窗号为 22。由表 2.1 可以看出，根据信号在早期和晚期衰减特性的不同，系统的采样时间间隔也不同，早期的采样时间间隔短，而晚期的采样时间间隔长，充分保证了采样信号的分辨率。

表 2.1　采样时窗表

时窗号	时窗起始/μs	时窗终止/μs	时窗中心/μs	时窗样点数
1	0	0	0	1
2	32	32	32	1
3	64	64	64	1

续表

时窗号	时窗起始/μs	时窗终止/μs	时窗中心/μs	时窗样点数
4	96	96	96	1
5	112	128	120	2
6	160	176	168	2
7	192	224	207	3
8	240	288	264	4
9	304	352	327	4
10	368	448	406	6
11	464	560	510	7
12	576	704	637	9
13	720	880	796	11
14	896	1120	1002	15
15	1136	1408	1265	18
16	1424	1776	1589	23
17	1792	2240	2004	29
18	2256	2816	2520	36
19	2832	3536	3164	45
20	3552	4464	3982	58
21	4480	5616	5016	72
22	5632	7072	6311	91
23	7088	8912	7948	115
24	8928	11216	10007	144
25	11232	14112	12590	181
26	14128	17776	15847	229
27	17792	22384	19956	288
28	22400	28176	25123	362
29	28192	35472	31623	456
30	35488	44656	39809	574
31	44672	56224	50116	723

2.6.3　模拟积分-数字化叠加采样

模拟积分-数字化叠加采样综合了模拟积分采样和数字化叠加采样这两种工作方式，特点是晚延时数据精度高，早延时数据分辨率低。澳大利亚 SIROTEM-Ⅱ型瞬变电磁检测系统[4]就采用了这种方法，它不像模拟积分方式每道都有一个积分器，而是在通道中只采用了一个积分器。设计积分电阻和电容值，使之每次积分均可达到输入值，相当于每次的采样保持电路都是从零开始采样，这样也相当于面积采样，可起到一个很好的滤波作用。晚延时道将多次积分采样用计算机叠加到一起，得到不同采样道的数值后再进行软件积分。

2.7 均匀半空间的瞬变电磁场

埋地金属管道的埋深一般为 0.5～2m，特殊情况下最大埋深也不超过 4m，相较于地质异常体的探测，属于埋藏特别浅的情况。因此，可以把埋地金属管道产生的瞬变电磁响应看成均匀半空间的场，即上半空间是空气介质，下半空间是均匀的大地介质，管道作为其中的异常介质。

2.7.1 均匀大地表面的瞬变电磁场

为了简化问题分析，通常讨论单阶跃波激励的问题，且忽略位移电流的影响。当发射线圈无限小时，可看成磁偶极子源，在垂直磁偶极子源的情况下，柱坐标系中瞬变电磁场各个分量的表达式为[5]

$$E_{\varphi}(t)=\frac{3P_{\mathrm{M}}}{2\pi\sigma r^{4}}\left[\psi(u)-\sqrt{\frac{2}{\pi}}u\left(1+\frac{u^{2}}{3}\right)\mathrm{e}^{-u^{2}/2}\right] \tag{2.12}$$

$$B_{z}(t)=-\frac{\mu_{0}P_{\mathrm{M}}}{4\pi r^{5}}\left[1-\left(1-\frac{9}{u^{2}}\right)\psi(u)\right]-\sqrt{\frac{2}{\pi}}\mathrm{e}^{-u^{2}/2}\left(\frac{9}{u}+2u\right) \tag{2.13}$$

式中，$\psi(u)=\int_{0}^{u}\frac{2}{\pi}\mathrm{e}^{-t^{2}}\mathrm{d}t$ 为概率积分；参数 $u=2\pi r/\xi$ ，$\xi=2\pi\sqrt{2t/(\sigma\mu_{0})}$ ，ξ 通常称为扩散参数，它具有长度量纲；σ 为均匀大地的电导率；t 为瞬变场扩散的时间；μ_{0} 为真空磁导率；P_{M} 为磁偶极矩；r 为柱坐标系中的坐标变量。

当采用接收线圈测量时，得到的感应电动势为

$$V(t)=\frac{9P_{\mathrm{M}}SN}{2\pi\sigma r^{5}}\left[\psi(u)-\sqrt{\frac{2}{\pi}}u\left(1+\frac{u^{2}}{3}+\frac{u^{4}}{9}\right)\mathrm{e}^{-u^{2}/2}\right] \tag{2.14}$$

式中，S 为接收线圈面积；N 为接收线圈匝数。

数值计算中采用偶极子源来模拟，但是偶极子源在源点处有奇异点，解决源点奇异性简单有效的方法是用有限面积的圆形回线源分布代替点源。就消除奇异性的效果而言，等效回线的半径越大，对应于等效源的分布范围增大，消除奇异性的效果就越好，但是等效源的响应与点源响应的差异也越大，因此在计算过程中要选择适当的回线半径来保证计算精度。

埋地金属管道的瞬变电磁检测常用中心回线检测装置进行发射和接收。对于方形回线源，可以根据磁偶极子源的场做线积分得到，在进行矩形回线特别是正方形回线中心观测时，矩形回线的响应可近似为与其面积相同的圆形回线的场，圆形回

线的场更易于求解[6]。

下面按照上述方法计算同心检测装置(重叠回线)和偶极检测装置(分离回线)产生的感应电动势，并进行对比分析。设置一个均匀半空间模型，大地介质电导率为 0.01S/m，采用磁偶极子源发射装置，发射源的磁矩 $P_M = 50\mathrm{A \cdot m^2}$。图 2.11 为同心检测装置和偶极检测装置计算得到的瞬变电磁响应曲线。曲线 1 为偶极检测装置在水平收发距离为 20m 时的瞬变电磁响应的感应电动势衰减曲线，曲线 2 为同心检测装置垂向距离回线中心 20m 处的瞬变电磁响应的感应电动势衰减曲线，曲线 3 为同心检测装置中心点处瞬变电磁响应的感应电动势衰减曲线。由曲线 1 和曲线 2 对比可以看出，两种检测装置所接收到的感应电磁信号在较早观测时间内有一定差别，偶极检测装置接收到的信号幅值小于同心检测装置所接收到的信号幅值，之后大部分观测时间内两者几乎重合无法分离，其衰减规律相同。对比曲线 1 和曲线 3 可以看出，同心检测装置获得的早期和晚期的瞬变响应值都显著大于偶极检测装置获得的瞬变响应值，且同心检测装置的瞬变响应在观测中期出现了正负值跃变。

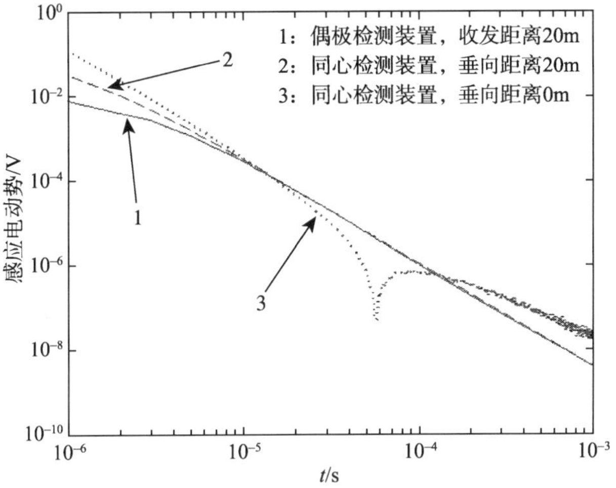

图 2.11　同心检测装置和偶极检测装置的感应电动势对比

2.7.2　瞬变电磁场等效计算

由 2.7.1 节可知，σ、t 等参数与瞬变电磁场之间有相当复杂的函数关系，其计算也很复杂。1979 年，美国地球物理学家纳比吉安提出了利用等效代换法计算均匀大地的晚期瞬变电磁响应的方法[1]，从物理意义上解释瞬变电磁场的扩散规律，以简化分析。

在均匀大地表面布置检测装置，发射线圈 T_x 中输入阶跃电流，当 $t<0$ 时，发射电流产生磁力线并在周围空间建立稳定的一次磁场。当 $t=0$ 时，发射线圈中的电流瞬间断开，一次磁场立即消失，根据法拉第电磁感应定律，均匀大地会通过发射

回线让周围介质感应到一次磁场的这一瞬间变化，并产生感应涡流场以维持一次磁场状况，使空间建立起的磁场不会立即消失。此时，这一瞬间在发射线圈附近的大地表面会集中电流并以发射线圈中心至观测点距离的–4 次方为参数减小。当电流关断后，随时间的变化，感应涡流呈环形向下扩散。由于检测目标体的欧姆损耗会迅速消耗感应磁场的能量，感应磁场也会越来越弱。周围空间介质感应到衰减的感应场，又会激励起更弱的涡流信号，最终磁场能量将被检测目标体的欧姆损耗耗尽，这一过程结束。因此，任一时刻地表空间产生的感应二次磁场可以等效为一个简单的电流环作用。发射电流关断后，该电流环由发射线圈逐渐向下和向外扩散。半空间中的等效电流环如图 2.12 所示，等效电流环形似从发射线圈中“吹”出来的一系列“烟圈”，因此将感应涡旋电流这种向下和向外扩散的过程称为“烟圈效应”。

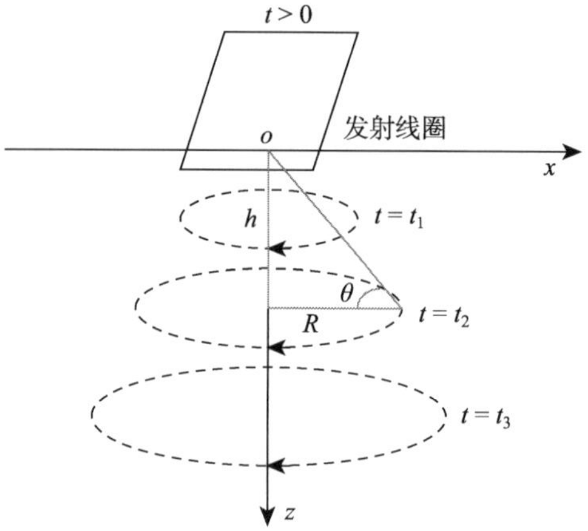

图 2.12　半空间中的等效电流环

等效电流环的等效电流可以表示为

$$i = \frac{1}{4\pi c_2 t/(\sigma\mu_0)} \tag{2.15}$$

“烟圈”的半径 R 和深度 h 可以表示为

$$R = \sqrt{8c_2}\sqrt{t/(\sigma\mu_0)} \tag{2.16}$$

$$h = \frac{4}{\sqrt{\pi}}\sqrt{t/(\sigma\mu_0)} \tag{2.17}$$

式中，σ 是大地的电导率；μ_0 是真空磁导率；$c_2 = 8/\pi - 2 = 0.546479$。

由式(2.16)和式(2.17)计算可得 $\tan\theta = h/R = 1.07$，即 $\theta = 47°$，如图 2.12 所示。因此，“烟圈”将沿 47° 倾斜锥面向下扩散，z 方向的传播速度为

$$v_z = \frac{\partial h}{\partial t} = \frac{2}{\sqrt{\pi\sigma\mu_0 t}} \tag{2.18}$$

瞬变电磁响应可以根据“烟圈效应”理论进行计算，瞬变电磁响应在某时刻的电流、半径和深度信息也可以通过式(2.15)～式(2.17)计算得到，因此某时刻沿地面测线的响应值以及它随时间的变化规律都可以通过近似计算得到。

2.7.3 埋地管道的瞬变电磁响应范围

用瞬变电磁法检测埋地金属管道是基于均匀半空间瞬变电磁场衰变原理，从所采集的瞬变数据中分离、提取与被测管道直接相关的时变信息，得到被测管道响应的感应二次磁场信号，它是该检测点处所覆盖范围内埋地管道和周围土壤介质的综合响应。剩余壁厚就是管道发生腐蚀变化后的管壁厚度，原始壁厚就是管道未发生腐蚀时的管壁厚度。通过测得的剩余壁厚与原始壁厚比较，可得到管道金属腐蚀量，以此判断管道腐蚀程度。若与埋地管道壁厚信息相对应，则它反映的是检测点处所覆盖的沿管道走向的一段管道的平均剩余壁厚，称这一段管道的长度为埋地管道的瞬变响应范围[7]。根据“烟圈效应”，半空间中的等效电流环“烟圈”将沿 47° 倾斜锥面向下扩散，取这个角度的近似值为 45°，如图 2.13 所示，则埋地管道的瞬变响应范围 F 可表示为

$$F = L + 2H \cdot \cot 47^\circ \approx L + 2H \tag{2.19}$$

式中，L 表示发射回线的边长；H 表示检测点至管道中心的垂直距离。

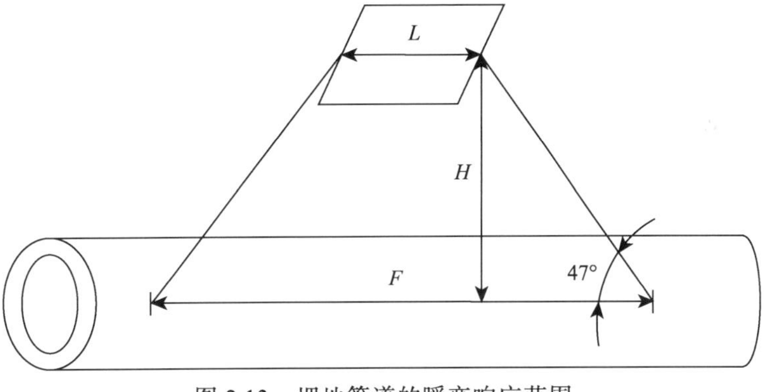

图 2.13 埋地管道的瞬变响应范围

2.7.4 剩余壁厚计算方法

瞬变电磁检测中常用归一化感应电动势多测道剖面图来对检测目标进行分析，一次检测中所有测点的相同时窗点上感应电动势的连线集，即瞬变电磁响应多测道剖面。观测时窗早的感应电动势的连线在上，时窗越大即观测时刻越晚，瞬变响应衰减越严重，感应电动势的值越小，其连线越往下。利用瞬变电磁法检测埋地管道

腐蚀时，除了观测感应电动势多测道剖面，还要根据剖面信息计算管道的剩余壁厚。管道剩余壁厚通常是指检测线圈中心垂直处的管道位置相邻检测间距内的平均剩余壁厚，而不是某一测点的剩余壁厚。通过测量平均剩余壁厚，并与标准壁厚比较，可评价管体腐蚀程度。埋地管道壁厚反演常用到两种方法，一种是基于“烟圈”理论对瞬变电磁数据进行时深转换[8]，计算视电阻率，根据视电阻率成像得到管道的腐蚀图，该方法是瞬变电磁法反演常用的方法，理论已基本成熟，能够直观得到管道的腐蚀图，但是不能给出管道剩余壁厚数据；另一种埋地管道剩余壁厚的计算方法[9]，是根据谐变场中圆柱体的电磁响应推导出的，它不仅与管体及管内介质的电导率、磁导率有关，也与发射和接收线圈的边长、匝数有关，还与管道中心埋深有关，另外对剩余壁厚的计算涉及较多参数，计算过程中需要求解复杂函数，计算效率较低。因此，本节提出基于最小二乘法的剩余壁厚拟合计算方法和对感应电动势剖面曲线斜率拟合的计算方法。

1. 最小二乘法拟合

在管道上方按照一定的测点布置进行瞬变电磁检测，得到反映不同管道剩余壁厚点的归一化感应电动势剖面。对剖面数据进行预处理后，采用最小二乘法对剩余壁厚和归一化感应电动势进行指数拟合，得到表征两者关系的曲线拟合表达式为

$$D = K_1 e^{K_2 V} \tag{2.20}$$

式中，D 表示该测点下方管道的剩余壁厚；V 表示该测点测得的归一化感应电动势；K_1 和 K_2 是系数。

若检测过程中已知两个点的实际壁厚值，则可通过这两个点的归一化感应电动势得到系数 K_1 和 K_2 的值，再代入其他测点的感应电动势数据，即可得到其他测点的剩余壁厚值。由于每次检测的地下管道埋藏环境、管道介质因素、装置参数等不尽相同，系数 K_1 和 K_2 都需要重新测定。

2. 剖面曲线斜率拟合

首先，选取感应电动势变化明显的中晚期时窗进行数据处理，测量数据用 $V(i,j)$ 来表示，其中 i 为测点号，j 为时窗号，对所选取的时窗信号求解斜率：

$$\Delta K = \frac{V(i+1,j) - V(i+1,j)}{(i+1) - i} \tag{2.21}$$

式中，分母为测点的变化量，相邻测点间的变化量为 1，故分母恒为 1。

然后，对剖面曲线斜率进行拟合，并计算拟合数据与斜率变化数据的数据差；在 MALTAB 拟合工具箱中对比最小二乘法拟合、指数拟合和平滑三次样条拟合的方差和拟合系数，选取方差和拟合系数最优的平滑三次样条拟合算法。假设平滑三次样条拟合函数为 $f(x)$，其中 x 为测点坐标，可计算得到拟合后的函数值 y，此时有数据差 $y - \Delta K$。

根据数理统计理论，斜率变化量是大数据样本，服从正态分布。感应电动势异常下降或上升处的斜率较大，且斜率异常点的发生属于小概率事件，可以计算出相应的置信区间，设置阈值，超出阈值的认为此处是异常信号点。通过对异常信号点的提取，认为在腐蚀处的异常信号呈现“一正一负”的波峰波谷或“一负一正”的波谷波峰趋势。设置管道标准壁厚和基准点数据，按照式(2.22)计算时窗信号的初始剩余壁厚，再按照式(2.23)对初始剩余壁厚进行归一化处理，得到剩余壁厚，归一化处理的范围是 0 到管道的标准壁厚：

$$D_0 = \frac{d_0 V(i,j)}{V(n,j)} \tag{2.22}$$

$$D = \frac{d_0 (D_0 - D_{0\min})}{D_{0\max} - D_{0\min}} \tag{2.23}$$

式中，d_0 是标准壁厚；n 为斜率变化最小的测点号；D_0 是初始剩余壁厚；$D_{0\min}$ 是最小的初始剩余壁厚；$D_{0\max}$ 是最大的初始剩余壁厚；D 是剩余壁厚。

最后，根据异常信号点判定缺陷范围，并针对缺陷范围内的剩余壁厚求取平均值，得到管道的平均剩余壁厚。

2.8 本章小结

本章围绕瞬变电磁法的基本原理，介绍了适用于埋地金属管道腐蚀检测的装置和埋地金属管道的瞬变电磁响应特征，分析了激励信号和接收信号的特点及激励信号参数对观测结果的影响，主要包括脉冲宽度和关断时间这两个重要参数。在此基础上，介绍了三种主流信号采样方法，讨论了均匀大地表面瞬变电磁场的计算方法，以磁偶极子源为例，对比分析了同心检测装置和偶极检测装置两种测量方式下瞬变电磁响应的差异。根据“烟圈效应”简化分析，获得埋地金属管道的瞬变电磁响应范围，并给出管道剩余壁厚的计算方法。

参考文献

[1] 米萨克 N · 纳比吉安. 勘查地球物理电磁法: 第一卷 理论[M]. 赵经祥，王艳君，译. 北京: 地质出版社, 1992.

[2] 牛之琏. 时间域电磁法原理[M]. 长沙: 中南大学出版社, 2007.

[3] 嵇艳鞠，林君，程德福，等. 瞬变电磁法中数据取样处理方法的研究[J]. 物探与化探, 2003, 27(2): 142-145.

[4] Lin J, Li T, Yu S. Nonuniform sampling and robust stacking of transient electromagnetic signal[C]. IEEE 4th International Conference on Signal Processing, Beijing, 1998: 1696-1699.

[5] 李貅. 瞬变电磁测深的理论与应用[M]. 西安: 陕西科学技术出版社, 2002.

[6] 徐建华. 层状媒质中的电磁场与电磁波[M]. 北京: 石油工业出版社, 1997.
[7] Hu B, Yu R Q, Liu J. Experimental study on the corrosion testing of a buried metal pipeline by transient electromagnetic method[J]. Anti-Corrosion Methods and Materials, 2016, 63(4): 262-268.
[8] 代璞璞. 管道腐蚀视电阻率成像检测技术研究[D]. 南昌: 南昌航空大学，2011.
[9] 兵尚, 李晓松, 李永年. 管道壁厚 TEM 检测方法和 GBH 管道腐蚀智能检测仪: 中国, 101358827A[P]. 2009.

第 3 章　埋地管道腐蚀模型瞬变电磁响应三维正演模拟

3.1　广义麦克斯韦方程组

由电磁场理论可知，在各向同性均匀导电介质中，麦克斯韦方程组可写成如下微分形式[1]:

$$\begin{cases}\nabla\times\boldsymbol{H}=\dfrac{\partial\boldsymbol{D}}{\partial t}+\boldsymbol{J}\\ \nabla\times\boldsymbol{E}=-\dfrac{\partial\boldsymbol{B}}{\partial t}\\ \nabla\cdot\boldsymbol{B}=0\\ \nabla\cdot\boldsymbol{D}=\rho\end{cases}\tag{3.1}$$

式中，∇ 为哈密顿算子；$\boldsymbol{H}$ 为磁场强度，A/m；$\boldsymbol{D}$ 为电位移矢量，C/m^2；$\boldsymbol{E}$ 为电场强度，V/m；$\boldsymbol{B}$ 为磁感应强度，T；$\boldsymbol{J}$ 为电流密度，A/m^2；ρ 为电荷密度，C/m^3。

根据对偶原理，引入假想的等效源磁荷密度 ρ_{m} 和磁流密度 $\boldsymbol{J}_{\mathrm{m}}$，其单位分别为 Wb/m^3 和 V/m^3，可以得到广义麦克斯韦方程组：

$$\begin{cases}\nabla\times\boldsymbol{H}=\dfrac{\partial\boldsymbol{D}}{\partial t}+\boldsymbol{J}\\ \nabla\times\boldsymbol{E}=-\dfrac{\partial\boldsymbol{B}}{\partial t}-\boldsymbol{J}_{\mathrm{m}}\\ \nabla\cdot\boldsymbol{B}=\rho_{\mathrm{m}}\\ \nabla\cdot\boldsymbol{D}=\rho\end{cases}\tag{3.2}$$

线性、各向同性和非色散介质在电磁学时域的介质本构关系为

$$\begin{cases}\boldsymbol{J}=\sigma\boldsymbol{E}\\ \boldsymbol{B}=\mu\boldsymbol{H}\\ \boldsymbol{D}=\varepsilon\boldsymbol{E}\end{cases}\tag{3.3}$$

式中，σ 为电导率，S/m；μ 为磁导率，H/m，$\mu=\mu_{\mathrm{r}}\mu_0$，$\mu_{\mathrm{r}}$ 为相对磁导率，μ_0 为真空磁导率；ε 为介电常数，F/m，$\varepsilon=\varepsilon_{\mathrm{r}}\varepsilon_0$，$\varepsilon_{\mathrm{r}}$ 为相对介电常数，ε_0 为真空介电常数。

对埋地金属管道的瞬变电磁场模型而言，单位体电荷密度不堆积，且随时间的流逝位移电流快速衰减，从而以传导电流为主，即 $\rho=0$。因此，可得瞬变电磁场全空间导电方程为

$$\begin{cases}\nabla\cdot\boldsymbol{D}=0\\ \nabla\cdot\boldsymbol{E}=0\\ \nabla\cdot\boldsymbol{J}=0\end{cases}\tag{3.4}$$

式(3.2)中的电流密度 $\boldsymbol{J}$ 等于导体电流密度 $\boldsymbol{J}_\mathrm{c}$ 与施加电流密度 $\boldsymbol{J}_\mathrm{i}$ 之和，磁流密度 $\boldsymbol{J}_\mathrm{m}$ 等于导体磁流密度 $\boldsymbol{M}_\mathrm{c}$ 与施加磁流密度 $\boldsymbol{M}_\mathrm{i}$ 之和，可以表示为

$$\begin{cases}\boldsymbol{J}=\boldsymbol{J}_\mathrm{c}+\boldsymbol{J}_\mathrm{i}\\ \boldsymbol{J}_\mathrm{c}=\sigma_\mathrm{e}\boldsymbol{E}\end{cases}\tag{3.5}$$

和

$$\begin{cases}\boldsymbol{J}_\mathrm{m}=\boldsymbol{M}_\mathrm{c}+\boldsymbol{M}_\mathrm{i}\\ \boldsymbol{M}_\mathrm{c}=\sigma_\mathrm{m}\boldsymbol{H}\end{cases}\tag{3.6}$$

式中，σ_e 为电导率，S/m，与式(3.3)中的 σ 意义相同，为便于区分，后面均用 σ_e 表示；σ_m 为导磁率，Ω/m。

将分解后的电流密度和磁流密度分别代入式(3.2)中，麦克斯韦方程组可改写为

$$\begin{cases}\nabla\times\boldsymbol{H}=\varepsilon\dfrac{\partial\boldsymbol{E}}{\partial t}+\sigma_\mathrm{e}\boldsymbol{E}+\boldsymbol{J}_\mathrm{i}\\ \nabla\times\boldsymbol{E}=-\mu\dfrac{\partial\boldsymbol{H}}{\partial t}-\sigma_\mathrm{m}\boldsymbol{H}-\boldsymbol{M}_\mathrm{i}\\ \nabla\cdot\boldsymbol{B}=\rho_\mathrm{m}\\ \nabla\cdot\boldsymbol{D}=\rho\end{cases}\tag{3.7}$$

式(3.7)描述了电磁场 $\boldsymbol{E}$ 和 $\boldsymbol{H}$ 的旋度和散度的计算，且含有四个本构关系的物理参量 ε、μ、σ_e、σ_m，可描述任意线性、各向同性的空间介质。

若求解场域中无激励源，各种激励源 $\boldsymbol{J}_\mathrm{i}$、$\boldsymbol{M}_\mathrm{i}$、$\rho_\mathrm{m}$ 和 ρ 均等于 0，则有

$$\boldsymbol{J}=\boldsymbol{J}_\mathrm{c}+\boldsymbol{J}_\mathrm{i}=\boldsymbol{J}_\mathrm{c}=\sigma_\mathrm{e}\boldsymbol{E}\tag{3.8}$$

$$\boldsymbol{J}_\mathrm{m}=\boldsymbol{M}_\mathrm{c}+\boldsymbol{M}_\mathrm{i}=\boldsymbol{M}_\mathrm{c}=\sigma_\mathrm{m}\boldsymbol{H}\tag{3.9}$$

方程组(3.7)可以写为

$$\begin{cases}\nabla\times\boldsymbol{H}=\varepsilon\dfrac{\partial\boldsymbol{E}}{\partial t}+\sigma_\mathrm{e}\boldsymbol{E}\\ \nabla\times\boldsymbol{E}=-\mu\dfrac{\partial\boldsymbol{H}}{\partial t}-\sigma_\mathrm{m}\boldsymbol{H}\\ \nabla\cdot\boldsymbol{B}=0\\ \nabla\cdot\boldsymbol{D}=0\end{cases}\tag{3.10}$$

结合矢量恒等式

$$\nabla\times\left(\nabla\times\boldsymbol{A}\right)=\nabla\left(\nabla\cdot\boldsymbol{A}\right)-\nabla^2\boldsymbol{A}\tag{3.11}$$

对式(3.10)中的前两个方程两边取旋度，得到时域电磁场的波动方程为

$$\begin{cases}\nabla^2\boldsymbol{E}-\mu\varepsilon\dfrac{\partial^2\boldsymbol{E}}{\partial t^2}-\mu\sigma_\mathrm{e}\dfrac{\partial\boldsymbol{E}}{\partial t}=0\\ \nabla^2\boldsymbol{H}-\mu\varepsilon\dfrac{\partial^2\boldsymbol{H}}{\partial t^2}-\mu\sigma_\mathrm{m}\dfrac{\partial\boldsymbol{H}}{\partial t}=0\end{cases}\tag{3.12}$$

式(3.11)中，$\boldsymbol{A}$为任意矢量。

瞬变电磁场与静态电磁场的现象不同，瞬变电磁场的显著程度与信号频率的高低、发射或接收装置的尺寸密切相关。按照实际需要，在允许的近似范围内，对瞬变电磁场的部分过程可以按恒定电磁场处理。当瞬变电磁场工作在低频范围内，即电磁信号频率小于 10^5Hz 时，大地介质中的位移电流密度远小于导体中的感应电流和线圈中的电流密度，可以忽略位移电流的影响，即作为准静态场处理，以实现模型的简化。忽略位移电流的影响，即忽略电位移矢量随时间变化产生的磁场，在麦克斯韦方程组中表现为 $\partial \boldsymbol{D}/\partial t \approx 0$。因此，准静态近似下可将式(3.12)中电磁场对时间的二阶偏导数项忽略，式(3.12)可简化为

$$\begin{cases} \nabla^2 \boldsymbol{E} - \mu\sigma_{\mathrm{e}} \dfrac{\partial \boldsymbol{E}}{\partial t} = 0 \\ \nabla^2 \boldsymbol{H} - \mu\sigma_{\mathrm{m}} \dfrac{\partial \boldsymbol{H}}{\partial t} = 0 \end{cases} \tag{3.13}$$

式(3.13)称为电场和磁场的齐次扩散方程。

3.2　时域有限差分算法的迭代方程

将时域有限差分算法用于求解埋地金属管道的瞬变电磁响应，是将麦克斯韦方程组引入时域有限差分算法，在含有埋地管道的模型空间域和时间域上对麦克斯韦方程组进行求解的数值方法。该方法直接在时间域求解电磁场，具有简单直观、容易掌握的特点，因此在电磁工程领域得到了广泛的应用和发展。时域有限差分算法不仅描述了电磁场的普遍规律，还描述了利用计算机有限的存储空间在空间域和时间域模拟电磁场现象的物理过程。

在采用数值方法计算瞬变电磁场时，由于受计算条件的限制，必须将无限大场的分布空间截断为有限计算空间。因此，首先从麦克斯韦方程组出发，推导出符合三维截断空间的时域有限差分迭代方程。埋地金属管道的瞬变电磁检测模型是在发射线框上施加电流激励源，也就是在模型的地表网格上施加激励源对麦克斯韦方程组进行计算，其余模型网格仍然以无源介质看待。根据式(3.10)，无源介质中电磁场的旋度计算公式为

$$\begin{cases} \nabla \times \boldsymbol{H} = \varepsilon \dfrac{\partial \boldsymbol{E}}{\partial t} + \sigma_{\mathrm{e}} \boldsymbol{E} \\ \nabla \times \boldsymbol{E} = -\mu \dfrac{\partial \boldsymbol{H}}{\partial t} - \sigma_{\mathrm{m}} \boldsymbol{H} \end{cases} \tag{3.14}$$

将矢量方程组(3.14)转换为三维空间标量方程组，则在直角坐标下电场分量

E_x、E_y、E_z 和磁场分量 H_x、H_y、H_z 的标量方程可写为

$$\begin{cases}\dfrac{\partial E_x}{\partial t}=\dfrac{1}{\varepsilon}\left(\dfrac{\partial H_z}{\partial y}-\dfrac{\partial H_y}{\partial z}-\sigma_e E_x\right)\\ \dfrac{\partial E_y}{\partial t}=\dfrac{1}{\varepsilon}\left(\dfrac{\partial H_x}{\partial z}-\dfrac{\partial H_z}{\partial x}-\sigma_e E_y\right)\\ \dfrac{\partial E_z}{\partial t}=\dfrac{1}{\varepsilon}\left(\dfrac{\partial H_y}{\partial x}-\dfrac{\partial H_x}{\partial y}-\sigma_e E_z\right)\end{cases} \tag{3.15}$$

$$\begin{cases}\dfrac{\partial H_x}{\partial t}=\dfrac{1}{\mu}\left(\dfrac{\partial E_y}{\partial z}-\dfrac{\partial E_z}{\partial y}-\sigma_m H_x\right)\\ \dfrac{\partial H_y}{\partial t}=\dfrac{1}{\mu}\left(\dfrac{\partial E_z}{\partial x}-\dfrac{\partial E_x}{\partial z}-\sigma_m H_y\right)\\ \dfrac{\partial H_z}{\partial t}=\dfrac{1}{\mu}\left(\dfrac{\partial E_x}{\partial y}-\dfrac{\partial E_y}{\partial x}-\sigma_m H_z\right)\end{cases} \tag{3.16}$$

时域有限差分方程是依据式(3.15)和式(3.16)中电场和磁场的耦合偏微分方程引入的一种差分格式。为了获得空间和时间上的二阶精度，首先将三维截断空间按立方体分割成多个单元填充三维截断空间，并对单元节点进行排序，然后将单元节点映射到空间坐标位置，从而使自变量离散[2]。同时，将电场和磁场的偏微分方程施加在单元网格面中心及立方体棱边上，并计算网格节点的未知量，这就是 Yee 晶胞，如图 3.1 所示。Yee 晶胞标记了电场和磁场在空间的位置分布，按空间规律顺序排列电磁场分量，所有处于网格面中心的有关分量设定为磁场的三个分量，所有处于网格棱边中点的有关分量设定为电场的三个分量。任意一个电场分量周围环向围绕着四个磁场分量，磁场分量同理，两者形成相互环绕趋势。

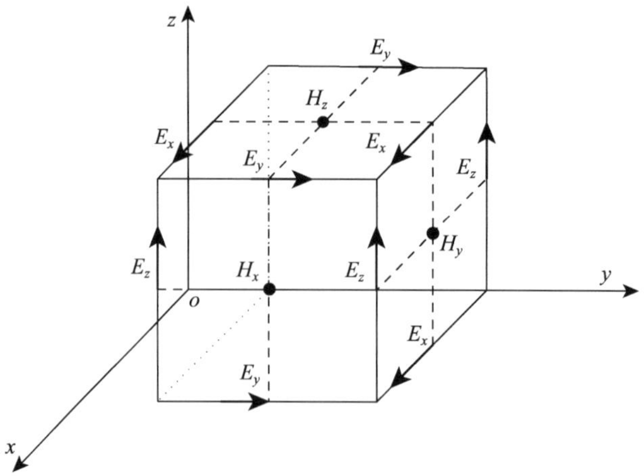

图 3.1　Yee 晶胞

从图 3.1 中可以看出，电场分量 E_x、E_y、E_z 放置在网格棱边中点，其方向与棱边平行，磁场分量 H_x、H_y、H_z 放置于网格面中心，其方向垂直于该网格面。这种 Yee 晶胞的电场和磁场形式符合法拉第电磁感应定律和安培环路定律的自然结构，且适合于麦克斯韦方程组的有限差分计算，可以准确地描述电磁场的传播特性[3]。在空间上，E_x、E_y、E_z 与 H_x、H_y、H_z 在 x、y、z 上都相差半个网格步长；在时间上，H_x、H_y、H_z 与 E_x、E_y、E_z 始终保持半个时间步长的间隔。根据微分方程的求解原理，将已知的初始值和边界条件代入方程，就可以在三维截断空间中按照时域有限差分算法进行迭代计算来求解电磁场。

若网格顶点坐标为 (x,y,z)，可记为 $(i,j,k)=(i\Delta x, j\Delta y, k\Delta z)$，$i$、$j$、$k$ 为整数，其中 Δx、Δy、Δz 分别表示在 (x,y,z) 坐标方向的网格步长。在时间上，取 n 时刻的时间步为 $n\Delta t$，Δt 为时间步长，当电场分量在 $t_n = n\Delta t$ 时刻采样时，磁场分量在与电场分量相差半个时间步长处采样，即磁场分量的采样点为[4]

$$t_n - \frac{1}{2}\Delta t = \left(n - \frac{1}{2}\right)\Delta t \tag{3.17}$$

时域有限差分方程的空间步长和时间步长满足一定关系，其关系可用函数表示为

$$F^n(i,j,k) = F^n(i\Delta x, j\Delta y, k\Delta z) \tag{3.18}$$

在时间和空间上的离散采样点设置为 $H_x^{n-1/2}\left(i, j+\frac{1}{2}, k+\frac{1}{2}\right)$、$H_y^{n-1/2}\left(i+\frac{1}{2}, j, k+\frac{1}{2}\right)$、$H_z^{n-1/2}\left(i+\frac{1}{2}, j+\frac{1}{2}, k\right)$、$E_x^n\left(i+\frac{1}{2}, j, k\right)$、$E_y^n\left(i, j+\frac{1}{2}, k\right)$、$E_z^n\left(i, j, k+\frac{1}{2}\right)$。

当电场和磁场存在 $\Delta t/2$ 变化时，按照如图 3.1 所示的电磁场关系，利用中心差分近似把旋度方程中的微分算符直接转化为差分形式，可得到空间任意位置、任意时域函数 $f(x,y,z,t)$ 的中心差分格式，即

$$\begin{aligned}
&\frac{\partial f(x,y,z,t)}{\partial x}\Big|_{x=i\Delta x} \approx \frac{f^n\left(i+\frac{1}{2}, j, k\right) - f^n\left(i-\frac{1}{2}, j, k\right)}{\Delta x} \\
&\frac{\partial f(x,y,z,t)}{\partial y}\Big|_{y=i\Delta y} \approx \frac{f^n\left(i, j+\frac{1}{2}, k\right) - f^n\left(i, j-\frac{1}{2}, k\right)}{\Delta y} \\
&\frac{\partial f(x,y,z,t)}{\partial z}\Big|_{x=i\Delta z} \approx \frac{f^n\left(i, j, k+\frac{1}{2}\right) - f^n\left(i, j, k-\frac{1}{2}\right)}{\Delta z} \\
&\frac{\partial f(x,y,z,t)}{\partial t}\Big|_{x=i\Delta x} \approx \frac{f^{n+1/2}(i,j,k) - f^{n-1/2}(i,j,k)}{\Delta t}
\end{aligned} \tag{3.19}$$

将式(3.15)和式(3.16)中的标量方程代入差分方程进行化简，可以得到电磁场分

量的时域有限差分方程，这里仅以 x 方向电场和磁场分量为例进行说明，其他方向的方程与其类似，仅需要对系数进行修正：

$$\begin{aligned}
&E_x^{n+1}\left(i+\frac{1}{2},j,k\right)\\
&=\mathrm{CA}\left(i+\frac{1}{2},j,k\right)E_x^n\left(i+\frac{1}{2},j,k\right)\\
&\quad+\mathrm{CB}\left(i+\frac{1}{2},j,k\right)\left\{\frac{H_z^{n+1/2}\left(i+\frac{1}{2},j+\frac{1}{2},k\right)-H_z^{n+1/2}\left(i+\frac{1}{2},j-\frac{1}{2},k\right)}{\Delta y}\right.\\
&\quad\left.-\frac{H_y^{n+1/2}\left(i+\frac{1}{2},j,k+\frac{1}{2}\right)-H_y^{n+1/2}\left(i+\frac{1}{2},j,k-\frac{1}{2}\right)}{\Delta z}\right\}
\end{aligned}\tag{3.20}$$

$$\begin{aligned}
&H_x^{n+1/2}\left(i,j+\frac{1}{2},k+\frac{1}{2}\right)\\
&=\mathrm{CP}\left(i,j+\frac{1}{2},k+\frac{1}{2}\right)H_x^{n-1/2}\left(i,j+\frac{1}{2},k+\frac{1}{2}\right)\\
&\quad+\mathrm{CQ}\left(i,j+\frac{1}{2},k+\frac{1}{2}\right)\left\{\frac{E_z^n\left(i,j+1,k+\frac{1}{2}\right)-E_z^n\left(i,j,k+\frac{1}{2}\right)}{\Delta y}\right.\\
&\quad\left.-\frac{E_y^n\left(i,j+\frac{1}{2},k+1\right)-E_y^n\left(i,j+\frac{1}{2},k\right)}{\Delta z}\right\}
\end{aligned}\tag{3.21}$$

式中，

$$\mathrm{CA}(i,j,k)=\frac{2\varepsilon(i,j,k)-\sigma_{\mathrm{e}}(i,j,k)\Delta t}{2\varepsilon(i,j,k)+\sigma_{\mathrm{e}}(i,j,k)\Delta t}$$

$$\mathrm{CB}(i,j,k)=\frac{2\Delta t}{2\varepsilon(i,j,k)+\sigma_{\mathrm{e}}(i,j,k)\Delta t}$$

$$\mathrm{CP}(i,j,k)=\frac{2\mu(i,j,k)-\sigma_{\mathrm{m}}(i,j,k)\Delta t}{2\mu(i,j,k)+\sigma_{\mathrm{m}}(i,j,k)\Delta t}$$

$$\mathrm{CQ}(i,j,k)=\frac{2\Delta t}{2\mu(i,j,k)+\sigma_{\mathrm{m}}(i,j,k)\Delta t}$$

系数 CA 、CB 、CP 、CQ 均与网格节点坐标有关。

式(3.20)和式(3.21)说明每一步的电场和磁场的迭代计算依赖于上一步的电场

和磁场正交面上半个时间步长相邻的磁场和电场以及介质参数。由于在时域有限差分方程中引入了中心差分格式进行近似，即蛙跳格式[5]，故在时空上的迭代计算都具有二阶精度。实际建模计算时，时域有限差分法是将三维截断空间的电磁问题作为初始条件，并假设初始时刻模型空间中的电磁场为零。在注入激励源后，时域有限差分方程采用蛙跳方式在时间上逐步推进电场和磁场的迭代计算。迭代计算结束后，按照采样点 $n-1$、n、$n+1$ 和 $n-1/2$、n、$n+1/2$ 分别对电场和磁场分量进行采样，即可获得需要的时域数值模拟结果。同时，电场和磁场分量由于存在 $\Delta t/2$ 的计算时间差，两个时间差间隔为 Δt 。这样的空间和时间步长给存储计算带来了方便。

3.3　解的数值稳定性

时域有限差分法是将麦克斯韦方程组离散为有限差分方程，用离散方程的解代替电磁场偏微分方程的解。在计算过程中为了使蛙跳格式算法保持稳定，必须使时间步长 Δt 和空间步长 Δx、Δy、Δz 呈一定相关性。若 Δt 和 Δx、Δy、Δz 的取值不满足相关关系，则当采用有限差分算法进行数值模拟时，场值可能会随着时间的推移而无限增加，导致计算结果发散。因此，有必要使算法收敛。算法收敛通常是指当空间步长和时间步长趋于零时，差分方程的解在空间任意一点和任意时刻都能趋于原方程的解或理论解析值[6]。算法收敛的稳定性条件是空间步长和时间步长满足一定的关系，只有在此条件下才能保证有限差分方程与原方程之间的差有界[7]。因此，对埋地管道模型瞬变电磁场进行时域有限差分数值模拟时，需要对差分格式的数值稳定性进行讨论，并综合考虑计算机求解精度、运算时间和运行内存等因素。

采用柯朗稳定性条件，假设模型空间中的介质是均匀的，那么三维截断空间中的数值稳定性条件为

$$c\Delta t\sqrt{\frac{1}{\Delta x^2}+\frac{1}{\Delta y^2}+\frac{1}{\Delta z^2}}\leqslant 1 \tag{3.22}$$

式中，c 为自由空间中的光速。该条件给出了 Δt 与 Δx、Δy、Δz 之间应该满足的关系。

在三维空间中，当 $\Delta x=\Delta y=\Delta z$ 时，$c\Delta t\leqslant \Delta x/\sqrt{3}$ ，此为直角坐标系下对模型进行均匀网格剖分的算法稳定性条件。当 $\Delta x\neq\Delta y\neq\Delta z$ 时，即对模型进行非均匀网格剖分，可取最小的空间步长，有

$$\Delta t\leqslant\frac{1}{c\sqrt{\dfrac{1}{\Delta x_{\min}^2}+\dfrac{1}{\Delta y_{\min}^2}+\dfrac{1}{\Delta z_{\min}^2}}} \tag{3.23}$$

为了提高非均匀网格剖分模型迭代计算的稳定性，引入柯朗数 a ，此时有

$$\Delta t = \frac{a \min(\Delta x_{\min}, \Delta y_{\min}, \Delta z_{\min})}{2c} \tag{3.24}$$

在非均匀网格条件下，为了加快数值解的收敛速度和加强数值解的稳定性，可以适当调整柯朗数。柯朗数表示在每个 Δt 中网格信息的移动速度，通常选择 $a \in [0.1, 1]$，数值的大小表示收敛速度的快慢，数值从小到大的变化表示求解收敛速度将逐步加快，而数值稳定性将逐步降低。求解空间迭代过程时，对于柯朗数数值的调整，可通过观察电场和磁场分量的迭代残差收敛情况决定。在收敛速度较快同时保证求解较稳定的情况下，可以适当增大柯朗数数值。因此，在迭代计算中的柯朗数取值依赖于数值模拟算法的收敛情况，可通过多次调试算法寻找柯朗数的最优值以提高求解效率，同时还需要考虑扩散方程条件的满足。

3.4　数值色散

对于理想介质，平面波的相位常数与频率呈线性关系，但是在非理想介质中电磁波的频率与相速有关，而与其他参数无关，这就是色散现象。利用时域有限差分算法进行三维截断空间的数值模拟时要求传播介质是非色散介质，即电磁波的传播速度与频率无关。在差分公式中常采用有效小数保留方程解，这就造成截断空间的模拟区域存在累积误差，从而引起介质中电磁波相速、频率和传播方向发生改变。若出现这种情况，则表示此时的色散现象与物理色散相差较大，其特性取决于空间网格尺寸和数值效应。此时的现象称为数值色散现象。一般通过控制数值色散来保证数值模拟结果的精度。

为了避免算法精度受数值色散的影响，Δt 与 Δx、Δy、Δz 必须满足一定的相关关系，实践表明，适当调整网格尺寸且满足如下条件时，可较好地抑制数值色散问题，其引起的求解误差也可以忽略不计：

$$\max(\Delta x, \Delta y, \Delta z) \leqslant \frac{\lambda_{\min}}{N} \tag{3.25}$$

式中，$\lambda_{\min}$ 为电磁波上限频率所对应的波长；N 的值取决于时域有限差分算法中的三维截断空间。

对阶跃脉冲激励而言，通常采用单频率方波信号，同样结合稳定性条件，将波长转化为激励时间周期，则时间间隔应该满足如下条件[8]：

$$\Delta t \leqslant \frac{T}{N} \tag{3.26}$$

式中，T 为方波脉冲信号周期。

综上所述，当计算三维截断空间电磁场数值时，需考虑非均匀网格技术的时域有限差分方法引起的非物理性折射现象，且在模拟埋地管道腐蚀时必须消除折射效应造成的误差，这样才能保证三维截断空间求解的精确性。

3.5　非均匀网格剖分算法

在数值模拟算法中，常采用较小的均匀网格剖分复杂模型。但当一些复杂模型存在结构尺寸或介质材料的急剧变化时，如具有复杂内部结构或几何形状的目标物体、具有高度非均匀性的目标物体，为了精确模拟目标物体急剧变化处的场分布或整体模型中的场分布，若对模型空间采用均匀网格剖分，可能会引起数值算法的不收敛，从而不能准确反映空间场的变化和分布，且计算量过大耗费较多计算时间。根据 3.3 节的稳定性原理，当三维截断空间中分布有不同的介质时，空间网格单元的大小取决于最小波长，而时间步长依赖于最小网格尺寸。埋地管道模型的特点是具有特殊腔体结构且管壁介质尺寸较小，根据模拟目标的物理介质和结构特征，本节提出非均匀网格剖分模型的方案，也就是说在目标体处选取较小的网格，而在远离目标体处采用较大的网格。在三维截断空间采用非均匀网格技术的时域有限差分算法进行埋地管道腐蚀模型的数值模拟，能有效提高计算精度并减少计算时间。

3.5.1　网格剖分规则

为了更好地求解偏微分方程的数值解，一般将三维截断空间模型离散成有限网格单元，通过这些网格单元将有限差分算法和三维截断空间连接。非均匀网格是根据三维截断空间模型剖分的网格，它的优点是可以较好地适应三维截断空间管道模型，可以较好地满足数值模拟算法的精度要求。非均匀网格有突变网格、渐进网格和对称网格三种，分别对应三种情况。突变网格是网格由小到大，渐进网格是网格由大到小，突变网格和渐进网格均是从目标中心分布到截断边界；对称网格是网格由小到大再到小分布于模型管道处。非均匀网格要求网格尺寸变化根据管道所处位置采用一种或两种渐变速率，这是因为管道处需要精细网格剖分，且管道处的网格递减或递增速率应保持较小，而远离管道处的空间采用较大渐变速率来减少网格数目。当网格剖分超过模型边界时，模型边界自动向两边扩展，并重新定义模型空间尺寸，再在边界处施加适当的边界条件。

针对上述的模型特点，充分考虑网格剖分效率与计算精度的关系，提出一种对称非均匀网格剖分算法。该算法是以管道所在位置的中心为起点，首先以几何序列方式向模型原点位置递减，然后以中间点和几何序列为起点向模型边界递增，故呈非均匀对称网格分布。采用这种方法，不仅可以有效分辨三维截断模型和介质分布规律，也可以描述粗细网格过渡时电磁场的扩散特性。同时，将其应用到时域电磁法检测埋地管道腐蚀模型的数值模拟中，可以有效提高网格剖分效率和质量，满足时域有限差分仿真分析的要求。

时域有限差分算法是根据三维截断空间中管道模型坐标的位置和介质参数进行模拟的，但是截断空间与管道模型的坐标位置有重叠区，会影响计算精度，这就需要对目标体重新确定坐标位置。综合考虑各种因素，网格剖分需满足如下规则。

(1) 管道模型与截断空间不能相互重叠。

(2) 三维截断空间与管道模型占有的空间具有较好的容错性，即管道模型必须位于三维截断空间中，且需要与三维截断空间边界相切。

(3) 网格剖分后要尽可能地接近管道模型形状。

(4) 网格剖分密度分布应合理，不能出现急剧变化的梯度，且相邻目标体之间的网格应尽量相容，即实现网格过渡区域的稳定连接。

实际操作时，将三维截断空间建立在直角坐标系下，通过对三维截断空间进行网格剖分来阐述 x、y、z 三个方向电场和磁场的分布特征。由于三个方向的网格单元都是通过相同的算法剖分，所以只选择一个方向进行网格剖分，其他两个方向的方法类似。使用非均匀网格生成算法得到渐进网格坐标，并存储在数组中。对数组中的元素采用冒泡算法进行排序，按照网格坐标从小到大的顺序存储在新的数组中，作为剖分非均匀网格单元的依据，其网格数目取决于数组中的元素个数。

3.5.2　非均匀网格对称算法

三维截断模型空间经过管道模型的空间坐标更新后，生成新的管道模型空间坐标，并对其进行网格剖分。为了反映电磁场强度大小和在管道处的空间分布特征，这里采用细网格来实现管道附近的平缓变化，使三维截断空间与管道模型连接。

首先采用均匀网格剖分模型，确定三维截断空间的大小和统计均匀网格的数量。此时，x、y、z 方向上的均匀单元网格尺寸分别为

$$\Delta x_i = x_{i+1} - x_i,\quad i = 1,2,\cdots,n_x - 1$$

$$\Delta y_j = y_{j+1} - y_j,\quad j = 1,2,\cdots,n_y - 1$$

$$\Delta z_k = z_{k+1} - z_k,\quad k = 1,2,\cdots,n_z - 1$$

假设三维截断空间 x、y、z 方向的均匀网格数量分别为 n_x、n_y、n_z，以目标体为中心，确定三维截断空间的尺寸分别为

$$\Delta x = x_{i+1} - x_1,\quad i = n_x - 1$$

$$\Delta y = y_{j+1} - y_1,\quad j = n_y - 1$$

$$\Delta z = z_{k+1} - z_1,\quad k = n_z - 1$$

用 L_x、L_y、L_z、U_x、U_y、U_z 分别表示目标体与三维截断空间 $\Delta x_{\min}$、$\Delta y_{\min}$、$\Delta z_{\min}$、$\Delta x_{\max}$、$\Delta y_{\max}$、$\Delta z_{\max}$ 的实际距离，并重新计算 L_x、L_y、L_z、U_x、U_y、U_z 在 n_x、n_y、n_z 上的均匀网格间距，分别为

$$\Delta l_x = L_x / n_x\,,\quad \Delta u_x = U_x / n_x$$

$$\Delta l_y = L_y / n_y, \quad \Delta u_y = U_y / n_y$$

$$\Delta l_z = L_z / n_z, \quad \Delta u_z = U_z / n_z$$

在目标体附近采用细网格，远离目标体的过程中采用渐进网格。以 x 方向为例，以几何序列为基础剖分非均匀网格，由于选择的算法是对称的，故只针对 L_x 进行介绍。

当 $i = 1, 2, \cdots, n_x$ 时，有 $L_{x_n} = (n-1)\Delta l_x N_x^{n-1}$，式中 $n = 1, 2, \cdots, n_x$；N_x 为 x 方向渐变系数。将其推导到其他方向上，则有

Y：　$L_{y_n} = (n-1)\Delta l_y N_y^{n-1}$，$n = 1, 2, \cdots, n_y$，$N_y$ 为 y 方向渐变系数

Z：　$L_{z_n} = (n-1)\Delta l_z N_z^{n-1}$，$n = 1, 2, \cdots, n_z$，$N_z$ 为 z 方向渐变系数

在网格坐标的剖分过程中需要实时调整渐变系数，这是因为它决定了目标处网格的大小和远离目标后渐进网格的扩展速率。根据经验可知，当取渐变系数为 1.01～1.3 时，符合三维截断空间的要求。仿真中实际选取的渐变系数为 $N_x = 1.02$、$N_y = 1.05$、$N_z = 1.03$。

渐进网格是以目标所在空间位置进行剖分的，由于渐变系数不同，必会出现网格剖分点超过三维截断空间边界或没有到达三维截断空间边界的情况。对此这里提出一种网格边界判别算法，该算法可以较好地实现网格在三维截断空间边界处的识别和重新剖分，具体流程如图 3.2 所示。通过上述非均匀网格对称算法，可以得到非均匀对称网格二维模型，如图 3.3 所示。

在非均匀空间，定义 $x_{i+1/2} = x_i + \Delta x_i / 2$，$y_{j+1/2} = y_j + \Delta y_j / 2$，$z_{k+1/2} = z_k + \Delta z_k / 2$，则非均匀网格下的电场和磁场可以表示为

$$E_x\left(i+\frac{1}{2}, j, k\right) = E_x\left(x_{i+1/2}, y_j, z_k, n\Delta t\right) \tag{3.27}$$

$$H_x^{n+1/2}\left(i, j+\frac{1}{2}, k+\frac{1}{2}\right) = H_x\left(x_i, y_{j+1/2}, z_{k+1/2}, (n+1)\Delta t\right) \tag{3.28}$$

根据式(3.20)和式(3.21)中时间和空间上的离散方程以及式(3.27)和式(3.28)，可推得非均匀网格上的时域有限差分方程为

$$\begin{aligned} E_x^{n+1}\left(i+\frac{1}{2}, j, k\right) = {} & E_x^n\left(i+\frac{1}{2}, j, k\right) \\ & -\frac{\Delta t}{\varepsilon}\left[\frac{1}{\Delta y_j}\left(H_z^{n+1/2}\left(i+\frac{1}{2}, j+\frac{1}{2}, k\right) - H_z^{n+1/2}\left(i+\frac{1}{2}, j-\frac{1}{2}, k\right)\right)\right. \\ & \left. -\frac{1}{\Delta z_k}\left(H_y^{n+1/2}\left(i+\frac{1}{2}, j, k+\frac{1}{2}\right) - H_y^{n+1/2}\left(i+\frac{1}{2}, j, k-\frac{1}{2}\right)\right)\right] \end{aligned} \tag{3.29}$$

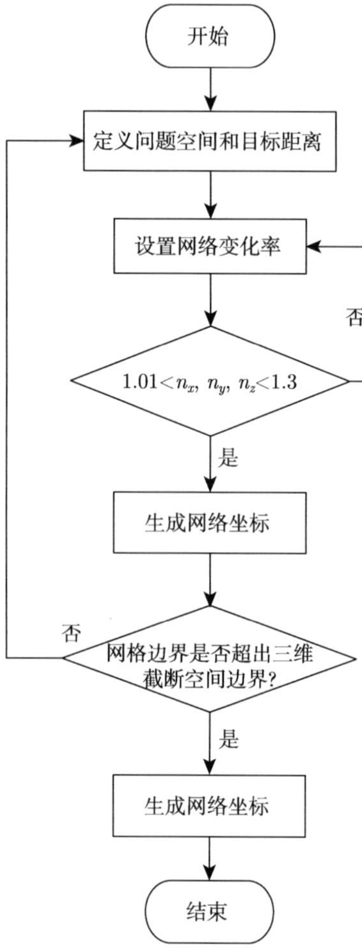

图 3.2　网格识别算法的流程

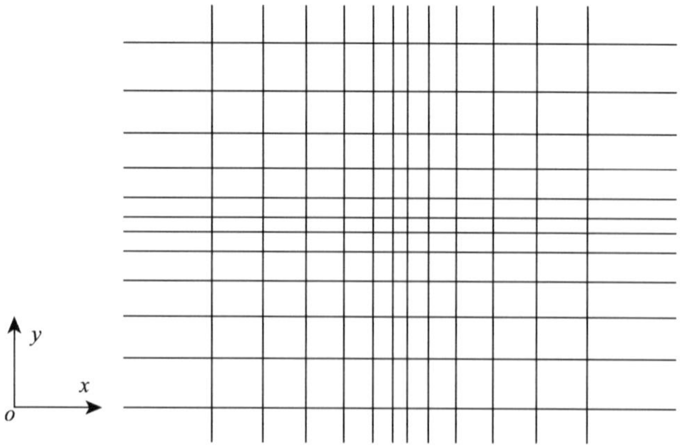

图 3.3　非均匀对称网格二维模型示意图

$$E_y^{n+1}\left(i,j+\frac{1}{2},k\right)=E_y^{n}\left(i,j+\frac{1}{2},k\right) -\frac{\Delta t}{\varepsilon}\left[\frac{1}{\Delta z_k}\left(H_x^{n+1/2}\left(i,j+\frac{1}{2},k+\frac{1}{2}\right)-H_x^{n+1/2}\left(i,j+\frac{1}{2},k-\frac{1}{2}\right)\right) -\frac{1}{\Delta x_i}\left(H_z^{n+1/2}\left(i+\frac{1}{2},j+\frac{1}{2},k\right)-H_z^{n+1/2}\left(i-\frac{1}{2},j+\frac{1}{2},k\right)\right)\right] \tag{3.30}$$

$$E_z^{n+1}\left(i,j,k+\frac{1}{2}\right)=E_z^{n}\left(i,j,k+\frac{1}{2}\right) -\frac{\Delta t}{\varepsilon}\left[\frac{1}{\Delta x_j}\left(H_y^{n+1/2}\left(i+\frac{1}{2},j,k+\frac{1}{2}\right)-H_y^{n+1/2}\left(i-\frac{1}{2},j,k+\frac{1}{2}\right)\right) -\frac{1}{\Delta y_i}\left(H_x^{n+1/2}\left(i,j+\frac{1}{2},k+\frac{1}{2}\right)-H_x^{n+1/2}\left(i,j-\frac{1}{2},k+\frac{1}{2}\right)\right)\right] \tag{3.31}$$

$$H_x^{n+1/2}\left(i,j+\frac{1}{2},k+\frac{1}{2}\right)=H_x^{n-1/2}\left(i,j+\frac{1}{2},k+\frac{1}{2}\right) +\frac{\Delta t}{\mu}\left[\frac{1}{\Delta z_k}\left(E_y^{n}\left(i,j+\frac{1}{2},k+1\right)-E_y^{n}\left(i,j+\frac{1}{2},k\right)\right) -\frac{1}{\Delta y_j}\left(E_z^{n}\left(i,j+1,k+\frac{1}{2}\right)-E_z^{n}\left(i,j,k+\frac{1}{2}\right)\right)\right] \tag{3.32}$$

$$H_y^{n+1/2}\left(i+\frac{1}{2},j,k+\frac{1}{2}\right)=H_y^{n-1/2}\left(i+\frac{1}{2},j,k+\frac{1}{2}\right) +\frac{\Delta t}{\mu}\left[\frac{1}{\Delta x_i}\left(E_z^{n}\left(i+1,j,k+\frac{1}{2}\right)-E_z^{n}\left(i,j,k+\frac{1}{2}\right)\right) -\frac{1}{\Delta z_k}\left(E_x^{n}\left(i+\frac{1}{2},j,k+1\right)-E_x^{n}\left(i+\frac{1}{2},j,k\right)\right)\right] \tag{3.33}$$

$$H_z^{n+1/2}\left(i+\frac{1}{2},j,k+\frac{1}{2}\right)=H_z^{n-1/2}\left(i+\frac{1}{2},j,k+\frac{1}{2}\right) +\frac{\Delta t}{\mu}\left[\frac{1}{\Delta y_j}\left(E_z^{n}\left(i+\frac{1}{2},j+1,k\right)-E_z^{n}\left(i+\frac{1}{2},j,k\right)\right) -\frac{1}{\Delta x_i}\left(E_x^{n}\left(i+1,j+\frac{1}{2},k+1\right)-E_x^{n}\left(i,j+\frac{1}{2},k\right)\right)\right] \tag{3.34}$$

3.6 共形网格

时域有限差分算法中的基本网格单元是 Yee 晶胞，它以六面体的形式表现，对埋地管道而言，内外壁边界处的网格剖分将影响埋地管道与管道内部介质和外层土壤介质的有效剖分。对曲面形状的目标物体来说，如何准确地模拟物体的几何形状、结构组成和电磁特性是一个关键问题。若采用六面体形网格来进行曲面目标物体的剖分，则在曲面处会生成阶梯状网格，造成计算误差和算法的数值色散。而对于埋地金属管道模型，管道具有特殊腔体结构，且壁厚尺寸较小，采用合适的网格剖分技术以保证较小尺寸管壁边界处瞬变电磁响应的计算精度至关重要。为了解决这一问题，本节采用共形网格算法，可以较好地降低非均匀网格剖分曲面物体带来的计算误差。共形网格算法是利用等效网格均分的方法，在非均匀网格的基础上对目标物体进行剖分，使曲面管道达到最佳共形效果，可以有效减少阶梯近似带来的计算误差。共形网格算法要求在各介质单元处精确地描述目标模型的几何信息，这直接影响到最佳的网格契合度和腐蚀正演计算分辨率等问题，是数值计算过程中的技术难点之一。

对直角坐标系下的三维截断空间模型进行共形网格算法研究，根据 Yee 晶胞理论可知，磁场位于晶胞中心，其周围的四个电场分量分别在晶胞棱边。时域有限差分算法中磁场三分量的推广计算是在三维截断空间中的 *xoy*、*yoz*、*xoz* 平面中进行的，各个平面上的电磁场分量计算按照二维曲面共形网格算法处理。为了达到各个计算单元共形的目的，首先要给出计算过程中相应网格节点上介质参数 ε、σ_{e}、μ、σ_{m} 的值。以介电常数 ε 为例，假设电场分量在单元网格的截面上是均匀分布的，此时网格节点上分布的值与等效介电常数有关。在介质边界处，若认为切向电通量是连续的，则有

$$\varepsilon_1 A_1 + \varepsilon_2 A_2 = \varepsilon_{\mathrm{ff}}(A_1 + A_2) \tag{3.35}$$

因此，有

$$\varepsilon_{\mathrm{ff}} = \varepsilon(i, j, k) = \frac{\varepsilon_1 A_1 + \varepsilon_2 A_2}{A_1 + A_2} \tag{3.36}$$

式中，$\varepsilon_{\mathrm{ff}}$ 为切向等效介电常数；ε_1 和 ε_2 是两种不同介质的相对介电常数；A_1 和 A_2 是边界处不同空间介质垂直电位移矢量的截面积。

同理，当介质边界上存在连续的法向电通量时，有

$$\frac{l_1 + l_2}{\varepsilon_{\mathrm{eff}}} = \frac{l_1}{\varepsilon_1} + \frac{l_2}{\varepsilon_2} \tag{3.37}$$

因此，有

$$\varepsilon_{\text{eff}} = \varepsilon(i,j,k) = \frac{\varepsilon_1\varepsilon_2(l_1+l_2)}{l_1\varepsilon_2+l_2\varepsilon_1} \tag{3.38}$$

式中，ε_{eff}为法向等效介电常数；l_1和l_2为边界处不同空间介质平行电位移矢量的截面积。

根据切向和法向分量单元网格的平均方案，等效磁导率、电导率和导磁率也可表示为与介电常数相似的形式：

$$\mu_{\text{ff}} = \frac{\mu_1A_1+\mu_2A_2}{A_1+A_2}, \quad \mu_{\text{eff}} = \frac{\mu_1\mu_2(l_1+l_2)}{l_1\mu_2+l_2\mu_1}$$

$$\sigma_{\text{ff}}^{\text{e}} = \frac{\sigma_1^{\text{e}}A_1+\sigma_2^{\text{e}}A_2}{A_1A_2}, \quad \sigma_{\text{eff}}^{\text{e}} = \frac{\sigma_1^{\text{e}}\sigma_2^{\text{e}}(l_1+l_2)}{l_1\sigma_2^{\text{e}}+l_2\sigma_1^{\text{e}}}$$

$$\sigma_{\text{ff}}^{\text{m}} = \frac{\sigma_1^{\text{m}}A_1+\sigma_2^{\text{m}}A_2}{A_1A_2}, \quad \sigma_{\text{eff}}^{\text{m}} = \frac{\sigma_1^{\text{m}}\sigma_2^{\text{m}}(l_1+l_2)}{l_1\sigma_2^{\text{m}}+l_2\sigma_1^{\text{m}}} \tag{3.39}$$

其次，讨论边界处存在多种介质填充叠加的情况。通过对 Yee 晶胞网格电磁场分量结构的分析可知，两个有关电场材料属性的参数ε和σ_{e}赋予不同介质的 Yee 晶胞网格棱中心，两个有关磁场材料属性的参数μ和σ_{m}赋予不同介质的 Yee 晶胞网格面中心。将每个 Yee 晶胞网格中心到问题空间坐标原点的距离定义为网格的坐标，为每个网格设置单一材料属性，对电场材料属性参数引入棱相平行原则，对磁场材料属性参数引入面心对称原则，针对含有曲面的介质单元，假设突变面附近介质属性为线性变化，由此可得到等效均分网格法的加权平均公式。这里以z方向的介质参数分量为例进行说明，由 Yee 晶胞结构可以看出介质分量$\varepsilon_z(i,j,k)$位于填充有不同介质的四个 Yee 晶胞网格之间，每个 Yee 晶胞网格都有各自的介质类型，故选取三维介质数组，每个元素可以对应一种填充网格的介质类型。介质分量$\varepsilon_z(i,j,k)$与四种环绕介质网格的棱边平行，故可取四个介电常数的平均值作为介质分量的值：

$$\varepsilon_z(i,j,k) = \frac{\varepsilon(i-1,j-1,k)+\varepsilon(i-1,j,k)+\varepsilon(i,j-1,k)+\varepsilon(i,j,k)}{4} \tag{3.40}$$

由于电导率介质定义的位置与介电常数的定义相同，等效电导率σ_z^{e}可取为

$$\sigma_z^{\text{e}}(i,j,k) = \frac{\sigma(i-1,j-1,k)+\sigma(i-1,j,k)+\sigma(i,j-1,k)+\sigma(i,j,k)}{4} \tag{3.41}$$

与介电常数和电导率分量不同，磁导率和导磁率的介质分量位于两个网格之间，并垂直于两网格的边界，故取相邻 Yee 晶胞中心点处磁导率和导磁率的平均值，即

$$\mu_z(i,j,k) = \frac{2\mu(i,j,k)u(i,j,k-1)}{\mu(i,j,k)+u(i,j,k-1)} \tag{3.42}$$

$$\sigma_z^{\mathrm{m}}(i,j,k)=\frac{2\sigma_{\mathrm{m}}(i,j,k)\sigma_{\mathrm{m}}(i,j,k-1)}{\sigma_{\mathrm{m}}(i,j,k)+\sigma_{\mathrm{m}}(i,j,k-1)} \tag{3.43}$$

综上所述，当介质参数ε、σ_{e}、μ、σ_{m}采样值取在晶胞的中心点时，时域有限差分公式中的介质参数为式(3.42)和式(3.43)中的平均值。通过优化介质参数，判断共形网格是否满足三维截断空间网格剖分，以减少阶梯形计算误差。若共形网格不满足条件，则需要重新调整网格单元的大小；若共形网格满足条件，仍需要对时域有限差分公式系数进行进一步的修正。针对 xoy 平面上的电场，修正后的公式为

$$\begin{aligned}
&E_x^{n+1}\left(i+\frac{1}{2},j,k\right)\\
&=\mathrm{CA}_x\left(i+\frac{1}{2},j,k\right)E_x^n\left(i+\frac{1}{2},j,k\right)\\
&\quad+\mathrm{CB}_x\left(i+\frac{1}{2},j,k\right)\left[\frac{H_z^{n+1/2}\left(i+\frac{1}{2},j+\frac{1}{2},k\right)-H_z^{n+1/2}\left(i+\frac{1}{2},j-\frac{1}{2},k\right)}{\Delta y}\right.\\
&\qquad\left.-\frac{H_y^{n+1/2}\left(i+\frac{1}{2},j,k+\frac{1}{2}\right)-H_y^{n+1/2}\left(i+\frac{1}{2},j,k-\frac{1}{2}\right)}{\Delta z}\right]
\end{aligned} \tag{3.44}$$

$$\begin{aligned}
&E_y^{n+1}\left(i,j+\frac{1}{2},k\right)\\
&=\mathrm{CA}_y\left(i,j+\frac{1}{2},k\right)E_x^n\left(i,j+\frac{1}{2},k\right)\\
&\quad+\mathrm{CB}_y\left(i,j+\frac{1}{2},k\right)\left[\frac{H_x^{n+1/2}\left(i,j+\frac{1}{2},k+\frac{1}{2}\right)-H_x^{n+1/2}\left(i,j+\frac{1}{2},k-\frac{1}{2}\right)}{\Delta z}\right.\\
&\qquad\left.-\frac{H_z^{n+1/2}\left(i+\frac{1}{2},j+\frac{1}{2},k\right)-H_z^{n+1/2}\left(i-\frac{1}{2},j+\frac{1}{2},k\right)}{\Delta x}\right]
\end{aligned} \tag{3.45}$$

式中，$\mathrm{CA}_x(i,j,k)=\dfrac{1-\dfrac{\sigma_x^{\mathrm{e}}(i,j,k)\Delta t}{2\varepsilon_x(i,j,k)}}{1+\dfrac{\sigma_x^{\mathrm{e}}(i,j,k)\Delta t}{2\varepsilon_x(i,j,k)}}$；$\mathrm{CB}_x(i,j,k)=\dfrac{\dfrac{\Delta t}{2\varepsilon_x(i,j,k)}}{1+\dfrac{\sigma_x^{\mathrm{e}}(i,j,k)\Delta t}{2\varepsilon_x(i,j,k)}}$；

$$\mathrm{CA}_y(i,j,k)=\frac{1-\dfrac{\sigma_y^{\mathrm{e}}(i,j,k)\Delta t}{2\varepsilon_y(i,j,k)}}{1+\dfrac{\sigma_y^{\mathrm{e}}(i,j,k)\Delta t}{2\varepsilon_y(i,j,k)}};\quad \mathrm{CB}_y(i,j,k)=\frac{\dfrac{\Delta t}{2\varepsilon_y(i,j,k)}}{1+\dfrac{\sigma_y^{\mathrm{e}}(i,j,k)\Delta t}{2\varepsilon_y(i,j,k)}}。$$

在 xoy 平面上的磁场修正公式为

$$\begin{aligned}
&H_z^{n+1/2}\left(i+\frac{1}{2},j+\frac{1}{2},k\right)\\
&=\mathrm{CP}_z\left(i+\frac{1}{2},j+\frac{1}{2},k\right)H_z^{n-1/2}\left(i+\frac{1}{2},j+\frac{1}{2},k\right)\\
&\quad+\mathrm{CQ}_z\left(i+\frac{1}{2},j+\frac{1}{2},k\right)\left[\frac{E_x^n\left(i+1,j+\frac{1}{2},k\right)-E_x^n\left(i,j+\frac{1}{2},k\right)}{\Delta y}\right.\\
&\qquad\left.-\frac{E_y^n\left(i+\frac{1}{2},j+1,k\right)-E_y^n\left(i+\frac{1}{2},j,k\right)}{\Delta x}\right]
\end{aligned}\tag{3.46}$$

式中，$\mathrm{CP}_z(i,j,k)=\dfrac{1-\dfrac{\sigma_z^{\mathrm{m}}(i,j,k)\Delta t}{2\mu_z(i,j,k)}}{1+\dfrac{\sigma_z^{\mathrm{m}}(i,j,k)\Delta t}{2\mu_z(i,j,k)}}$；$\mathrm{CQ}_z(i,j,k)=\dfrac{\dfrac{\Delta t}{2\mu_z(i,j,k)}}{1+\dfrac{\sigma_z^{\mathrm{m}}(i,j,k)\Delta t}{2\mu_z(i,j,k)}}$。

其他两个平面 xoz、yoz 上的电磁场节点公式可进行类似的修正。

3.7　吸收边界条件

时域有限差分算法是依据有限的计算机内存来模拟无限远处电磁场的传播问题。为了能有效利用计算机内存来模拟无限空间电磁场问题，需要将无限空间转换到有限空间，并考虑模拟结果有尽量小的差异。这就需要设置截断边界且在边界处施加吸收边界条件，模拟电磁波在截断边界处向无限空间传播的过程，并使截断边界处不引起电磁波的明显反射，即建立三维截断空间模型。

主流的吸收边界条件有 Mur 提出的吸收边界条件[9](称为 Mur 吸收边界条件)、Berenger 提出的理想匹配层(perfectly matched layer, PML)吸收边界条件[10]和改进的卷积理想匹配层(convolution perfectly matched layer, CPML)吸收边界条件。下面分析 Mur 吸收边界条件、PML 吸收边界条件和 CPML 吸收边界条件的优缺点，并选取适合埋地管道模型的三维截断边界的吸收边界条件。

3.7.1 Mur 吸收边界条件

假设电磁波沿 x 方向传播，一阶差分波动方程为

$$\frac{\partial U}{\partial x}-\frac{1}{c}\frac{\partial U}{\partial t}=0 \tag{3.47}$$

在截断边界处的 Mur 吸收边界条件为

$$U_0^{n+1}=U_1^n+\frac{z\Delta t-\Delta x}{z\Delta t+\Delta x}(U_1^{n+1}-U_0^n) \tag{3.48}$$

式中，U_0表示边界节点上的切向电场；U_1表示相邻边界上的切向电场；Δx 表示边界处沿 x 方向的网格间距；v 表示边界处 x 方向波的速度。

通过研究三维模型下的二阶偏微分差分格式,可以得到二阶精度的 Mur 吸收边界条件[9]。将式(3.48)展开，则有

$$\begin{cases} U_0^n(x_i+\Delta x_i)=U_1^n(x_i)+\Delta x_i\left.\dfrac{\partial U_1}{\partial x}\right|_{x_i}^n+\left(\dfrac{\Delta x_i}{2}\right)^2\left.\dfrac{\partial^2 U_1}{\partial x^2}\right|_{x_i}^n+o(x^2) \\ U_0^n(x_i-\Delta x_i)=U_1^n(x_i)-\Delta x_i\left.\dfrac{\partial U_1}{\partial x}\right|_{x_i}^n+\left(\dfrac{\Delta x_i}{2}\right)^2\left.\dfrac{\partial^2 U_1}{\partial x^2}\right|_{x_i}^n+o(x^2) \end{cases} \tag{3.49}$$

化简后可得

$$\begin{aligned}\frac{\partial^2 U_1}{\partial x^2}&=\frac{\Delta x_{i-1}[U_1^n(x_{i+1})-U_1^n(x_i)]+\Delta x_i[U_1^n(x_{i-1})-U_1^n(x_i)]}{\Delta x_{i-1}\left(\dfrac{\Delta x_i}{2}\right)^2+\Delta x_i\left(\dfrac{\Delta x_{i-1}}{2}\right)^2}\\ &=\frac{2}{\Delta x_{i-1}\Delta x_i}\frac{\Delta x_{i-1}U_1^n(x_{i+1})+\Delta x_i U_1^n(x_{i-1})-(\Delta x_i+\Delta x_{i-1})U_1^n(x_i)}{\Delta x_{i-1}+\Delta x_i}\end{aligned} \tag{3.50}$$

将式(3.50)用于吸收边界的波动方程中，可以得到 Mur 二阶吸收边界条件：

$$\begin{aligned}\phi^{n+1}(0,j,k)=&-\phi^{n-1}(1,j,k)+s_1[\phi^{n+1}(1,j,k)+\phi^{n-1}(0,j,k)]\\ &+s_2[\phi^n(0,j,k)+\phi^n(1,j,k)]\\ &+Q_1[\phi^n(0,j+1,k)-2\phi^n(0,j,k)+\phi^n(0,j-1,k)\\ &\quad+\phi^n(1,j+1,k)-2\phi^n(1,j,k)+\phi^n(1,j-1,k)]\\ &+Q_2[\phi^n(0,j,k+1)-2\phi^n(0,j,k)+\phi^n(0,j,k-1)\\ &\quad+\phi^n(1,j,k+1)-2\phi^n(1,j,k)+\phi^n(1,j,k-1)]\end{aligned} \tag{3.51}$$

式中，$s_1=\dfrac{c\Delta t-\Delta x_0}{c\Delta t+\Delta x_0}$；$s_2=\dfrac{2\Delta x_0}{c\Delta t+\Delta x_0}$；$Q_1=\dfrac{(c\Delta t)^2\Delta x}{2\Delta y^2(c\Delta t+\Delta x)}$；$Q_2=\dfrac{(c\Delta t)^2\Delta x}{2\Delta z^2(c\Delta t+\Delta x)}$。

对于非均匀网格算法，Mur 二阶吸收边界条件需要修正局部参数：

$$s_1=\frac{c\Delta t-(1+N_x)\Delta x_0}{c\Delta t+(1+N_x)\Delta x_0}$$

$$s_2 = \frac{2(1+N_x)\Delta x_0}{c\Delta t + (1+N_x)\Delta x_0}$$

$$Q_1 = \frac{(c\Delta t)^2(1+N_x)\Delta x}{2\Delta y^2[c\Delta t + (1+N_x)\Delta x](1+N_y)N_y}$$

$$Q_2 = \frac{(c\Delta t)^2(1+N_x)\Delta x}{2\Delta z^2[c\Delta t + (1+N_x)\Delta x](1+N_z)N_z}$$

综上所述，可以较容易地实现 Mur 二阶吸收边界在简单规则模型中的应用，但在直角坐标系下不能用非均匀网格剖分复杂结构模型的边角，否则数值模拟结果误差较大；而埋地管道的特殊腔体结构边角部分复杂，因此不宜引用在埋地金属管道三维截断模型空间中进行数值计算。

3.7.2 PML 吸收边界条件

1994 年，Berenger 首次提出 PML 吸收边界条件[10]，并将它应用在时域有限差分算法的无界电磁问题求解中，设置截断边界且在边界处施加一种特殊材料的介质界面，即吸收层。通过数值试验和数值模拟比较，可知引入 PML 吸收边界条件的入射波吸收效果更好，且在理论上能够实现更小的反射误差。同时，Sachdeva 等提到 PML 反射系数远远小于 Mur 吸收边界条件的反射系数，大约为 Mur 吸收边界条件的 1/3000[11]。因此，在考虑电磁问题的计算时，截断边界使用 PML 吸收边界条件有利于分析电磁辐射和散射问题。这里以二维 TE (transverse electric) 波模型的电磁场为基础阐述 PML 吸收边界条件的原理，其麦克斯韦方程组为

$$\begin{cases} \varepsilon \dfrac{\partial E_x}{\partial t} + \sigma_e E_x = \dfrac{\partial H_z}{\partial y} \\ \varepsilon \dfrac{\partial E_y}{\partial t} + \sigma_e E_y = \dfrac{\partial H_z}{\partial x} \\ \mu \dfrac{\partial H_z}{\partial t} + \sigma_m H_z = \dfrac{\partial E_x}{\partial y} - \dfrac{\partial E_y}{\partial x} \end{cases} \tag{3.52}$$

Bergenger 为了引入规定损耗和阻抗匹配新的自由度，将 H_z 分裂为 H_{zx} 和 H_{zy} [12]，即 $H_z = H_{zx} + H_{zy}$，于是有

$$\begin{cases} \varepsilon \dfrac{\partial E_x}{\partial t} + \sigma_e E_x = \dfrac{\partial H_z}{\partial y} \\ \varepsilon \dfrac{\partial E_y}{\partial t} + \sigma_e E_y = \dfrac{\partial H_z}{\partial x} \\ \mu \dfrac{\partial H_{zx}}{\partial t} + \sigma_m H_{zx} = \dfrac{\partial E_y}{\partial x} \\ \mu \dfrac{\partial H_{zy}}{\partial t} + \sigma_m H_{zy} = \dfrac{\partial E_x}{\partial y} \end{cases} \tag{3.53}$$

当满足$\sigma_{\mathrm{e}} / \varepsilon = \sigma_{\mathrm{m}} / \mu$时就可以达到无反射条件。根据 PML 的损耗理论可知，有限厚度的 PML 有效性取决于介质中的衰减，为了使损耗最小，通常要根据数值模拟结果的精度决定是否采用多个网格单元作为层厚度，从而使截断边界处的电导率值达到最大。

综上所述，在三维截断空间模型中，每个电场和磁场分量会分为两部分，根据式(3.52)和式(3.53)，修正后的麦克斯韦方程有 12 个场分量，利用有限差分算法可以将场分量离散为 12 个有限差分方程，并进行编程计算。同时，PML 吸收边界条件对隐失波的吸收无效，为了弥补这一缺陷，PML 条件下的吸收边界要远离埋地管道，才能实现充分吸收。PML 吸收边界条件的实现势必会使计算量增大，在有限的计算机内存条件下进行数值模拟需要较长的计算时间。为了节省计算时间和提高精度，就要求有较高的计算机性能。

3.7.3　CPML 吸收边界条件

有学者实现了一种新的理想匹配层介质，称为 CPML 吸收边界条件。它是基于一个卷积和复频移递归的 PML 的拉伸坐标形式，具有很强的鲁棒性。该方法完全独立于宿主介质，在非均匀、有损耗、各向异性、色散或非线性介质模型中不需要进行任何修改就可以应用，同时在细长结构、尖角或低频激励的复杂电磁结构中也被证明具有较好的吸收效果。与 PML 吸收边界条件相比，CMPL 吸收边界条件具有以下优点[13,14]。

(1) 在截断边界处的反射误差小于 20dB。

(2) 计算功能便捷，迭代计算效率高，且容错性较好。

(3) 针对时域电磁法中场的传播过程，CPML 吸收边界可以放置在管道附近，从而减小计算机所占内存和缩短计算的时间。

(4) 时域电磁信号的激励是低频脉冲，CPML 能有效地解决发射脉冲停止后的边界电磁场反射问题。

(5) 可降低截断边界处的电磁场反射，保证场的有效传播和吸收。

CPML 边界条件是基于延伸坐标中的 PML 方程推导的[15]。通常来说，有损耗介质下的 PML 方程在延伸坐标条件中的 E_x、E_y、E_z 标量方程为

$$\begin{cases} \mathrm{j}\omega\varepsilon E_x + \sigma_{\mathrm{e}} E_x = \dfrac{\partial H_z}{S_{\mathrm{ey}}\partial y} - \dfrac{\partial H_y}{S_{\mathrm{ez}}\partial z} \\ \mathrm{j}\omega\varepsilon E_y + \sigma_{\mathrm{e}} E_y = \dfrac{\partial H_x}{S_{\mathrm{ez}}\partial z} - \dfrac{\partial H_z}{S_{\mathrm{ex}}\partial x} \\ \mathrm{j}\omega\varepsilon E_z + \sigma_{\mathrm{e}} E_z = \dfrac{\partial H_y}{S_{\mathrm{ex}}\partial x} - \dfrac{\partial H_x}{S_{\mathrm{ey}}\partial y} \end{cases} \tag{3.54}$$

式中，S_{ex}、S_{ey}、S_{ez} 为延伸坐标电场矩阵。

用于构建 H_x、H_y、H_z 的标量方程为

$$\begin{cases} \mathrm{j}\omega\mu H_x + \sigma_{\mathrm{m}} H_x = \dfrac{\partial E_y}{S_{\mathrm{mz}}\partial z} - \dfrac{\partial E_z}{S_{\mathrm{my}}\partial y} \\ \mathrm{j}\omega\mu H_y + \sigma_{\mathrm{m}} H_y = \dfrac{\partial E_z}{S_{\mathrm{mx}}\partial x} - \dfrac{\partial E_x}{S_{\mathrm{mz}}\partial z} \\ \mathrm{j}\omega\mu H_z + \sigma_{\mathrm{m}} H_z = \dfrac{\partial E_x}{S_{\mathrm{my}}\partial y} - \dfrac{\partial E_y}{S_{\mathrm{mx}}\partial x} \end{cases} \tag{3.55}$$

式中，S_{mx}、S_{my}、S_{mz} 为延伸坐标磁场矩阵。

式(3.54)和式(3.55)是电磁场分量的频域方程，需将其转换到时域中进行计算。这里以电场分量 E_x 为例说明时域上的场更新方程，即式(3.54)中的第一式，在时域中可表示为

$$\varepsilon \frac{\partial E_x}{\partial t} + \sigma_{\mathrm{e}} E_x = \overline{S}_{\mathrm{ey}} * \frac{\partial H_z}{\partial y} - \overline{S}_{\mathrm{ez}} * \frac{\partial H_y}{\partial z} \tag{3.56}$$

式中，$\overline{S}_{\mathrm{ey}}$、$\overline{S}_{\mathrm{ez}}$ 是时域函数，分别是 S_{ey}^{-1}、S_{ez}^{-1} 的傅里叶逆变换。

应该注意，在频域中式(3.54)和式(3.55)中的乘法运算，在时域中变成了卷积运算，用 $*$ 表示。这样就可以得到 $\overline{S}_{\mathrm{ey}}$、$\overline{S}_{\mathrm{ez}}$ 的开放形式，进而得到离散空间和时间上的 E_x 更新方程：

$$\varepsilon \frac{\partial E_x}{\partial t} + \sigma_{\mathrm{e}} E_x = \frac{\partial H_z}{\kappa_{\mathrm{ey}}\partial y} - \frac{\partial H_y}{\kappa_{\mathrm{ez}}\partial z} + \xi_{\mathrm{ey}}(t) * \frac{\partial H_z}{\partial y} - \xi_{\mathrm{ez}}(t) * \frac{\partial H_y}{\partial z} \tag{3.57}$$

式中，κ_{ey}、κ_{ez} 为引入的延伸系数；$\xi_{\mathrm{ey}}(t)$、$\xi_{\mathrm{ez}}(t)$ 为卷积项。

对卷积项展开写成开放形式，先定义新参数：

$$\psi_{\mathrm{exy}}^{n+1/2}(i,j,k) = \sum_{m=0}^{n-1} Z_{0\mathrm{ey}}(m)[H_z^{n-m+1/2}(i,j,k) - H_z^{n-m+1/2}(i,j-1,k)] \tag{3.58}$$

式中，下表标 exy 表示此项是更新 E_x，与磁场对 y 方向的一阶导数相关；$Z_{0\mathrm{ey}}$ 是关于卷积开放形式的表达。

这样式(3.57)就可以写成离散形式，即

$$\begin{aligned} &\varepsilon(i,j,k)\frac{E_x^{n+1}(i,j,k) - E_x^n(i,j,k)}{\Delta t} + \sigma_{\mathrm{e}}(i,j,k)\frac{E_x^{n+1}(i,j,k) + E_x^n(i,j,k)}{2} \\ &= \frac{1}{\kappa_{\mathrm{ey}}(i,j,k)}\frac{H_z^{n+1/2}(i,j,k) - H_z^{n+1/2}(i,j-1,k)}{\Delta y} \\ &\quad - \frac{1}{\kappa_{\mathrm{ez}}(i,j,k)}\frac{H_y^{n+1/2}(i,j,k) - H_y^{n+1/2}(i,j,k-1)}{\Delta z} \\ &\quad + \psi_{\mathrm{exy}}^{n+1/2}(i,j,k) - \psi_{\mathrm{exz}}^{n+1/2}(i,j,k) \end{aligned} \tag{3.59}$$

根据卷积的递归算法，可得

$$\psi_{\text{exy}}^{n+1/2}(i,j,k)=b_{\text{ey}}\psi_{\text{exy}}^{n-1/2}(i,j,k)+a_{\text{ey}}[H_z^{n+1/2}(i,j,k)-H_z^{n+1/2}(i,j-1,k)] \tag{3.60}$$

式中，$a_{\text{ey}}=\dfrac{\sigma_{\text{pey}}}{\Delta y(\sigma_{\text{pey}}\kappa_{\text{ey}})+a_{\text{pey}}\kappa_{\text{ey}}^2}(b_{\text{ey}}-1)$；$b_{\text{ey}}=\sqrt{-\left(\dfrac{\sigma_{\text{pey}}}{\kappa_{\text{ey}}}+a_{\text{pey}}\right)\dfrac{\Delta t}{\varepsilon_0}}$，$\sigma_{\text{pey}}$是 PML 电导率。

此时，将非 PML 区域有耗介质的 x 方向的电场更新为

$$\begin{aligned}E_x^{n+1}(i,j,k)=&C_{\text{exe}}(i,j,k)E_x^n(i,j,k)\\&+C_{\text{exhz}}(i,j,k)[H_z^{n+1/2}(i,j,k)-H_z^{n+1/2}(i,j-1,k)]\\&+C_{\text{exhy}}(i,j,k)[H_y^{n+1/2}(i,j,k)-H_y^{n+1/2}(i,j,k-1)]\end{aligned} \tag{3.61}$$

将 PML 方程转换到 CPML 区域上，则更新方程为

$$\begin{aligned}E_x^{n+1}(i,j,k)=&C_{\text{exe}}(i,j,k)E_x^n(i,j,k)\\&+[1/\kappa_{\text{ey}}(i,j,k)]C_{\text{exhz}}(i,j,k)[H_z^{n+1/2}(i,j,k)-H_z^{n+1/2}(i,j-1,k)]\\&+[1/\kappa_{\text{ey}}(i,j,k)]C_{\text{exhy}}(i,j,k)[H_y^{n+1/2}(i,j,k)-H_y^{n+1/2}(i,j,k-1)]\\&+C_{\phi\text{exy}}(i,j,k)\psi_{\text{exy}}^{n+1/2}(i,j,k)+C_{\phi\text{exz}}(i,j,k)\psi_{\text{exz}}^{n+1/2}(i,j,k)\end{aligned} \tag{3.62}$$

式中，$C_{\phi\text{exz}}(i,j,k)=\Delta y C_{\text{exhy}}(i,j,k)$；$C_{\phi\text{exy}}(i,j,k)=\Delta y C_{\text{exhz}}(i,j,k)$。

进一步将$1/\kappa_{\text{ey}}(i,j,k)$和$1/\kappa_{\text{ez}}(i,j,k)$分别合并到系数$C_{\text{exhz}}(i,j,k)$和$C_{\text{exhy}}(i,j,k)$中，有

$$\begin{cases}C_{\text{exhz}}(i,j,k)\Leftarrow[1/\kappa_{\text{ey}}(i,j,k)]C_{\text{exhz}}(i,j,k)\\C_{\text{exhy}}(i,j,k)\Leftarrow[1/\kappa_{\text{ez}}(i,j,k)]C_{\text{exhy}}(i,j,k)\end{cases} \tag{3.63}$$

式(3.62)简化后为

$$\begin{aligned}E_x^{n+1}(i,j,k)=&C_{\text{exe}}(i,j,k)E_x^n(i,j,k)\\&+C_{\text{exhz}}(i,j,k)[H_z^{n+1/2}(i,j,k)-H_z^{n+1/2}(i,j-1,k)]\\&+C_{\text{exhy}}(i,j,k)[H_y^{n+1/2}(i,j,k)-H_y^{n+1/2}(i,j,k-1)]\\&+C_{\phi\text{exy}}(i,j,k)\psi_{\text{exy}}^{n+1/2}(i,j,k)+C_{\phi\text{exz}}(i,j,k)\psi_{\text{exz}}^{n+1/2}(i,j,k)\end{aligned} \tag{3.64}$$

同理，可以推导出其他方向的电场分量和磁场分量，得到各自截断边界处的 CPML 吸收边界条件更新方程。

3.8　激励源和初始条件

在三维截断空间中模拟电磁场，重点之一是选取合适的激励源并将其施加在合适的位置上。场源按性质不同，可分为电性源和磁性源。在电磁系统中，激励源主

要来自电压源或电流源，但是电流源是理想源，在时域有限差分算法中一般不采用电流源作为激励源进行模拟，主要考虑电压源作为激励源的情况。

电压源的设置有两种方式：一是激励源替代法，即把激励源产生的场随时间步长的变化替代 Yee 网格上的计算电场；二是激励源叠加法，即把激励源产生的电场施加在三维截断模型中的计算电场上，并继续重复这一步骤[16]。实际建模仿真时选取激励源叠加法注入计算场，并要求激励源施加在地空边界面上的电场或磁场分量上进行准确的模拟，从而减少引入激励源过程中所占用的存储空间，提高计算效率。

电压源又分为硬激励电压源和软激励电压源。硬激励电压源是将电压差强加在三维截断空间中的某两点上，更新方程仅与这两点的电场和激励源有关，这就意味着方程中的磁场始终不能参与迭代计算，违背了 Yee 晶胞电场与磁场的关系。软激励电压源则允许更新源所在位置的场，满足 Yee 晶胞电场与磁场的关系，符合瞬变电磁法中激励源的选取方式。通过理论分析检测线圈形状对瞬变电磁检测埋地管道的影响，发现方形的发射线圈对检测埋地管道具有较好的效果。因此，选用方形的软源方式施加激励源，将电压源施加在地表网格上，采用如图 3.4 所示的方式注入计算场中，此时电压源正好处于电场在空间上的采样位置，方便电场采样。

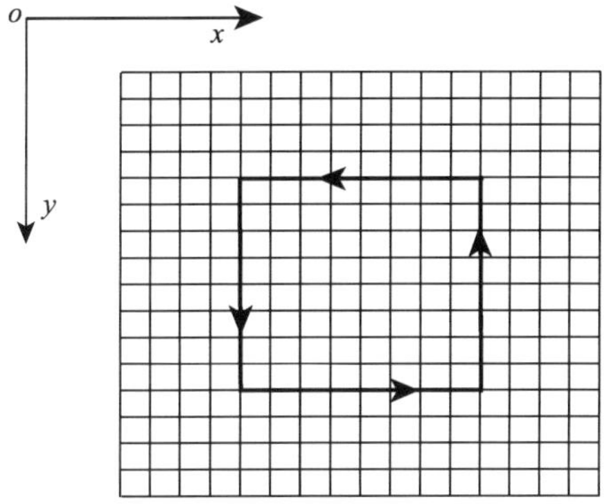

图 3.4　激励源施加方式

一次磁场从大地表层向地层深处扩散，在未到达埋地管道前，可采用均匀半空间的解析式计算电磁场分布，并将电场或磁场施加在地空边界条件的上延拓网格上替换场源，这就使场源的注入过程转换为初始条件的计算。采用这种方法，一般要求大地层均匀分布且地表面是水平的。埋地金属管道腐蚀检测是小范围的检测，且埋深较浅，可以把局部土壤介质看作均匀无变化。

在信号系统中，脉冲信号的幅度与频率呈反比关系，频率越低，信号幅度越大，脉冲信号激发的场传播距离较远，因此常采用阶跃脉冲信号作为瞬变电磁检测埋地管道的激励源，但是在建模仿真中阶跃脉冲信号存在跳跃点，会引起迭代计算发散。在实际建模仿真时采用梯形信号作为脉冲信号源，并通过余弦函数实现信号源过渡点的平滑，使激励源产生的信号不出现明显跳变以免影响数值模拟结果。各时间段的激励信号可描述如下：

$$U(t)=\begin{cases}0, & t<0\\ 0.5[1-\cos(\pi t/t_1)], & 0\leqslant t<t_1\\ 1, & t_1\leqslant t<t_2\\ 0.5[1+\cos(\pi t/(t_3-t_2))], & t_2\leqslant t<t_3\\ 0, & t\geqslant t_3\end{cases}\tag{3.65}$$

激励电压的波形如图 3.5 所示。激励源的发射脉冲信号并不是矩形脉冲类，发射电流在发射脉冲停止后呈指数规律衰减，符合经典的 RC 电路响应特征。选取不要求地表水平和对模型没有限制的软源，并将电压双余弦函数注入迭代公式中来计算电场和磁场。采取这种方法替代解析解作为初始条件，所计算的场具有更高的准确性。

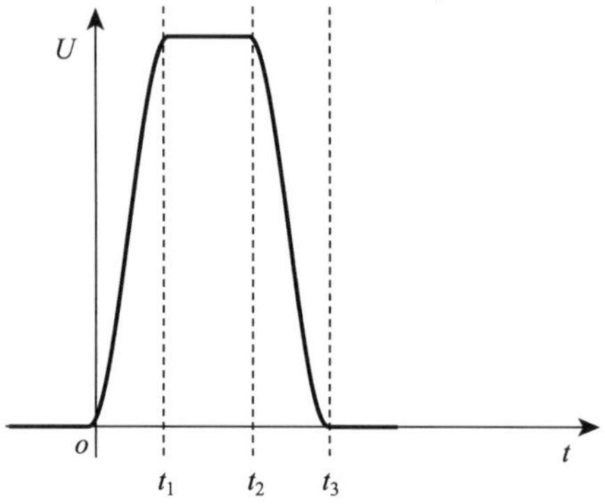

图 3.5　激励电压波形

3.9　地空边界的处理

由电磁波的传播原理可知，电磁波在自由空间中的衰减速度比在介质中的衰减速度快，因此在三维截断空间中地层与空气相接触的界面不能用吸收边界处理。为了更好地解决地空截断边界处的边界问题，本节引入地空边界条件，并利用上延拓网格实现地空边界处电磁场的迭代计算。根据复变函数理论[17]，将网格向空气层中延伸一层，再用地表 $z=0$ 处的磁场分量 H_z 计算延拓后 $z=-h$ 处的磁场分量 H_x 和 H_y。

根据电磁波在自由空间中的传播特性，通常认为电场和磁场都满足拉普拉斯方程：

$$\begin{aligned}\nabla^2\boldsymbol{E}=0\\ \nabla^2\boldsymbol{B}=0\end{aligned}\tag{3.66}$$

下面以磁场为例阐述上延拓边界条件的实现过程。由磁场的拉普拉斯方程可知磁场满足波数域方程，即

$$\begin{aligned} b_x(u,v,z=0) &= -\frac{\mathrm{i}u}{\sqrt{u^2+v^2}} b_z(u,v,z=0) \\ b_y(u,v,z=0) &= -\frac{\mathrm{i}v}{\sqrt{u^2+v^2}} b_z(u,v,z=0) \end{aligned} \tag{3.67}$$

式中，b_x、b_y、b_z 分别是波数域的磁场分量；u、v 分别是 x、y 方向对应的波数域变量；i 表示虚部。

根据波数域变换公式，即傅里叶变换公式：

$$F(u,v) = \int_{-\infty}^{\infty}\int_{-\infty}^{\infty} f(x,y)\mathrm{e}^{-\mathrm{i}2\pi(ux+vy)}\mathrm{d}x\mathrm{d}y \tag{3.68}$$

当向上延伸高度为 h 时，有

$$\begin{aligned} b_x(u,v,z=-h) &= \mathrm{e}^{-h\sqrt{u^2+v^2}} b_z(u,v,z=0) \\ b_y(u,v,z=-h) &= \mathrm{e}^{-h\sqrt{u^2+v^2}} b_z(u,v,z=0) \end{aligned} \tag{3.69}$$

因此，有

$$\begin{aligned} b_x(u,v,z=-h) &= -\frac{\mathrm{i}u}{\sqrt{u^2+v^2}} \mathrm{e}^{-h\sqrt{u^2+v^2}} b_z(u,v,z=0) \\ b_y(u,v,z=-h) &= -\frac{\mathrm{i}v}{\sqrt{u^2+v^2}} \mathrm{e}^{-h\sqrt{u^2+v^2}} b_z(u,v,z=0) \end{aligned} \tag{3.70}$$

通过非均匀网格剖分将三维截断空间模型离散成多个网格单元，从而使场分布不均匀，因此会涉及非均匀网格到均匀网格的插值计算，不同的插值方法将会对计算结果的精度产生不同的影响。比较二元线性插值、埃尔米特插值和二元三次样条插值带来的计算误差后，选择适合三维截断空间模型的二元三次样条插值方法。由于地空边界施加过程中需要对场源进行二维傅里叶的正变换和逆变换，故选取二维快速傅里叶变换算法，该算法是离散傅里叶变换算法的优化，适用于三维截断空间非均匀网格模型的有限差分计算。

在计算程序中实现地空边界向上延拓的具体步骤如下。

(1) 使用二元三次样条函数将非均匀网格剖分的三维截断空间均匀化，将激励源信号产生的场注入计算场中，并将均匀场进行傅里叶正变换，转移到波数域。

(2) 根据式(3.70)计算出 $z=-h$ 时波数域中的磁场，用傅里叶逆变换得到 H_x、H_y、H_z，并将其转换到非均匀网格上。

(3) 令 $H_z=0$，根据非均匀网格的时域有限差分方程计算出下一时刻的电场值，逐渐步进。

3.10 算法流程

时域有限差分算法迭代方程是对时间和空间的离散方程，为了提高计算精度，对时间步长和空间步长都有严格的要求。使用软件编程实现时域有限差分算法，其算法流程如图 3.6 所示。算法流程中主要考虑共形网格对埋地管道模型的剖分和时间步长的设置，它们对计算精度有较大影响；同时，还需实时显示空间步长变化过程中场的变化，通过对三维截断空间网格节点上的电场和磁场的提取，观察电场和磁场的变化特征。

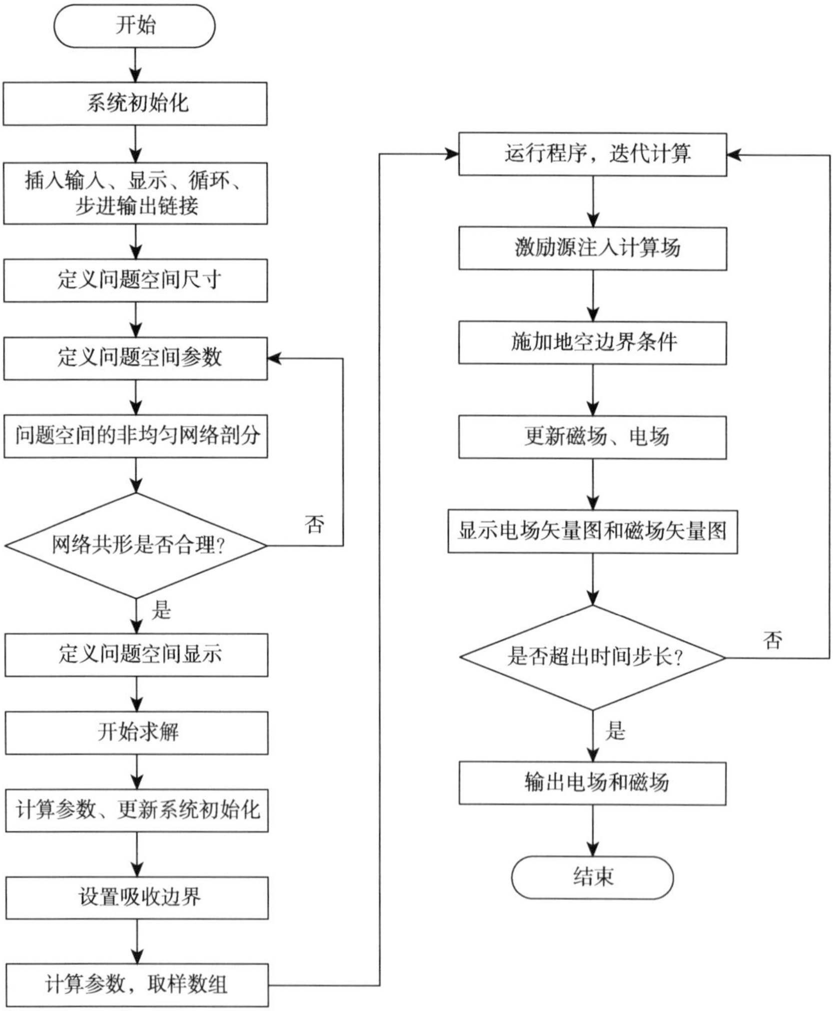

图 3.6　时域有限差分算法流程

3.11　建 模 仿 真

3.11.1　模型方案

依据埋地管道现场检测要求，设计 1:1 的三维截断模型(图 3.7)，以准确解释瞬变电磁检测埋地管道时的信号特征。首先设置三维截断模型各个介质的尺寸，然后对各个介质进行参数赋值并用不同的模块表示，最后设置模型的边界条件和初始条件。

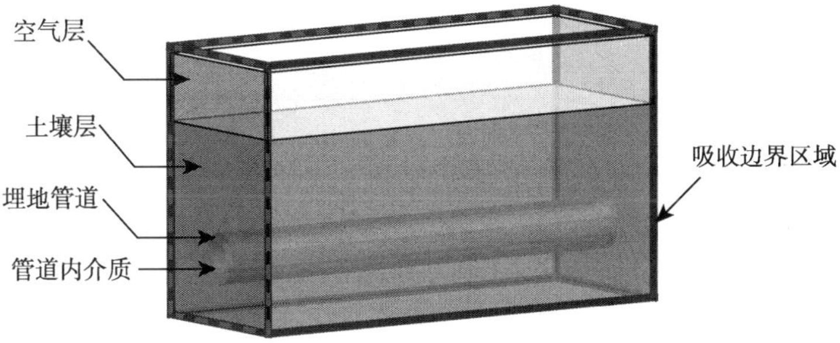

图 3.7　三维截断模型示意图

埋地管道三维截断模型主要由五部分介质组成，分别是空气层、土壤层、埋地管道、管道内介质和二维截断处的吸收边界区域。首先建立无腐蚀缺陷的埋地管道模型，观察瞬变电磁场的空间分布和随时间的变化特征。在三维截断模型空间中，设置空气层的长宽高分别为 4000mm、1500mm 和 500mm，土壤层的长宽高分别为 4000mm、1500mm 和 1500mm，埋地管道长为 4000mm、外径为 273mm、壁厚为 35mm，管道中心埋深为1000mm 。在空气层上方，设置三维截断吸收边界为厚度近似为零的空气薄板，用于模拟电磁场在无限大空气域的传播。

表 3.1 给出了模型介质电磁参数，是三维模型截断空间的初始求解参数。空气和土壤的参数设置主要考虑干燥环境中的状态,埋地管道的参数设置依据 20# 钢管的材料参数，管道内介质为原油、天然气和水等静态流体介质，其电磁特性一般接近于潮湿的空气。导磁率是迭代过程中引入的对称参量，为已知量。

表 3.1　模型介质电磁参数

介质	电导率/(S/m)	相对初始磁导率	相对介电常数	导磁率/(Ω/m)
空气	0.01	1	1	0
土壤	0.01	3	14	0
埋地管道	10^7	350	12	5000
管道内介质	0.01	5	1	0

表 3.1 中给出的四种介质电磁参数是时域有限差分算法更新方程中的四个有关的物理参量 μ_r、ε_r、σ_e、σ_m，其在三维截断空间的分布与场的传播息息相关。将 μ_r、ε_r、σ_e、σ_m 代入式(3.40)～式(3.43)进行计算并得到它们的分布，如图 3.8 所示。在三维截断空间中，通过不同的灰度表示介质参数在空间的分布及重叠或接触区域。三维截断空间被非均匀网格单元填充，故介质参数 μ_r、ε_r、σ_e、σ_m 在三维截断空间中呈非均匀网格状态分布，且其分布有明显差异，图 3.8(a)、(b)、(d) 中只有管道分布特征明显，其介质参数分布特征需要放大后才能观察到。图 3.8(c) 中相对介电常数相近，参数分布特征明显，可以较好地验证三维截断模型空间的参数分布是合理的。

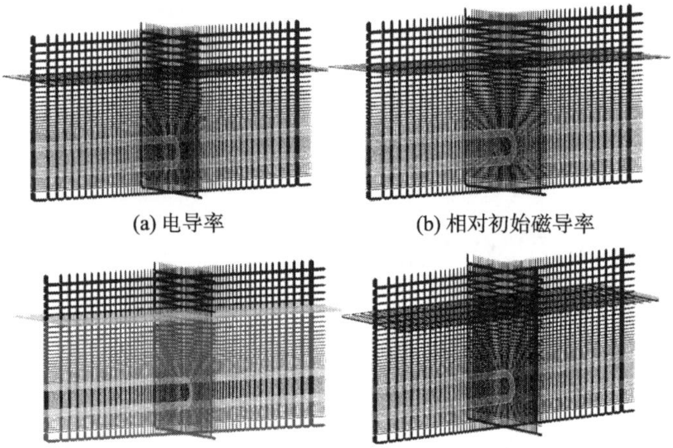

(a) 电导率　(b) 相对初始磁导率

(c) 相对介电常数　(d) 导磁率

图 3.8　介质参数空间分布特征

由 3.6 节的共形网格算法可知，影响算法实现的主要因素是网格剖分，只有将模型进行合理的非均匀网格剖分，并结合共形算法，共形网格与埋地管道的耦合性才会较好，三维截断模型空间网格分布才能达到最优形式。共形网格如图 3.9 所示，

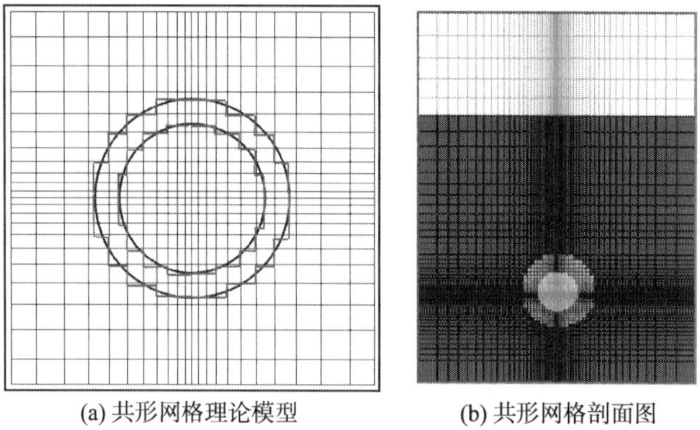

(a) 共形网格理论模型　(b) 共形网格剖面图

图 3.9　共形网格

图 3.9(a) 中是埋地管道的阶梯形近似等效理论模型，图 3.9(b) 是采用共形网格实现的埋地管道阶梯形近似等效剖面图。同时，在非均匀网格剖分算法基础上编程实现截断空间模型的有效网格剖分，如图 3.10 所示，整个空间模型采用非均匀对称网格剖分，以重点观察埋地管道上方的电磁场变化。只有在埋地管道周围的网格剖分足够细的条件下，才能准确模拟管道周围及上方地表的电磁场。

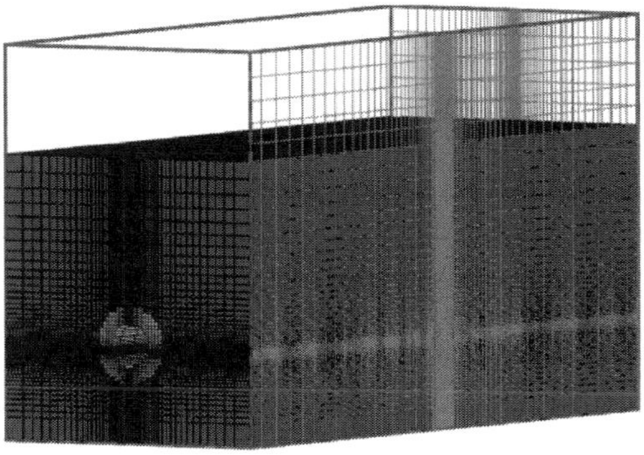

图 3.10　三维截断空间网格剖分模型示意图

3.11.2　电磁场扩散云图

由电磁波的传播原理可知，电磁波的传播方向与介质分布有关。在时域电磁场仿真过程中，保证激励信号的正确施加是埋地管道模型数值模拟的关键。为了验证施加激励信号的正确性，可采用两种模型进行模拟分析：一是含有埋地管道的半空间模型，即图 3.7 所示的模型；二是不含埋地管道的均匀半空间模型，即三维截断模型中只设置空气层和土壤层。

首先，验证三维截断空间中的激励源是否按照图 3.4 所示的矩形回线准确施加，选取两种模型相同采样时刻的磁场扩散瞬态云图，如图 3.11 所示。观察云图变化趋势，可判断激励源是准确施加在电场上，符合场源施加方式。图 3.11(a)、(c)、(e)、(g)是含有埋地管道半空间模型的磁场扩散云图，显示的是三维截断空间 *xoy* 切面中的磁场，在发射脉冲期间始终是以发射线圈的四个角为中心向外进行扩散，随着施加时间的增加，磁场逐渐减小。在发射脉冲停止后，二次磁场的扩散始终保持线圈的形状，变化较小。图 3.11(b)、(d)、(g)、(h) 是不含埋地管道的均匀半空间模型的磁场扩散云图，三维截断空间 *xoy* 切面中的磁场以“烟圈”分布状态不断向大地层内部扩散。在发射脉冲停止后，随着施加时间的增加二次磁场逐渐减小，且二次磁场衰减变化较大。比较两种模型下的磁场变化可知，含有埋地管道半空间模型的磁感应强度明显大于不含埋地管道的均匀半空间模型的磁感应强度，这是因为埋地管道具有较大的磁导率和电导率，其感应磁场大于均匀半空间土壤介质产生的磁场。

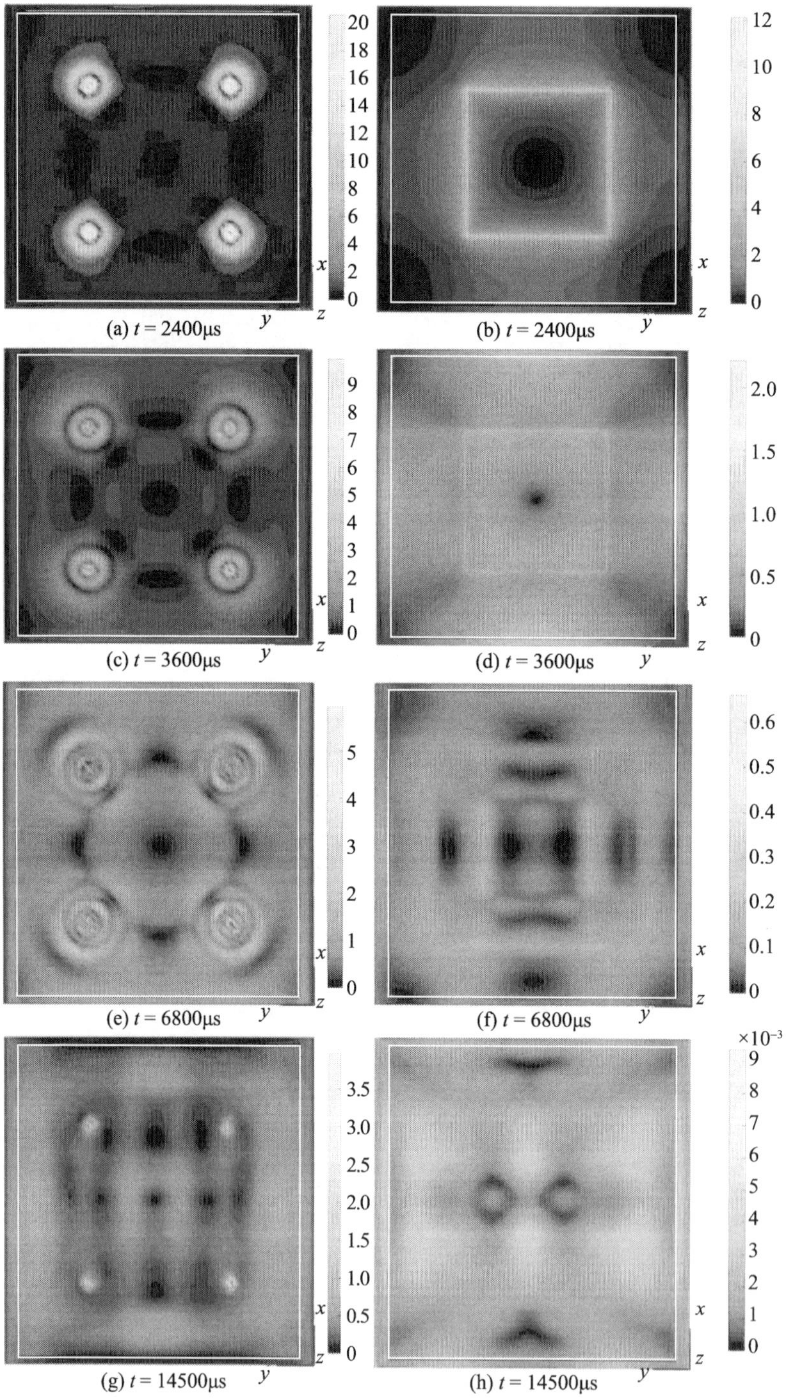

图 3.11　相同采样时刻两种模型的磁场扩散瞬态云图

云图中的色带表示磁感应强度(mT)

其次，验证三维截断空间中电磁场的扩散方式是否符合瞬变电磁检测埋地管道的原理。由于电磁场的传播受介质的磁导率、电导率和其他参数的影响，且埋地管道的介质参数与三维截断模型中的其他参数相比差异较大，故两种模型下的电磁场扩散状态差异明显。由 3.9 节中激励源的设置可知，在激励电压信号发射停止后，激励信号电压为零，此时由激励电压形成的一次脉冲磁场消失，在三维截断空间中只含有抵消一次磁场消失的二次磁场，提取二次磁场衰减期间不同时刻的电磁场传播状态，如图 3.12 和图 3.13 所示。从图 3.12 中信号幅值的快速变化可知，电场在有限的时间范围内呈一定规律快速衰减，在下一个采样周期需要再次施加激励源，符合瞬变电磁检测埋地管道的原理。根据法拉第电磁感应定律可知，变化的电场产生变化的磁场，选取相同时间步长下的磁场扩散图，如图 3.13 所示，可见磁场在有限的时间范围内也呈一定规律快速衰减。图 3.12 和图 3.13 中的白色边线是三维截断空间与吸收边界的分界线，对比二次磁场期间电场和磁场的衰减规律云图，可以发现瞬变电磁检测埋地管道中的“烟圈效应”，这就为埋地管道瞬变电磁场的时域有限差分数值模拟提供了算法依据。

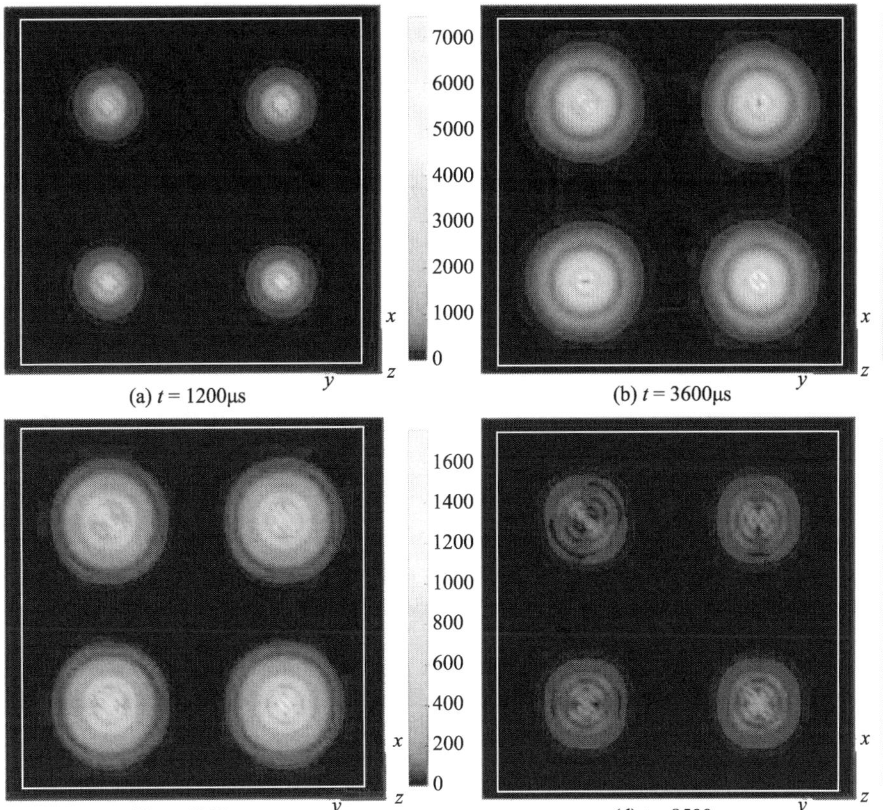

(a) $t = 1200\mu s$　(b) $t = 3600\mu s$

(c) $t = 6100\mu s$　(d) $t = 8500\mu s$

图 3.12　不同采样时刻电场衰减云图

云图中的色带表示电场强度(mV/m)

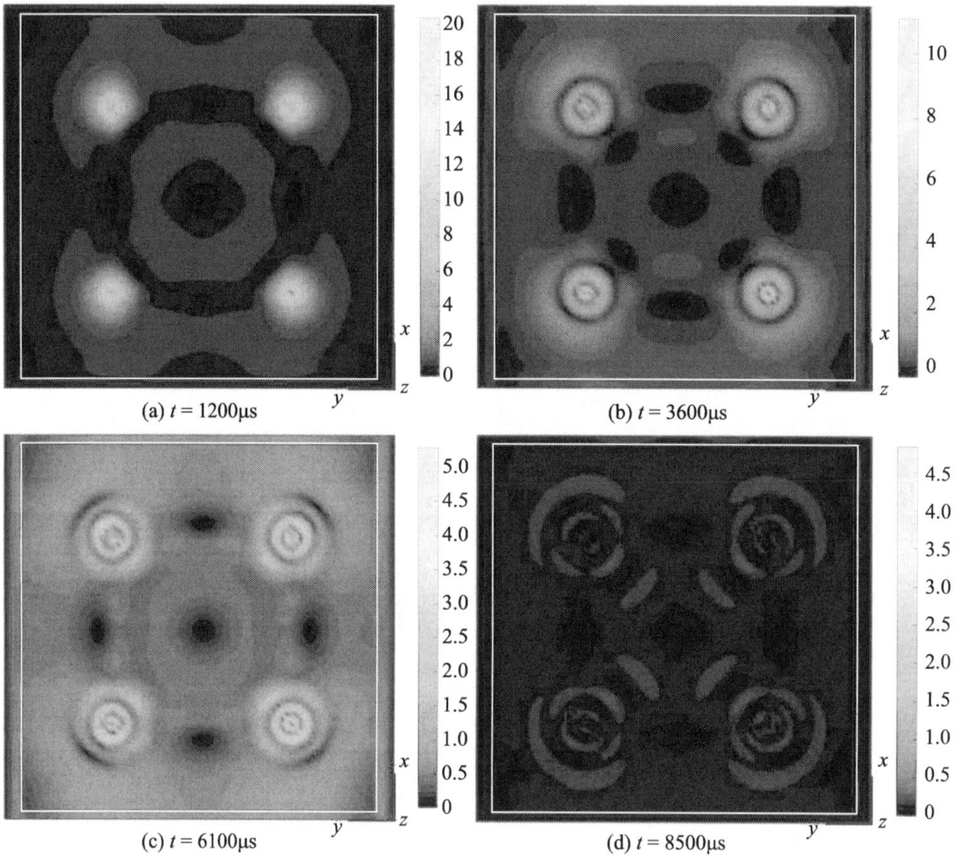

(a) $t = 1200\mu s$　(b) $t = 3600\mu s$

(c) $t = 6100\mu s$　(d) $t = 8500\mu s$

图 3.13　不同采样时刻磁场衰减云图

云图中的色带表示磁感应强度(mT)

3.11.3　磁场与感应电动势的关系

由 2.4 节可知，观测信号即接收线圈的感应电动势，正比于 z 方向磁感应强度对时间的偏导数，因此感应电动势是接收线圈磁场值的转换。每一个磁场都在一个 Yee 晶胞的面中心，每一个面中心的磁场由该面的四个棱边电场构成，但是当磁场采样的预定位置与三维截断空间的网格节点不重合时，需要对磁场采样的预定位置重新进行定义，其方法是采用四个环绕节点磁场的平均值作为磁场采样预定位置的磁场值，这样就可以计算整个时间步长内的三维截断空间的磁场。通过磁场计算感应电动势，可以得到某个空间位置上随时间变化的感应电动势。由瞬变电磁法原理可知，在使用瞬变电磁法检测埋地管道的过程中一般是观测二次磁场期间感应电动势的变化，即瞬变电磁响应曲线，对一次磁场期间的感应电动势信号不做过多研究。图 3.14 所示就是仿真得到的某一测点位置的埋地管道瞬变电磁响应曲线。对磁场采样的预定位置重新进行定义，包含采样空间步长和采样时间步长。把采样时间分为三个时期，即早期、中期和晚期。这样划分瞬变电磁响应信息是因为发射信号停止瞬间会产生抵消一次磁场衰减的二次磁场。早期信号是发射信号停止瞬间的电磁场信号，其瞬变响应受一次磁场影响较大，中晚期信号是纯二次磁场响应，夹带埋地管道的管壁信息向上传播到地空边界被接收线圈接收，同时二次磁场也快速衰减，中期信号的强度远大于晚期信号的强度。

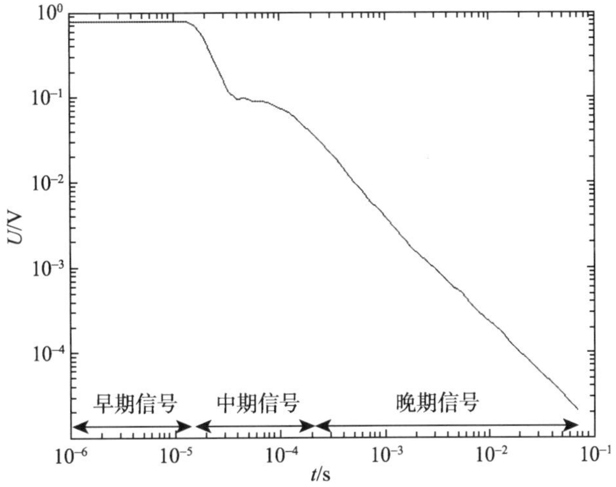

图 3.14　单点感应电动势衰减曲线

为了准确描述磁场与感应电动势之间的关系，需要了解三维截断空间每一时刻的磁场传播方式。在计算程序中设置三维截断空间被切面 *xoy*、*yoz*、*xoz* 分割，并设置动态显示子程序，按照不同采样时间显示三维截断空间磁场的变化。发射脉冲停止时间为零时刻，从此刻开始记录磁场扩散瞬态云图，如图 3.15 所示。由图可以看出，磁场是从发射线圈中心向大地层中扩散，当磁场扩散到截断空间边界处后，吸收边界条件开始处理向无限远处传播的电磁场，处理方式主要是吸收和局部反射，各个时间步长的磁场扩散瞬态变化明显。

根据图 3.5 所示的激励源发射信号状态，发射信号在 $t \in [t_2, t_3]$ 时刻开始下降且幅值减小，直至幅值为零。在此过程中，磁场由稳定传播状态向扩散状态转换，如图 3.15(a)～(c) 所示，表示的是磁场传播的稳定状态，在这个状态中由激励源产生的一次磁场穿过埋地管道，直至传播到截断空间边界处。图 3.15(d)～(h) 则是发射脉冲停止后的扩散状态，在这个状态中，随着一次磁场的消失产生抵消一次磁场的二次磁场，这个过程称为磁场的反射。在反射过程中，埋地管道中产生感应二次磁场，并向上传播，夹带着埋地管道管壁腐蚀信息，在地空边界处被接收线圈接收到，

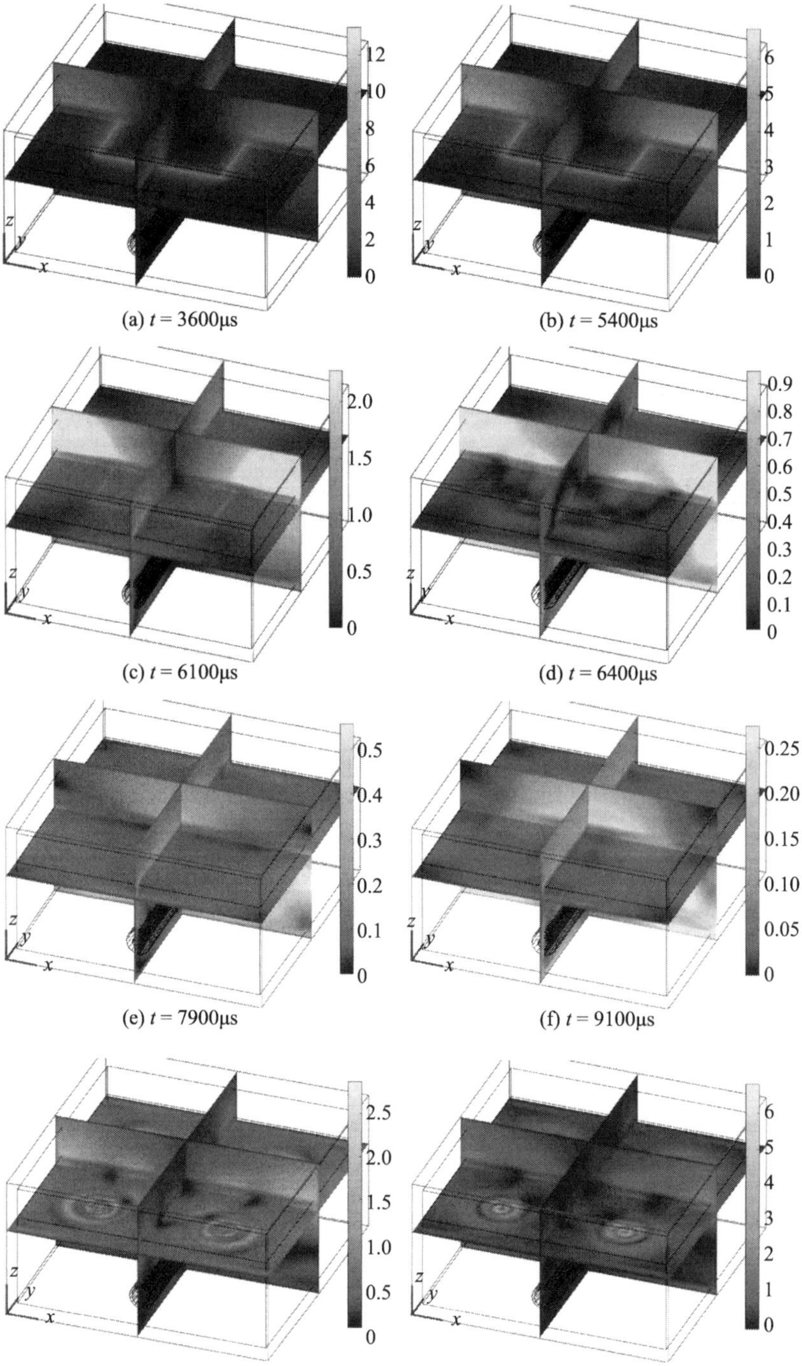

(a) t = 3600μs　(b) t = 5400μs

(c) t = 6100μs　(d) t = 6400μs

(e) t = 7900μs　(f) t = 9100μs

(g) t = 10900μs　(h) t = 13900μs

图 3.15　不同采样时刻的磁场瞬态扩散图

云图中的色带表示磁感应强度(mT)

并转换为感应电动势。随着采样时间的增加，二次磁场信号不断衰减，直至为零，所以感应电动势呈一定规律下降。

通过观察电磁场的传播以及与感应电动势之间的关系，可判定激励源施加方式是否准确，既保障了后续数值模的可靠性，也证明发射线圈的传播轨迹符合“烟圈效应”和吸收边界条件具有良好的吸收效果。

3.11.4　腐蚀缺陷的瞬变电磁响应

根据瞬变电磁法检测原理，感应电动势的变化趋势取决于管体电导率的分布和管体金属量的增多或减少。在埋地管道中常见的缺陷类型是面积型腐蚀造成的壁厚减薄，会造成金属量减少，电导率发生剧烈变化，使该处的瞬变电磁响应特征明显。为了分析面积型腐蚀造成的瞬变电磁信号的响应特征，本节设计了含有不同长度和不同深度环状壁厚减薄的管道模型来模拟管道壁厚的腐蚀减薄，并进行数值模拟，观察感应电动势分布，确定瞬变电磁法可以分辨的最小管道腐蚀面积。

首先保持腐蚀深度相同，设计不同长度的环状腐蚀模型，模型剖面如图 3.16 所示。腐蚀长度为 L_2-L_1，分别设置 100mm、150mm、200mm、300mm、400mm 和 500mm 的腐蚀长度模型，管道长度 $L=4000\text{mm}$，外径 $d=273\text{mm}$，标准壁厚 $d_0=35\text{mm}$。

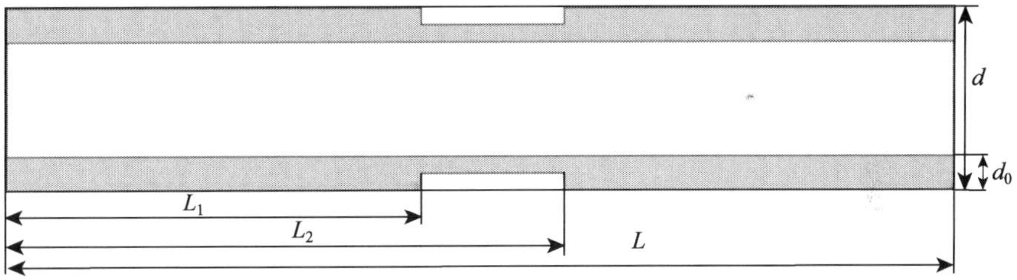

图 3.16　环状腐蚀模型剖面示意图

环状腐蚀的长度不同，其管体上的金属减少量也不同，在此引入金属量减少百分比 η 来表述管道金属减少量。由于管道剩余壁厚分布不均匀，故取管道剩余壁厚平均值 $\overline{d}_0$ 进行计算，得到

$$\eta \approx \frac{(L_2-L_1)}{L}\frac{d^2-(d-2d_0+2\overline{d}_0)^2}{d^2-(d-2d_0)^2}\times 100\% \tag{3.71}$$

假设不同腐蚀长度的管道剩余壁厚分布均匀且不变，根据如图 3.16 所示的腐蚀模型剖面示意图计算管道金属量减少体积及减少百分比，如表 3.2 所示。

通过模拟不同腐蚀长度表征面积型腐蚀的大小，分析环状腐蚀缺陷中心位置正上方测点的感应电动势信号特征，如图 3.17 所示。在图 3.17(a) 中，对中期信号区间感应电动势进行了局部放大，可以看出感应电动势整体变化较大，且幅值相差较

表 3.2　不同腐蚀长度的金属量

腐蚀长度/mm	金属量减少体积/mm³	金属量减少百分比/%
100	1.55	11.6
150	2.32	17.4
200	3.10	23.2
300	4.64	34.8
400	6.19	46.4
500	7.74	58.1

注：金属量减少百分比是基于三维截断空间管道长度的金属总量计算的，工程应用中需要根据现场环境确定。

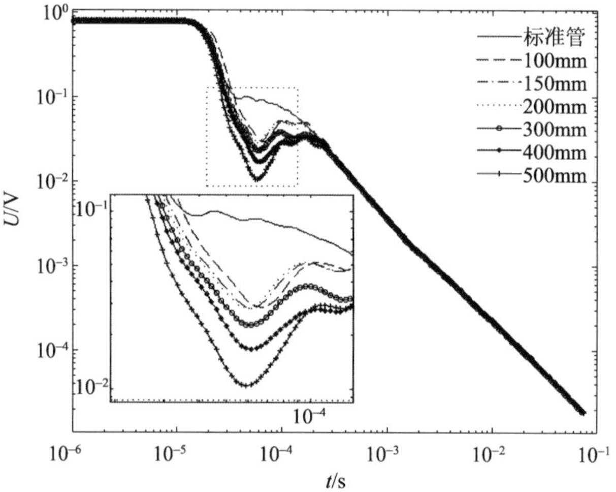

(a) 中期信号

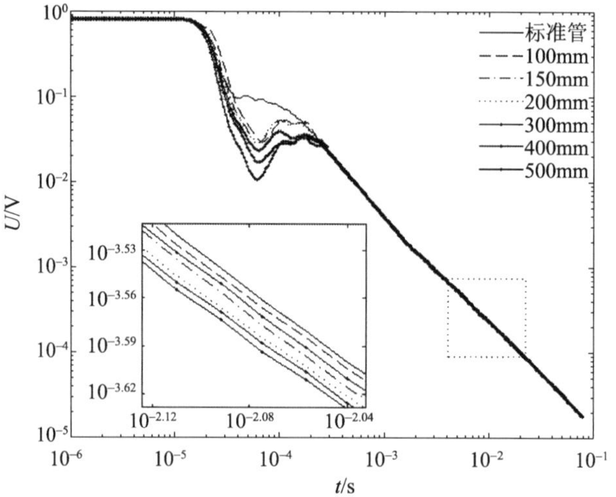

(b) 晚期信号

图 3.17　不同腐蚀长度模型的感应电动势单点衰减曲线

大。综合表 3.2 可知，在中期信号区间，随着腐蚀长度的增大，金属量减少百分比增大，感应电动势信号幅值逐渐减小。在图 3.17(b) 中，对晚期信号区间感应电动势进行了局部放大，可以看出感应电动势整体呈线性下降趋势，且幅值有一定差别，但晚期曲线的幅值差异远小于中期曲线的幅值差异。

其次保持腐蚀长度相同，分析不同腐蚀深度的瞬变电磁响应特征。设置管道长度 $L=4000\text{mm}$，外径 $d=273\text{mm}$，标准壁厚 $d_0=35\text{mm}$，壁厚减薄程度分别为 10%、30%、50%和 80%。壁厚减少会使埋地管道金属量减少，通过式(3.71)中引入的金属量减少百分比来表征壁厚减薄程度 δ 引起的管道金属量减少百分比，修正式(3.71)中的相关参数，得到不同壁厚减薄程度下的金属量减少百分比的一般计算公式，即

$$\eta \approx \frac{L_2-L_1}{L}\frac{d^2-(d-2d_0\delta)^2}{d^2-(d-2d_0)^2}\times 100\% \tag{3.72}$$

根据不同减薄程度计算管道金属量减少体积和减少百分比，结果如表 3.3 所示。

表 3.3　不同壁厚减薄程度的金属量减少

减薄程度/%	金属量减少体积/mm³	金属量减少百分比/%
10	0.75	10.12
30	2.21	33.1
50	3.58	53.6
80	5.49	82.2

通过模拟不同深度的环状腐蚀模型来表征管道的壁厚减薄程度，分析环状腐蚀缺陷中心位置正上方测点的感应电动势信号特征，其结果如图 3.18 所示。在图 3.18(a)中，对中期信号区间感应电动势进行了局部放大，可以看出感应电动势整体变化趋

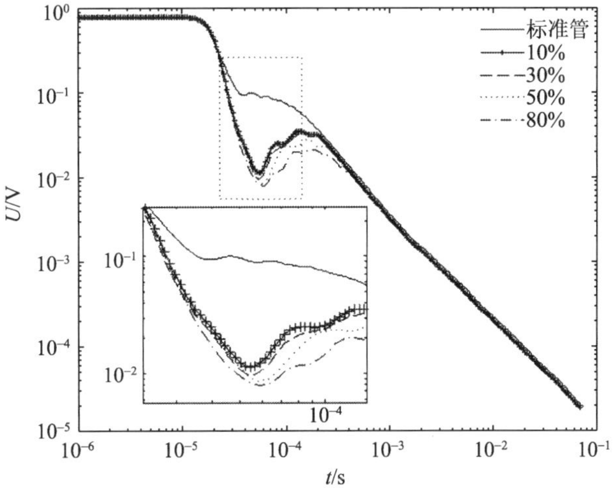

(a) 中期信号

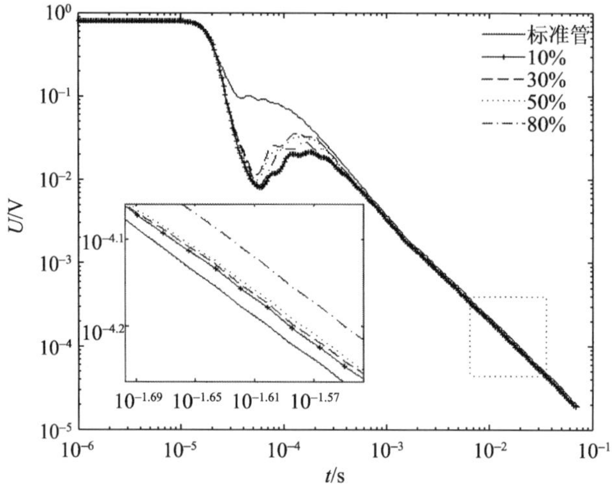

(b) 晚期信号

图 3.18　不同壁厚减薄程度模型的感应电动势单点衰减曲线

势较大，且幅值相差较大。综合表 3.3 可知，在中期信号区间，随着壁厚减薄程度的增大，金属量减少百分比增大，感应电动势信号分离趋势明显，且幅值逐渐减小。在图 3.18(b) 中，对晚期信号区间感应电动势进行了局部放大，可以看出感应电动势整体呈线性下降趋势，且幅值有一定差别，但晚期曲线的幅值差异远小于中期曲线的幅值差异。

综上所述，中期的瞬变电磁响应信号能够较好地反映腐蚀信息，随着金属量减少百分比的增大，感应电动势幅值逐渐减小。当腐蚀长度为 100mm 且金属量减少百分比约为 10% 时，中期信号仍有较好的反映。

3.11.5　不同传输介质的瞬变电磁响应

在工业和日常生活中，常因埋地管道失效而发生介质泄漏，泄漏程度与经济损失和环境污染直接相关，轻则损失财产安全，重则危害人民安全和造成难以弥补的环境安全问题。埋地管道中的介质主要有石油、天然气和水三种。石油泄漏会引起环境和空气污染，且不容易消除；天然气泄漏会引起剧烈的爆炸，甚至大范围的停用；供热管道热水泄漏可能会造成严重的经济损失。在实际检测中，由于石油、天然气、水等介质的组成比较复杂，较难测得其相对磁导率和电导率，故仅考虑理想状态下石油、天然气和水介质对瞬变电磁响应的影响。

由于石油、天然气和水是非铁磁性物质，其相对磁导率均设为 1，电导率分别设为 0.0002S/m(原油)、0S/m(空气)和 0.0001S/m(蒸馏水)。将不同介质的相对磁导率和电导率代入时域有限差分算法计算程序中，保持模型其他参数不变，分析环状腐蚀缺陷中心位置正上方测点的感应电动势信号特征，其感应电动势变化规律如图 3.19 所示。在图 3.19(a) 中，对中期信号区间感应电动势进行了局部放大，可以看出感应电动势整体变化趋势较大，输送介质分别为空气、水、原油时，感应电动势幅值逐渐减小。在图 3.19(b) 中，对晚期信号区间感应电动势进行了局部放大，可以看出感应电动势整体呈线性下降趋势，在输送介质从空气到水到原油的变化过程中，感应电动势幅值逐渐增大，但晚期曲线的幅值差异远小于中期曲线的幅值差异。总体而言，内部传输介质的不同不会影响感应电动势的整体衰减趋势。

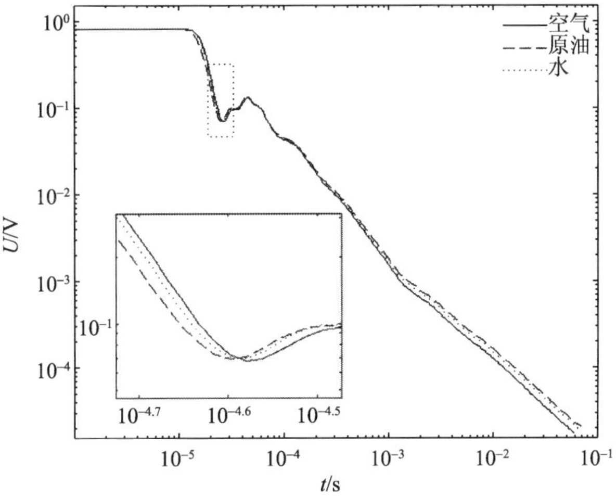

(a) 中期信号

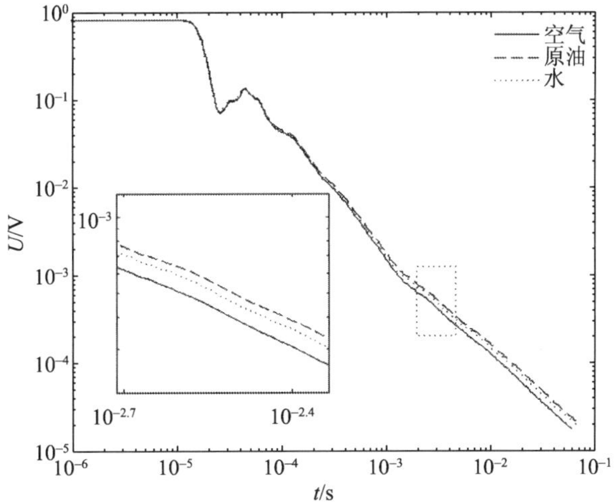

(b) 晚期信号

图 3.19　不同传输介质模型的感应电动势单点衰减曲线

3.11.6　不同管径的瞬变电磁响应

从 20 世纪 90 年代开始，我国长输管道发展迅速，地下管网错综复杂，如何在有限的资源中提高空间利用率和输送能源效率是一个关键问题。根据一些学者对长输管道管径做的统计，管道管径与输出量呈正比关系，即根据现场和有关规定的要求，输出量大就采用大管径的管道，输出量小就采用小管径的管道，但并不是管径越小越好。当输出量与管径满足一定规律时，可采用常用管道，这样会使管道运行和维修的成本下降，但会引起输送成本上升。因此，选取最优的埋地管道管径关乎能源输送量和运营成本。同时，管径的变化会使管道与土壤的接触面积增大，进而增加管体与微生物接触、管体自身应力等因素引起腐蚀的概率。根据瞬变电磁法检测原理，检测线圈发射信号呈“烟圈效应”，其检测范围符合式(2.19)。当管道直径超出线圈检测范围时，感应电动势不能较好地反映埋地管道管体信息。综上所述，在查阅埋地管道管径和壁厚标准的基础上，选取 210mm、273mm 和 325mm 三种管径的埋地管道进行数值模拟，壁厚均为 35mm。

将三种不同管径参数代入数值模拟程序中进行计算，保持模型其他参数不变，分析环状腐蚀缺陷中心位置正上方测点的感应电动势信号特征，其感应电动势变化规律如图 3.20 所示。在图 3.20(a) 中，对中期信号区间感应电动势进行了局部放大，感应电动势幅值变化趋势相同，但随着管径的增大，感应电动势变化分离趋势提前，且幅值随着管径的增大而减小。在图 3.20(b) 中，晚期信号区间感应电动势进行了局部放大，可以看出感应电动势整体呈线性下降趋势，但幅值随着管径的增大而增大，晚期曲线的幅值差异远小于中期曲线的幅值差异。

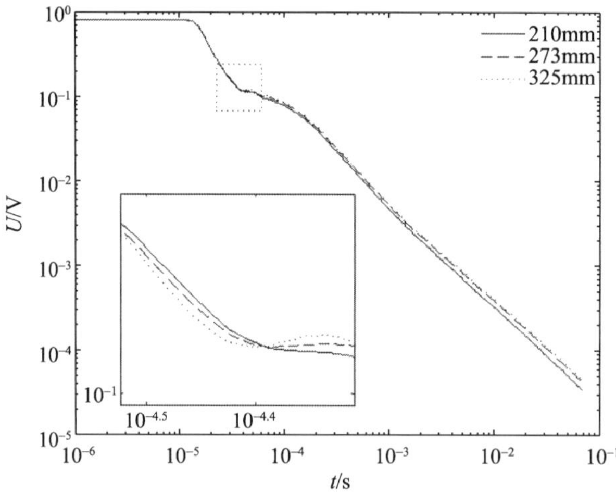

(a) 中期信号

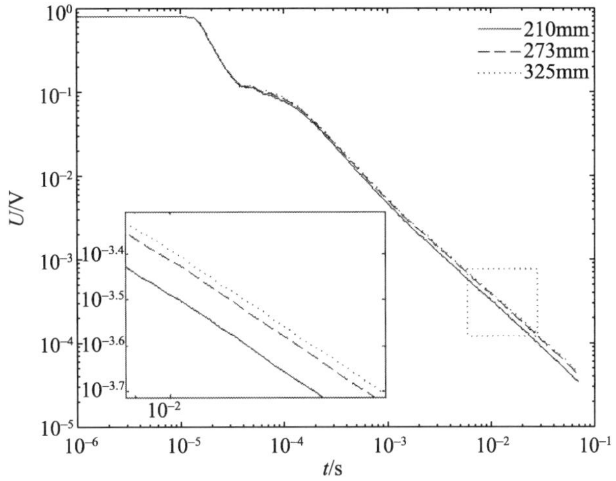

(b) 晚期信号

图 3.20　不同管径模型的感应电动势单点衰减曲线

3.11.7　不同腐蚀化合物和土壤的瞬变电磁响应

埋地金属管道在一些复杂的环境中会产生化学腐蚀。例如，在湿度较大的土壤和疏松的地层中，管体会与非电解质发生化学作用或与电解质发生电化学作用而受损，大部分管体受损是由电化学腐蚀造成的。根据电化学腐蚀原理，在阳极反应过程中会发生氧化反应，从而使管体部分铁元素变成二价或三价的铁离子，与空气接触后生成常见的氧化铁、三氧化二铁和四氧化三铁的混合物。根据腐蚀程度和现场环境的不同，混合物比例变化较大。在埋地金属管道的腐蚀状态中，常见的混合物组成成分为三氧化二铁和四氧化三铁，其中三氧化二铁的稳定性较好，在自然状态下呈现 α 形晶胞结构，该结构具有较弱的磁性；四氧化三铁性质不稳定，一般呈现 Y 形晶胞结构，具有较强的磁性和高电导率，在一定条件下会转变为 α 形晶胞结构。在阳极和阴极反应中，管体腐蚀处的磁导率和电导率与无腐蚀的管道本体相比均发生了改变。

为了研究管道腐蚀处不同混合物对瞬变电磁响应信号的影响，这里设计相应的模型进行数值模拟。在实际的埋地管道中，管体发生腐蚀的地方常被化合物填充，甚至逐渐向两边扩展，仿真模型仅研究腐蚀处被化合物填充的瞬变响应特征。由表 3.3 可知，当腐蚀程度达到 30% 时，管体金属量减少百分比达到 33.1%，在该壁厚条件下对腐蚀化合物的瞬变响应特征进行数值模拟。选取三氧化二铁和四氧化三铁两种化合物，三氧化二铁的相对磁导率和电导率分别为 450、1.25×10^5 S/m，四氧化三铁的相对磁导率和电导率分别为 550、2×10^5 S/m，保持模型其他参数不变，与未发生腐蚀的管道模型进行对比，其感应电动势变化规律如图 3.21 所示。在中期信号区间，不同腐蚀化合物的感应电动势变化趋势与未腐蚀管道的感应电动势变化趋势差异明显，发生腐蚀的管体感应电动势幅值显著减小；对晚期信号区间感应电动势进行局部放大，可以看出感应电动势整体呈线性下降趋势，但晚期曲线的幅值差异远小于中期曲线的幅值差异；整个观测时间内，腐蚀化合物成分不同造成的瞬变响应特征异常主要体现在中期，无需局部放大就可明显看出，与无腐蚀的管道相比，四氧化三铁产生的异常差值更大。因此，当埋地管道存在电化学腐蚀时，管体腐蚀物与管体自身的电性参数存在差异，会引起瞬变响应的变化，这为实际检测提供了理论依据。

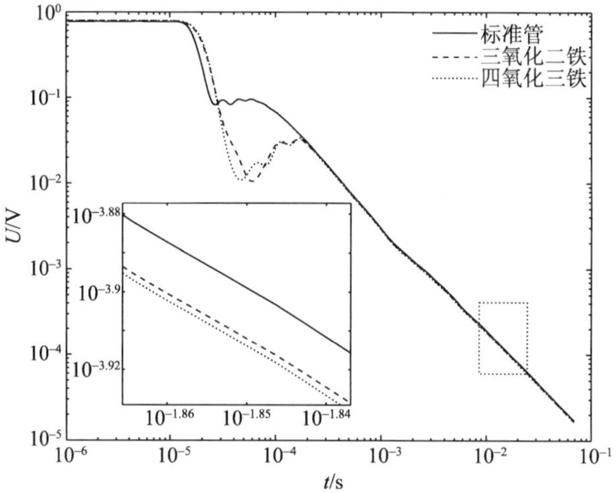

图 3.21　不同腐蚀填充物模型的感应电动势单点衰减曲线

影响管道腐蚀的因素还有管体所处的土壤环境。一般在埋地管道腐蚀检测时会了解埋地管道所处的环境，从而确定管壁腐蚀的重灾区，在检测过程中重点关注该区域的感应电动势变化。土壤中的腐蚀行为取决于它的物理性质、电化学性质、化学性质和微生物性质，各地的土壤环境存在较大差异，从而影响埋地管道管壁的腐蚀行为。通常在干燥环境中的土壤电导率与在潮湿环境中的土壤电导率不同，分别取三种电导率 0.5S/m、4S/m 和 10S/m，代入计算程序进行数值模拟，得到的感应电动势变化规律如图 3.22 所示。在中期信号区间，感应电动势变化趋势随着土壤电导率的增大逐渐平缓，且幅值增大；在晚期信号区间不同土壤环境下的感应电动势变化趋势明显，感应电动势幅值随着电导率的增大而增大，且幅值相差较大。通过对不同土壤环境下电导率变化的分析可知埋地管道所处的土壤环境对瞬变电磁检测有较大的影响，但瞬变电磁响应衰减趋势不变，这有利于对缺陷信号的识别。

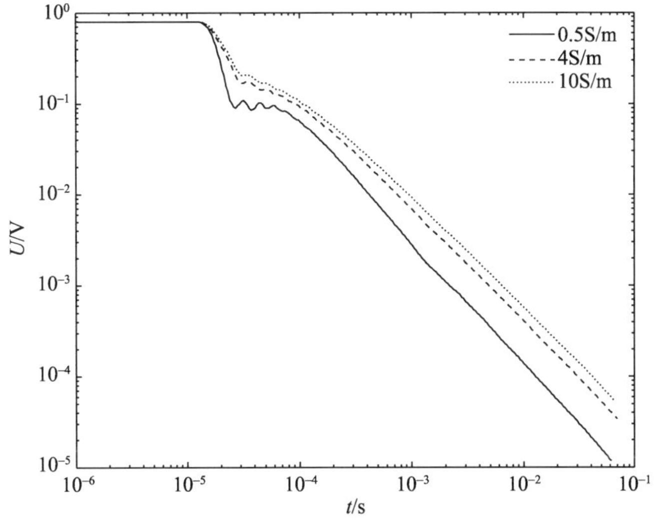

图 3.22　不同土壤环境模型的感应电动势单点衰减曲线

3.11.8　不同埋深的瞬变电磁响应

管道敷设时，受实际环境的影响会采用不同的埋深。根据瞬变电磁检测原理，若管道埋深远大于一次磁场向下传播的深度，则向上传播的二次磁场信号只夹带着大地层的信息，无法反映管道的信息，这对埋地管道的腐蚀检测是不利的。同时，由于管道在役期间存在定检或年检，第三方施工后掩埋不规范和自然环境变迁等因素，会使管道埋深发生改变，甚至造成局部检测区的管道埋深剧烈变化。因此，这里采用时域有限差分算法模拟瞬变电磁检测管道埋深变化引起的响应特征，通过数值模拟方法讨论管道埋深变化对瞬变响应信号的影响，这对实际检测工作具有指导意义。

设置五种管道埋深 500mm、600mm、800mm、1000mm、1200mm，分别代入时域有限差分算法计算程序中进行计算，模型其他参数保持不变，得到的感应电动势变化规律如图 3.23 所示。不同埋深下的观测曲线分离明显，感应电动势幅值随管道埋深的增大而逐渐减小。这是因为一次磁场的强度是与距离有关的函数，埋深越大，穿过管道的衰减信号越小，同时产生的二次磁场信号和接收线圈接收的感应电动势也就越小。通过观察感应电动势变化趋势可有效识别异常信号是埋深引起的还是管体腐蚀信号引起的，这为实际检测和腐蚀信号识别提供了一定的参考依据。

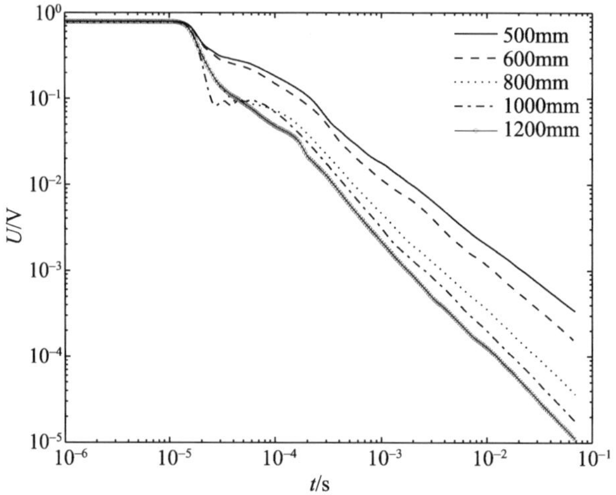

图 3.23　不同埋深下的感应电动势单点衰减曲线

3.12　有限元仿真对比分析

本节利用 ANSYS 有限元分析软件对埋地金属管道腐蚀模型的瞬变电磁场进行仿真，与时域有限差分算法的相关仿真结果相互验证，为更好地进行埋地管道的非开挖无损检测提供理论依据。

3.12.1　模型方案

埋地金属管道的三维物理模型如图 3.24 所示。采用方形多匝小回线中心方式

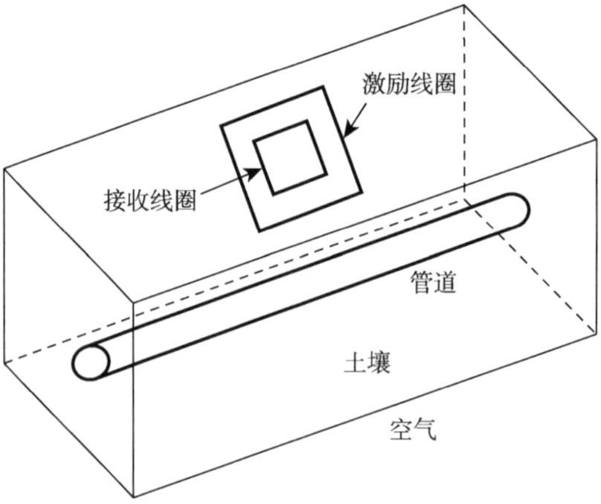

图 3.24　埋地金属管道三维物理模型示意图

进行激励和接收，激励线圈边长为 L_1，接收线圈边长为 L_2，激励线圈匝数为 N_1，接收线圈匝数为 N_2，其中 $L_1 = 2L_2$，$N_2 = 2N_1$，线圈材质为铜芯漆包线。管道埋深 H 为地表到管道中心的距离，管道内径为 D，壁厚为 d，长度为 L。管道周围设置为土壤介质，检测线圈放置于地表，在土壤上方设置一空气层，土壤和空气层设置为无限边界条件。模型共设置了四种不同材料，包括空气、土壤、管道和线圈，其电磁参数如表 3.4 所示。介质导电性的差异是瞬变电磁法得以应用的前提，由于金属管道与周围土壤介质的导电性差异显著，所以能够得到因管壁腐蚀引起的瞬变电磁响应异常。

表 3.4　材料电磁参数

介质	电导率/(S/m)	相对磁导率
空气	0	1
土壤	0.02	5
管道	10^7	350
线圈	10^8	1

利用 ANSYS 软件进行仿真求解，采用通用后处理器观察仿真结果，导出接收线圈中心位置处随时间变化的感应电动势数据，用于后续的分析和讨论。

3.12.2　不同壁厚的瞬变电磁响应

设置埋地金属管道模型参数为：L_1=1m，L_2=0.5m, N_1=30，N_2=60，D=130mm，H=1m，L=4m，d 为变化量。仿真不同壁厚模型的瞬变电磁响应，即模拟管道发生不同程度腐蚀引起的检测信号的差异特征。当取理想关断时间时，t_0=1μs，仿真结果即感应电动势 U 随时间变化的衰减曲线如图 3.25(a) 所示，并选取 100μs 附近的局部曲线放大显示。当取仪器真实关断时间时，t_0=50μs，仿真结果如图 3.25(b) 所示。由图 3.25 曲线来分析壁厚变化对瞬变响应的影响，可以看出，在一定的观测时间内，壁厚不同的模型对应的感应电动势曲线有明显分离，即管道腐蚀能够引起瞬变响应曲线的变化。观察图 3.25(a) 中曲线变化较明显的部分，即曲线局部放大部分，感应电动势数值差异较大的部分集中在小于零的一段曲线，此处正负值表示感应二次磁场的方向发生反转，感应场的强度是由绝对值来确定的，因此，随着壁厚的不断减薄，即腐蚀量增加，感应电动势的绝对值减小，即瞬变响应减弱。图 3.25(b) 中由于关断时间较长，有效检测数据少于图 3.25(a) 中的数据，感应二次磁场的方向一致，没有发生反转，在 100μs 附近曲线变化明显；同样，随着壁厚的不断减薄，感应电动势的绝对值减小。因此，在实际检测中，当管道发生一定范围的腐蚀时，选取合适的观测时间可获得管道腐蚀信息。

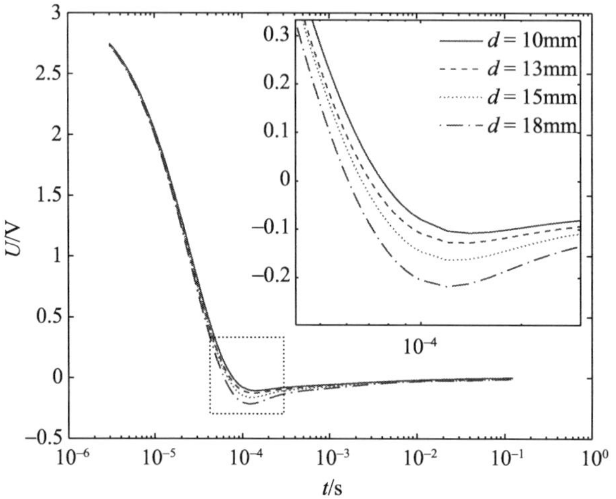

(a) $t_0 = 1\mu s$

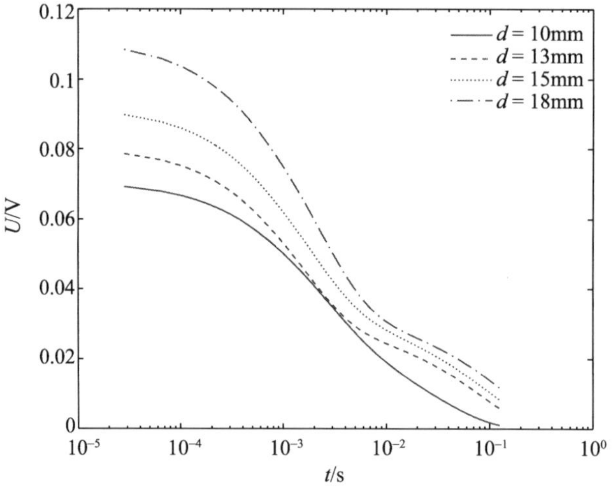

(b) $t_0 = 50\mu s$

图 3.25　不同壁厚模型的瞬变电磁响应

3.12.3　不同关断时间的瞬变电磁响应

设置埋地金属管道模型参数为：L_1=1m，L_2=0.5m, N_1=30，N_2=60，D=130mm，H=1m，L=4m，d=10mm，t_0 为变化量。仿真不同关断时间的瞬变电磁响应，即模拟仪器关断时间对检测信号的影响特征，得到的仿真结果如图 3.26 所示。关断时间对感应电动势的影响主要体现在较早的观测时段，即 100μs 之前，且关断时间越小，同一观测时刻的感应电动势就越小。理论分析认为，关断时间越小，关断效果就越好，检测的早期信号数据越准确。但是受实际仪器固有关断时间的制约，无法实现无限小的关断时间，因此在实际检测中，通过改变发射线圈的参数调整仪器关断时间，将其控制在 60μs 以内，以保证 100μs 附近的观测数据有效。

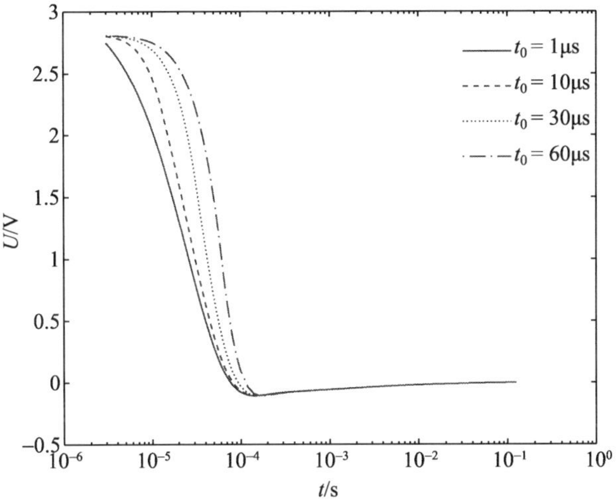

图 3.26　不同关断时间模型的瞬变电磁响应

3.12.4　不同线圈参数的瞬变电磁响应

设置埋地金属管道模型参数为：N_1=30，N_2=60，D=130mm，d=10mm，L=4m，H=1m，t_0=1μs。为增加线圈的便携性，适当减小线圈尺寸，即改变激励线圈和接收线圈的尺寸，模拟两种不同参数线圈检测信号的影响特征。激励线圈和接收线圈的边长分别为 0.8m 和 0.4m、1.0m 和 0.5m 时，得到的仿真结果如图 3.27 所示。当线

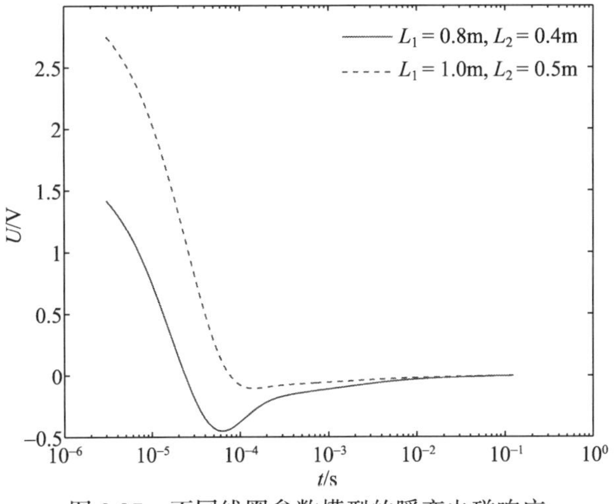

图 3.27　不同线圈参数模型的瞬变电磁响应

圈尺寸适当减小时，较早观测时刻的感应电动势数值明显减小，其变化量远大于发生管道发生腐蚀时的变化量，即曲线首支显著下降；在 100μs 附近，场的方向发生反转，较晚观测时刻的感应电动势数值趋于一致，即曲线尾支重合。这两种尺寸的线圈均可应用于实际检测。

3.13 本章小结

本章在广义麦克斯韦方程组的基础上，论述了时域有限差分算法模拟瞬变电磁场的相关操作和仿真结果；推导了适用于三维截断空间的非均匀网格算法及基于非均匀网格技术的时域有限差分方程，引入上延拓边界条件及离散傅里叶变换和二元三次样条插值方法，实现了地空截断边界面的边界处理。为了能使埋地管道与非均匀网格剖分的三维截断空间有较好的耦合，引入局部共形网格算法剖分埋地管道所处空间，实现了管道模型与三维截断空间模型的耦合。根据激励源的分类，选取了适用于三维截断空间的激励源，作为初始条件引入计算场中。通过吸收边界条件的理论分析，结合其优缺点选取了适合三维截断空间的吸收边界条件。根据算法流程实现了三维截断空间的建立、电磁场信号的提取，设计不同类型的腐蚀特征进行数值模拟，给出了时域有限差分算法建模仿真的结果，同时也给出了有限元法建模仿真的部分结果以用于对比分析。

参考文献

[1] 李海, 于文莉, 林忠海, 等. 麦克斯韦方程组及其电磁场特性分析[J]. 电子技术与软件工程, 2015, (13): 161-162.

[2] 曾碧能. 基于 FDTD 算法的非均匀网格及共形网格技术的实现[D]. 成都：电子科技大学, 2007.

[3] 边莉, 孙志敏, 吴群. Vivaldi 超宽带天线时域特性的 FDTD 分析[J]. 黑龙江科技大学学报, 2007, 17(6): 448-451.

[4] 谭文泉. 基于 FDTD 法的电磁仿真的优化算法[J]. 计算机工程与设计, 2008, 29(24): 6362-6364.

[5] 肖飞. 计算电磁学中时域有限差分方法的研究[D]. 成都：电子科技大学, 2005.

[6] 赵玲. 基于时域有限差分法的随钻电磁波测井响应数值计算研究[D]. 西安：西安石油大学, 2009.

[7] 王文达. 非均匀网格 FDTD 算法的研究与应用[D]. 太原：太原理工大学, 2013.

[8] 刘尧. 基于有限差分的瞬变电磁三维数值模拟[D]. 北京：中国地质大学, 2015.

[9] Mur G. Absorbing boundary conditions for the finite-difference approximation of the time-domain electromagnetic-field equations[J]. IEEE Transactions on Electromagnetic Compatibility, 1981, (4): 377-382.

[10] Berenger J P. A perfectly matched layer for the absorption of electromagnetic waves[J]. Journal of Computational Physics, 1994, 114(2): 185-200.

[11] Sachdeva N, Balakrishnan N, Rao S M. A new absorbing boundary condition for FDTD[J]. Microwave & Optical Technology Letters, 2015, 25(2): 86-90.
[12] Berenger J P. Perfectly matched layer for the FDTD solution of wave-structure interaction problems[J]. IEEE Transactions on Antennas & Propagation, 1996, 44(1): 110-117.
[13] Roden J A, Gedney S D. Convolution PML (CPML): An efficient FDTD implementation of the CFS-PML for arbitrary media[J]. Microwave & Optical Technology Letters, 2015, 27(5): 334-339.
[14] 胡媛, 李康, 孔凡敏, 等. 基于CUDA架构的三维CPML-FDTD并行方法[J]. 计算机工程与应用, 2011, 47(25): 220-223.
[15] Elsherbeni A，Demir V. MATLAB 模拟的电磁学时域有限差分法[M]. 喻志远, 译. 北京：国防工业出版社, 2012.
[16] 赵金昌. 基于 FDTD 分析有限地共面波导电磁特性[D]. 成都：电子科技大学, 2008.
[17] 史红蓓. 导电媒质中三维似稳瞬态电磁场的 FDTD 数值模拟[D]. 镇江：江苏大学, 2009.

第 4 章　埋地管道模型瞬变电磁检测试验

4.1　检测仪器和装置

埋地管道非开挖检测系统包括瞬变电磁检测仪、发射和接收线圈以及传输线缆三部分。埋地管道非开挖检测系统面板如图 4.1 所示。该系统将瞬变电磁接收机和发射机集成一体，具有发射功率大、关断快速和抗干扰能力强等特点，在进行埋地管道的检测时具有如下优势：①接收机采用仪器内装电池供电，省去了外部提供电源带来的干扰；②接收机采用无线通信方式，通过蓝牙技术与掌上电脑配对连接，达到实时观测信号和判断信号异常的效果；③发射机采用一定供电频率来提供激励电压，检测时可根据现场管道埋深变化调整供电频率；④加入了抗干扰模块，能有效地剔除电磁和人文干扰噪声，有效提高检测精度。

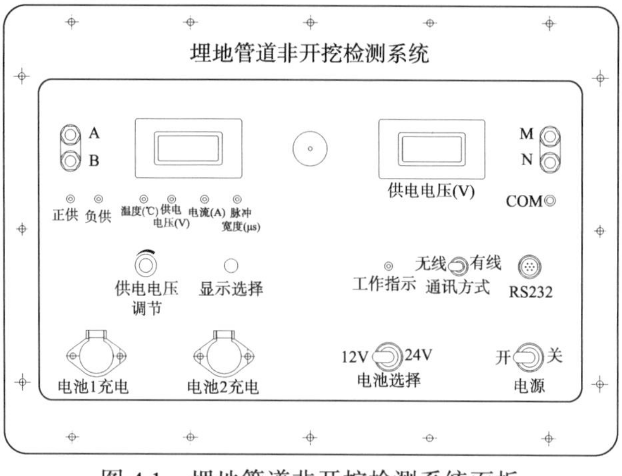

图 4.1　埋地管道非开挖检测系统面板

检测装置与仪器的匹配、检测装置与检测目标的耦合是瞬变电磁检测前首先要考虑的问题，其性能直接影响检测结果的准确性与可靠性。根据所用仪器和探测目标的实际情况，设置发射和接收线圈的匝数、直径、边长和阻尼电阻的大小等参数。若检测装置匹配不合适，则观测的感应电动势衰减曲线可能表现为无用的噪声信号，或者振荡较大的非圆滑衰减信号，在牺牲灵敏度的情况下测出的圆滑的衰减曲线也是对探测无用的信号[1]。目前，瞬变电磁法在寻找水资源和矿产资源、地质勘探、工程物探等领域应用时，使用的装置一般都是边长为数米到数百米的大发射回线，为了达到一定的探测深度一般使用大功率发射机；金属管道埋深一般为 0.5～2m，属于浅部探测；管壁因腐蚀减薄而导致的电导率和磁导率与完好管道相比变化较小，提取的信号差异也较小。基于这些原因，勘探领域所用的检测装置对埋地管道腐蚀检测并不适用，需要设计适用于埋地管道腐蚀检测的装置，以得到最佳检测效果。

瞬变电磁检测装置在 2.2 节已有论述，用于埋地金属管道检测的线圈分为圆形线圈和矩形线圈，且多为同点组合形式，包括重叠回线检测装置和中心回线检测装置。重叠回线检测装置中，发射激励信号与观测二次磁场信号所用线圈尺寸相同，而中心回线检测装置中，发射激励所用的发射线圈尺寸大于接收线圈的尺寸，前者在外，后者在内。查阅地面瞬变电磁技术规程可知，矩形线圈选取长宽比为 1:1，即方形时，可获得最佳二次磁场信号。检测中，常用的方形中心回线检测装置的外观如图 4.2 所示，装置外壳采用高级尼龙材质一体成型，坚固耐磨，不易变形，线圈嵌入外壳槽中并封装。通过改变发射和接收线圈的匝数、边长、直径以及线路中的阻尼电阻等方法实现匹配，尽可能使接收线圈工作在临界阻尼状态，这样才能使接收的信号不会振荡失真，并准确反映检测目标的信息。在发射线框与接收线框之间的骨架上设置线缆接头，通过传输线缆将瞬变电磁检测仪与中心回线检测装置连接(图 4.3)，并匹配合适的阻尼电阻以消除接收回路的信号振荡。

图 4.2　中心回线检测装置

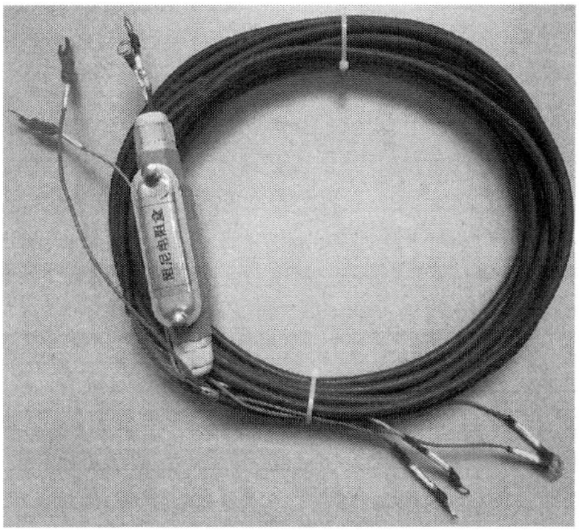

图 4.3　传输线缆

4.1.1　发射线圈分析

发射线圈的作用是激励一次磁场，除激励源参数对瞬变电磁响应产生影响外，由发射线圈参数决定的发射磁矩和关断时间也对观测结果有着重要影响。

在均匀半空间内，理想场源激励下的中心回线检测装置，其瞬变响应值是对时

间的导数，感应电动势为[2]

$$V(t)=\frac{\mu_0 I\sqrt{\pi}}{4\sqrt{S_t t}}\frac{1}{Z^2}\left[3\mathrm{erf}(Z)-\frac{2}{\sqrt{\pi}}Z(3+2Z^2)\mathrm{e}^{-Z^2}\right] \tag{4.1}$$

式中，I 为发射线圈内的电流；S_t 为线圈有效发射面积；μ_0 为真空磁导率；t 为瞬变场延迟时间；$\mathrm{erf}(Z)$ 为误差函数，Z 表示归一化阻抗：

$$\mathrm{erf}(Z)=\frac{2}{\sqrt{\pi}}\int_0^Z \mathrm{e}^{-u^2}\mathrm{d}u \tag{4.2}$$

$$Z=\frac{1}{2}\sqrt{\frac{S_t}{\pi}}\sqrt{\frac{\mu_0\sigma}{t}} \tag{4.3}$$

这里，σ 为均匀半空间的电导率。

对于单匝线圈，其发射磁矩由发射电流与线圈尺寸决定，等于电流与线圈面积的乘积；对于多匝线圈，线圈面积为有效发射面积，与线圈的匝数有关。发射磁矩 M 的计算公式如下：

$$M = NIS \tag{4.4}$$

式中，N 为发射线圈的匝数；I 为线圈中的电流；S 为单匝线圈面积。

由式(4.1)可以看出，感应电动势与发射电流成正比，与有效发射面积的关系比较复杂，不是简单的正比例关系。也就是说，发射磁矩直接影响着信号的强度，但两者不是简单的正比例关系。检测过程中，需要对发射磁矩进行合理调整：为得到更大的信噪比，需要增大发射磁矩以提高发射信号的强度；有时信号强度已经足够大，需要减小发射磁矩以降低早期信号的饱和程度。

对埋地管道进行检测，可以调节发射线圈中的电流与线圈的匝数，控制发射磁矩的大小，以满足不同检测深度和分辨力的要求。然而，改变线圈中的电流与线圈匝数会直接影响发射系统的关断时间，即影响接收线圈对二次磁场信号的观测。关断时间在整个瞬变响应过程中比较重要，关断时间越短，可观测的早期信号越丰富，若需要较早期的信号，则选择较短的关断时间。实际检测时，要求关断时间尽可能短，这是因为管道埋深相对较浅，远没有瞬变电磁法用于地质勘探工作中所需的深度大，且关断时间过长会降低接收线圈对地下管体电磁特性异常的分辨能力。

从整体上看，激励源发射脉冲激励电流，供给发射线圈，此时发射线圈相当于一个负载。除了脉冲激励源发射系统自身的影响，关断时间在很大程度上受发射线圈参数的影响，如发射线圈线径、加载在线圈上的激励电流和线圈的匝数等。下面通过试验来测量不同线圈参数对关断时间的影响。

1. 发射线圈线径

发射线圈用铜制漆包线绕制而成，铜导线具有较好的导热、导电和抗氧化特性，且易于绕制。选取三种不同线径的铜制漆包线分别绕制三个边长为 0.8m 的方形发射线圈，匝数都取 10，提供 2A 激励电流给发射线圈，激励信号频率为 16Hz，测得这三个发射线圈的导线直径、电感、电阻及关断时间，并计算时间常数(电感与电阻的比值)，如表 4.1 所示。由表中数据可以看出，发射线圈线径越大，线圈电阻、电感越小，时间常数也趋于增大，激励电流导入时间常数较大的发射线圈，在电流关断时需要更长的时间。较长的关断时间不利于后期观测，从这个角度来看，绕制发射线圈时，应选择线径更小的铜制漆包线。但这不代表线径越小就越好，相同发射电压下，小线径使线圈电阻变大，大电阻又会使发射的激励电流值降低，减小发射磁矩，不利于观测。因此，应综合考虑发射线圈线径和关断时间进行合理的选择。

表 4.1 发射线圈线径对关断时间的影响

发射线圈线径/mm	电感/mH	电阻/Ω	时间常数	关断时间/μs
1.0	0.30	0.91	0.330	3.5
0.82	0.35	1.22	0.287	3.3
0.72	0.39	1.81	0.216	3.0

2. 激励电流

线圈存在电阻与电感特性，激励电流导入线圈后会存在暂态响应，电流幅值衰减至零需要一定时间，即关断时间，电流幅值对关断时间的长短存在影响。实际关断波形为指数曲线，单独分析激励电流幅值对关断时间的影响，取小匝数线圈，忽略线圈之间的分布电容，可将整个发射线圈看作一阶系统，则脉冲激励电流关断曲线可以近似表示为

$$I(t)=I_0\mathrm{e}^{t/\tau},\quad t\geqslant t_{\mathrm{off}} \tag{4.5}$$

式中，$I(t)$ 表示发射线圈中导入的激励电流；I_0 表示激励电流稳态值；t_{off} 表示激励电流关断的时刻；τ 为由等效电阻与电感决定的时间常数。

在实际检测过程中，通常把发射线圈中的激励电流接近噪声幅值 I_{n} 时的状态，称为“完全关断”状态，此时的关断时间为

$$t=\tau(\ln I_0-\ln I_{\mathrm{n}}) \tag{4.6}$$

当激励电流为 I_1 时，关断需要时间 $t_1=\tau(\ln I_1-\ln I_{\mathrm{n}})$；当激励电流为 I_2 时，关断需要时间 $t_2=\tau(\ln I_2-\ln I_{\mathrm{n}})$。假设 I_1 是比 I_2 小的电流幅值，激励电流从 I_1 提高到 I_2，即发射线圈中的激励电流增加到 I_2/I_1 倍幅值，相应地完全关断需增加至 $\tau\ln(I_2/I_1)$ 倍时间。

选取方形发射线圈，边长为 0.8m，匝数为 5，调节导入线圈内的激励电流，观测并记录关断时间的变化，结果如表 4.2 所示。随着激励电流的加大，关断时间逐

渐增加。

表 4.2　激励电流对关断时间的影响

激励电流/A	关断时间/μs
1.0	0.7
1.5	0.9
2.0	1.0
3.0	1.2
5.0	1.8

3. 发射线圈匝数

按照与激励电流幅值类似的分析方法，假定单匝线圈等效电阻和电感值分别为 R_1 和 L_1，那么 N 匝线圈的等效电阻和电感值可以表示为 NR_1 和 N^2L_1。在激励电流作用下，关断时间可表示为

$$t_{\mathrm{of}}=\frac{N^2L_1}{NR_1}(\ln I_0-\ln I_{\mathrm{n}})=N\tau(\ln I_0-\ln I_{\mathrm{n}}) \tag{4.7}$$

同理，当激励电流 I_0 不变、线圈匝数为 N_1 时，$t_1=N_1\tau(\ln I_0-\ln I_{\mathrm{n}})$；当线圈匝数为 N_2 时，$t_2=N_2\tau(\ln I_0-\ln I_{\mathrm{n}})$。假定 N_1 比 N_2 小，线圈匝数从 N_1 增加到 N_2，则发射线圈关断时间增加 $\tau(N_2-N_1)(\ln I_0-\ln I_{\mathrm{n}})$ 倍。

选取尺寸相同、匝数不同的线圈进行试验，提供大小相同的激励电流，记录得到的关断时间，结果如表 4.3 所示。随着发射线圈匝数的增加，关断时间迅速增加。

表 4.3　发射线圈匝数对关断时间的影响

发射线圈匝数	关断时间/μs
1	0.2
3	0.5
5	1.4
8	2.0
10	3.3

4.1.2　接收线圈分析

接收线圈用于观测感应电动势信号，由于实际情况下的关断时间非零，所以尽管设置了延迟时间，观测到的瞬变响应仍会混有部分一次磁场信号。对于中心回线检测装置，与发射线圈相比，接收线圈的尺寸更小，匝数更多，分析时需要考虑接收线圈各匝之间的分布电容。接收线圈简化的等效电路模型如图 4.4 所示。电路中，

r、L 和 C 分别表示线圈的电阻、电感和分布电容，R 为接收线圈与仪器接收端之间的阻尼电阻，$v_0(t)$ 和 $v(t)$ 表示接收线圈实际感应到的电动势信号和线圈输入至接收端的电压，等效电路中的电流为 i。受分布电容充放电过程的影响，接收端观测到的感应电动势信号 $v_0(t)$ 并非线圈上输入的值 $v(t)$。

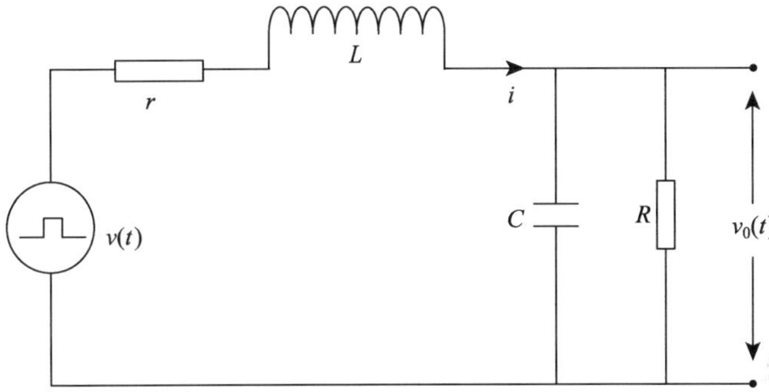

图 4.4　接收线圈简化的等效电路模型

对如图 4.4 所示的等效电路进行分析，根据基尔霍夫定律有

$$v - L\frac{\mathrm{d}i}{\mathrm{d}t} - ir = v_0 \tag{4.8}$$

$$i = C\frac{\mathrm{d}v_0}{\mathrm{d}t} + \frac{v_0}{R} \tag{4.9}$$

联立得到微分方程如下：

$$v = LC\frac{\mathrm{d}^2 v_0}{\mathrm{d}t^2} + \left(rC + \frac{L}{R}\right)\frac{\mathrm{d}v_0}{\mathrm{d}t} + \frac{r+R}{R}v_0 \tag{4.10}$$

整理可得

$$\frac{\mathrm{d}^2 v_0}{\mathrm{d}t^2} + 2\delta\frac{\mathrm{d}v_0}{\mathrm{d}t} + \omega^2 v_0 = \frac{v}{LC} \tag{4.11}$$

式中

$$\delta = \frac{1}{2}\left(\frac{r}{L} + \frac{1}{RC}\right) \tag{4.12}$$

$$\omega = \sqrt{\frac{1}{LC}\left(\frac{r}{R} + 1\right)} = \omega_0\sqrt{\frac{r}{R} + 1} \tag{4.13}$$

这里，ω 和 ω_0 分别表示电路谐振频率与线圈的固有振荡频率。

为方便分析，定义 ζ 为阻尼系数，其值为

$$\zeta=\frac{\delta}{\omega}=\frac{RrC+L}{2\sqrt{LCR(R+r)}} \tag{4.14}$$

式(4.11)可变为一个二阶微分方程，即

$$\frac{\mathrm{d}^2v_0}{\mathrm{d}t^2}+2\zeta\omega\frac{\mathrm{d}v_0}{\mathrm{d}t}+\omega^2v_0=\frac{v}{LC} \tag{4.15}$$

求其特征方程可得如下判别式：

$$(2\zeta\omega)^2-4\omega^2=4\omega^2(\zeta^2-1) \tag{4.16}$$

当$\zeta>1$时，线圈工作在过阻尼状态；当$\zeta=1$时，线圈工作在临界阻尼状态；当$\zeta<1$时，线圈工作在欠阻尼状态。

对埋地管道进行检测，接收线圈外接的阻尼电阻不匹配会导致接收线圈处于过阻尼或欠阻尼状态，这会对检测结果产生不利影响。当$\zeta>1$时，冲击响应趋于平坦，信号衰减慢，检测盲区增大；当$\zeta<1$时，冲击响应曲线变化剧烈，响应速度快，早期信号会出现严重失真。因此，要让接收系统获得最佳观测信号，需调整阻尼电阻值，使$\zeta=1$，即线圈工作在临界阻尼状态。

由式(4.14)可得

$$R=\frac{(1-2\zeta^2)r\pm2\zeta\sqrt{(\zeta^2-1)r^2+L/C}}{4\zeta^2-r^2C/L} \tag{4.17}$$

当$\zeta=1$时，代入式(4.17)可得临界阻尼状态下的电阻值：

$$R=\frac{L}{rC+2\sqrt{LC}} \tag{4.18}$$

此时，接收端信号$v_0(t)$可较好地反映线圈输入的信号$v(t)$。综上所述，检测时需要注意对不同的接收线圈参数进行阻尼匹配变换。

4.1.3 改进的聚磁装置

在传统检测过程中，一般是将较大的发射线圈与接收线圈置于地面进行定点测量。在城镇环境下，地下管道情况复杂，线圈尺寸较大容易使信号覆盖其他非目标埋地管道，另外在野外环境下，检测结果还易受地表植被和平坦程度的影响。针对这一问题，要求在不影响检测能力的情况下，使检测装置尺寸尽可能小。发射线圈尺寸减小，会降低发射磁矩，为保持发射能力，就需要增大发射电流或线圈匝数，这会使激励电流关断时间延长，影响二次磁场观测。减小接收线圈尺寸，会明显降低接收线圈观测到的二次磁场感应值，即有用信号的幅度，直接影响管体的实际响应分析。综合考虑，可以用聚磁的方式提高接收信号的能力。有研究者提出使用多个子线圈进行磁场叠加的方法[3]，即用阵列式线圈对半空间内的磁场进行聚焦，此

方法可以有效提高埋地管道的检测深度与精度，但传感器设计与算法复杂度较高，聚焦点对于管体检测结果影响较大，实际应用于埋地管道的检测中还有待进一步研究。此外，在空心线圈中加入磁芯也可以有效聚磁，在不增加线圈尺寸与匝数的情况下提高线圈电感量，因此加入高磁导率的磁芯可以有效提升检测性能，本节将对加入磁芯的中心回线检测装置进行介绍。

瞬变电磁检测埋地管道的响应曲线是检测线圈下方一段管道的综合反映，且响应范围与发射线圈的边长和管道的中心埋深有关。由于管道埋深较浅，腐蚀缺陷产生的异常差异较小，需采用小尺寸回线检测装置来确保检测精度，但接收信号幅值会随着回线边长的减小而迅速降低，在各种噪声信号干扰下产生较大的误差。为了提高有用接收信号的幅度，采用加入磁芯的接收线圈，如图 4.5 所示。

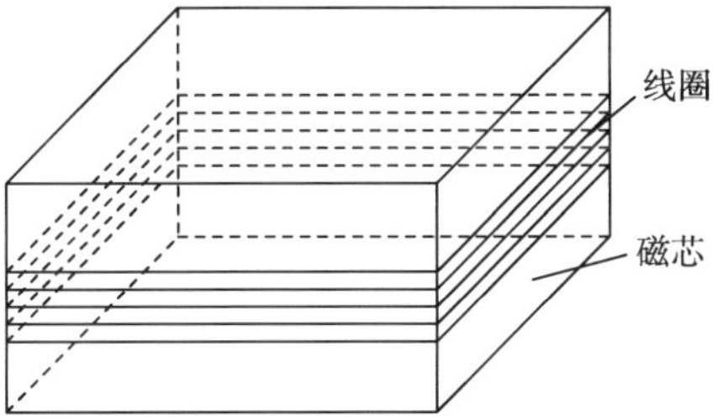

图 4.5　加磁芯线圈示意图

假设接收线圈的横截面积为 S，匝数为 N，在垂直于线圈横截面方向加一磁场 H，根据电磁感应定律，在线圈两端将产生感应电动势：

$$V_0 = -NS\mu_0 \frac{\mathrm{d}H}{\mathrm{d}t} \tag{4.19}$$

如果在线圈内加入磁芯，则线圈两端的感应电动势增加到

$$V = -NS\frac{\mathrm{d}B}{\mathrm{d}t} \tag{4.20}$$

此时的磁感应强度 B 等于未加磁芯时的磁感应强度 B_0 和磁芯激发附加磁感应强度 B' 的和。由于附加磁感应强度 B' 和材料的磁化强度有关，所以总磁感应强度 B 的大小取决于磁芯材料的磁化强度 M 和磁场强度 H 的相互作用：

$$B = B_0 + B' = \mu_0(M + H) = \mu H \tag{4.21}$$

式中，μ_0 为真空磁导率；μ 为磁芯的磁导率。

式(4.21)的物理意义是单位磁场强度 H 在磁芯中激发出的磁感应强度。将式(4.21)代入式(4.20)，可得到加磁芯线圈两端产生的感应电动势为

$$V = -NS\mu \frac{\mathrm{d}H}{\mathrm{d}t} \tag{4.22}$$

磁芯的磁导率 μ 远远大于真空磁导率 μ_0，因此加入磁芯后产生的感应电动势 V 将大于未加磁芯时的 V_0。

常用的磁芯材料有软磁材料和硬磁材料两种。软磁材料在弱磁场下易磁化和退磁，适合用作接收线圈的磁芯。软磁材料主要分为两大类，即铁氧体磁芯和合金类磁芯。其中，铁氧体磁芯根据烧结时加入的元素种类不同可分为锰锌、镍锌、镁锌等系列[4]，合金类磁芯又可分为硅(矽)钢片、铁粉芯、铁硅铝合金、铁镍合金、钼坡莫合金、非晶和纳米晶合金。根据瞬变电磁接收信号的特点，这里选用锰锌铁氧体作为磁芯材料。锰锌铁氧体磁芯具有以下特点：磁导率高，对感应电动势放大效果明显；矫顽力较小，很容易进行磁化和退磁；使用的频率范围广，在其宽频范围内电阻率较低且涡流损耗小；成本低等[5]。常见磁芯的形状多种多样，如E形、I形、U形等，根据接收回线的尺寸和缠绕特点，选用的是长方体形磁芯，避免因选用其他形状而影响发射线圈和接收线圈内磁场的空间均匀分布。由于磁芯尺寸、有效截面积和有效体积都较大，需经过特殊的成型和烧结工艺进行生产制作。

加入磁芯的目的是增加电感量，提高线圈的品质因素，在工作频率范围内具有高的磁导率和低的损耗，从而可以减少线圈匝数和线圈尺寸。为了验证加入聚磁磁芯的接收线圈的检测效果，下面进行管道模型试验。采用中心回线检测装置，发射线圈边长为400mm，匝数为20，接收线圈边长为200mm，匝数为40，磁芯尺寸长宽高分别为200mm、200mm和40mm。其中某一测点的归一化感应电动势衰减曲线如图4.6所示。

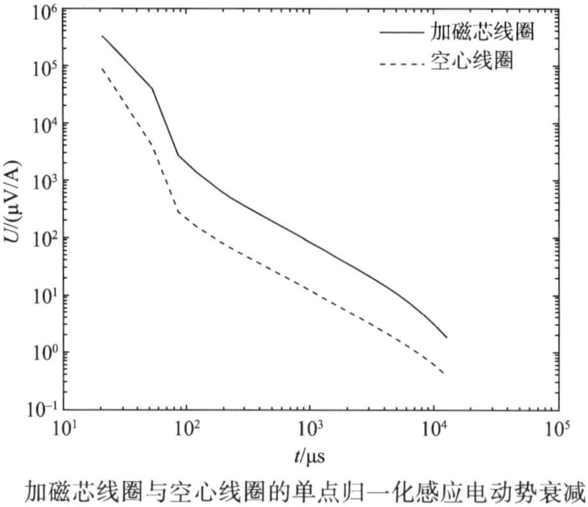

图 4.6　加磁芯线圈与空心线圈的单点归一化感应电动势衰减曲线

由图4.6可以看出，加磁芯线圈测得的感应电动势是空心线圈测得的感应电动势的数倍，加磁芯线圈使瞬变电磁法测得的弱信号得到加强。分别计算加磁芯线圈和空心线圈的试验管道壁厚，计算结果如图 4.7 所示。将加磁芯线圈和空心线圈检测到的壁厚数据与理论壁厚数据比较，进行误差分析，得到表 4.4。

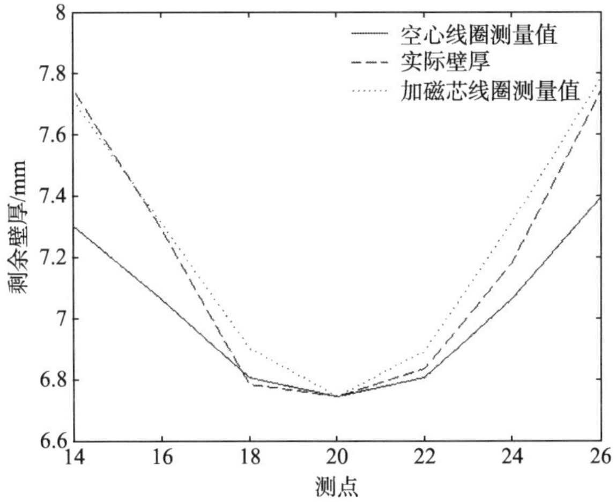

图 4.7　加磁芯线圈与空心线圈检测得到的剩余壁厚

表 4.4　加磁芯线圈和空心线圈的剩余壁厚误差

测点	实际壁厚/mm	加磁芯线圈剩余壁厚/mm	空心线圈剩余壁厚/mm	加磁芯线圈误差/%	空心线圈误差/%
14	7.75	7.71	7.30	0.52	5.80
16	7.29	7.31	7.06	0.27	3.15
18	6.78	6.90	6.80	1.77	0.29
20	6.74	6.74	6.74	0.00	0.00
22	6.83	6.89	6.80	0.88	0.44
24	7.17	7.31	7.06	1.95	1.53
26	7.74	7.78	7.39	0.52	4.52

上述计算是以 20 号测点作为基准点，分析表 4.4 中数据可知，加磁芯线圈的误差普遍较小，且相对稳定，都能控制在 2% 之内，说明加磁芯线圈能够使有用信号幅值增加，从而提高了信噪比，改善了检测精度。

4.2　时域有限差分仿真结果的验证试验

通过基于非均匀网格技术的时域电磁数值模拟算法，可以得到腐蚀长度、腐蚀深度、管径、埋深等因素变化产生的瞬变电磁响应特征，感应电动势分布和幅值大小呈现一定规律，这些规律是否正确还需通过模型试验来验证。

验证试验采用如图 4.2 所示的正方形中心回线检测装置，外框为发射线框，边长为 1000mm，高度为 20mm，内部凹槽放置 30 匝直径为 1mm 的铜制漆包线；内框为接收线框，边长为 500mm，高度为 20mm，内部凹槽放置 60 匝直径为 1mm 的铜制漆包线。综合调整检测系统参数，将阻尼电阻设置为 200Ω 。试验过程中仪器供电电压采用 12V，激励信号频率为 16Hz，发射机关断时间约为 38μs 。试验场地选择周围没有明显铁质管道和人文干扰的空旷区域，排除干扰造成的异常信号。具体试验操作步骤如下。

(1) 将发射机、接收机与检测线圈连接。

(2) 将掌上电脑和接收机通过蓝牙配对，设置采集数据的相关参数。

(3) 进行初次数据采集，检查传输线连接是否正确，并作相应调整。

(4) 正式开始采集数据，记录试验参数。

4.2.1 不同腐蚀长度与腐蚀深度的模型试验

试验模型采用优质碳素钢 20#无缝钢管，其相对磁导率约为 350，电导率约为 10^7S/m，具有较好的焊接性、抗拉强度和冷冲压性能，是常用的埋地管道之一。

1. 不同腐蚀长度

设计不同腐蚀长度的模型，令腐蚀长度分别为 200mm、400mm 和 600mm，根据式(3.71)计算试验模型金属量减少百分比分别为 9.8%、19.7%、29.5%。管道剖面如图 4.8 所示，管道外径为 140mm，壁厚为 8mm，腐蚀端部①处距管端长度为 L_1，腐蚀端部②处距管端长度为 L_2，腐蚀段位于管道中心，腐蚀段的实际壁厚为 6.5mm。采用定点测量的方式在管道上方设置测点，测点间距为 200mm，共设置 25 个测点，管道埋深为 1000mm。

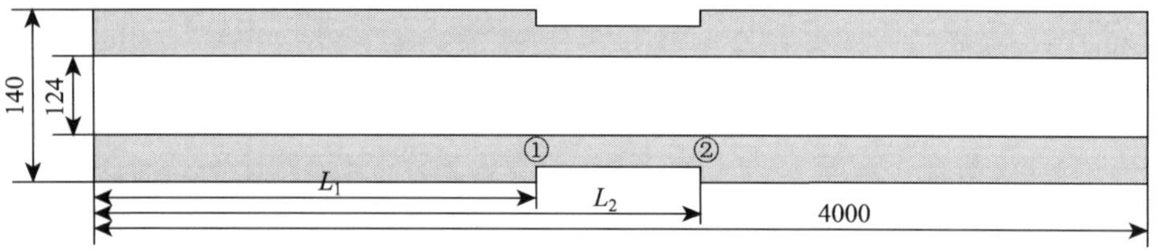

图 4.8　不同腐蚀长度管道模型剖面示意图(单位：mm)

通过 MATLAB 对实测信号数据进行处理，得到不同腐蚀长度模型中期、晚期的单点对数曲线和多测道线性剖面图。图 4.9 所示是不同腐蚀长度模型腐蚀中心位置测点 13 处的中期和晚期归一化感应电动势衰减曲线。图 4.10 所示是不同时窗的归一化感应电动势多测道线性剖面图，图中 t_1、t_2、t_3 分别表示三个不同时窗的信号。

从图 4.9 的局部放大图可以看出，不同腐蚀长度模型的中期和晚期单点衰减曲线区分明显，感应电动势变化趋势一致。图 4.9(a) 的中期信号区间，随着腐蚀长度的增大，金属量减少百分比增大，感应电动势幅值逐渐减小，且感应电动势信号变化明显；图 4.9(b) 的晚期信号区间，随着腐蚀长度的增大，金属量减少百分比增大，感应电动势幅值增大，感应电动势的变化量小于中期信号的变化量。从图 4.10(a) 中可以看到，在中期信号区间感应电动势幅值随着腐蚀长度的增加而减小，在测点13 处有较明显的变化趋势；从图 4.10(b) 中可以看到，在晚期信号区间感应电动势幅值随着腐蚀长度的增加而增大，同样在测点 13 处有较明显的变化趋势。

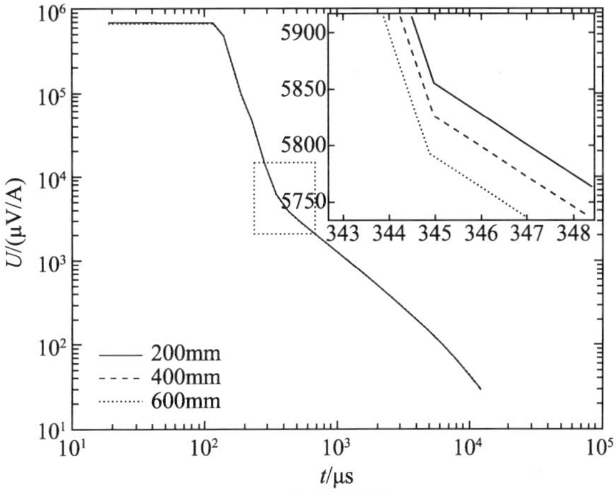

(a) 中期信号

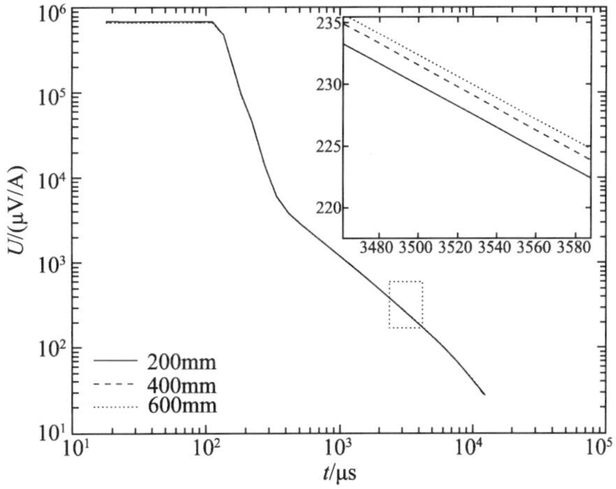

(b) 晚期信号

图 4.9　不同腐蚀长度模型的单点归一化感应电动势衰减曲线

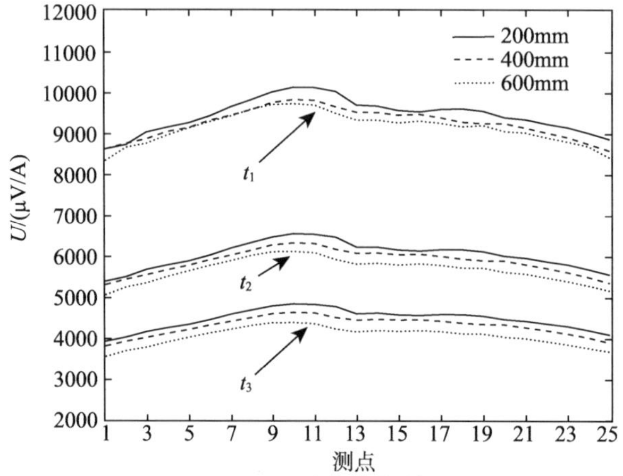

(a) 中期信号区间

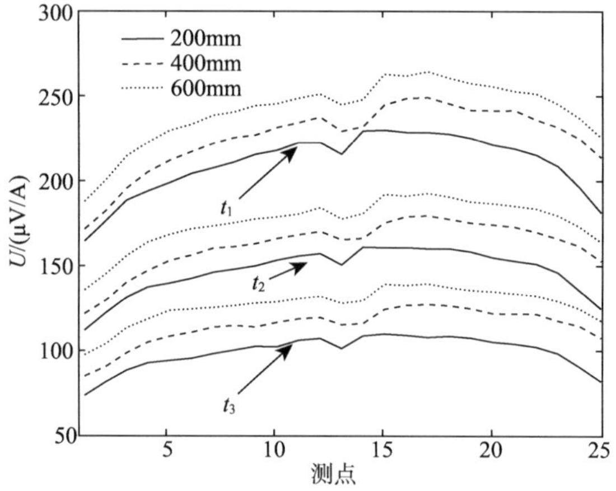

(b) 晚期信号区间

图 4.10　不同腐蚀长度模型的归一化感应电动势多测道线性剖面图

根据剖面曲线斜率拟合剩余壁厚计算原理，分别对中期信号和晚期信号的多测道线性剖面数据进行曲线斜率变化求解，结果如图 4.11 所示。从图 4.11(a) 中可以看出，中期信号区间的斜率变化在测点 13 处较大，超过阈值线，但只呈现波谷，异常信号点存在偏移；从图 4.11(b) 中可以看出，晚期信号区间的斜率变化明显，在测点 13 和测点 14 处分别出现波谷和波峰，超过阈值线。分别对中期信号和晚期信号计算剩余壁厚，结果如表 4.5 所示。中期信号的剩余壁厚计算误差较大，晚期信号的剩余壁厚计算误差较小，而且腐蚀长度越大计算误差越小，当腐蚀长度达到 600mm 时，误差明显减小。这一结果说明瞬变电磁法对较大面积腐蚀缺陷的检测精度较高，如果腐蚀面积小或者是点状腐蚀，则可能检测不出或检测误差大。

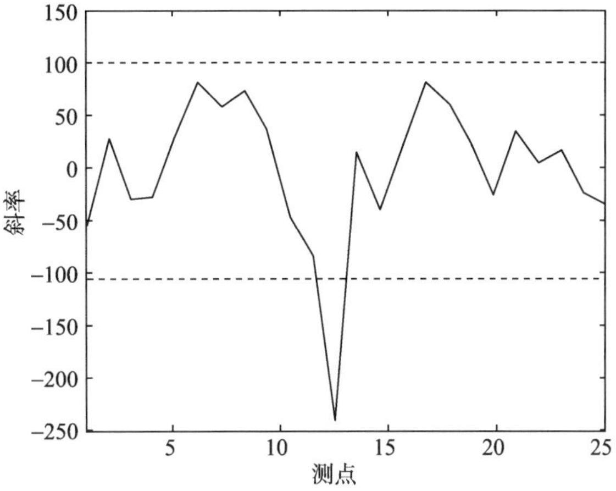

(a) 中期信号区间

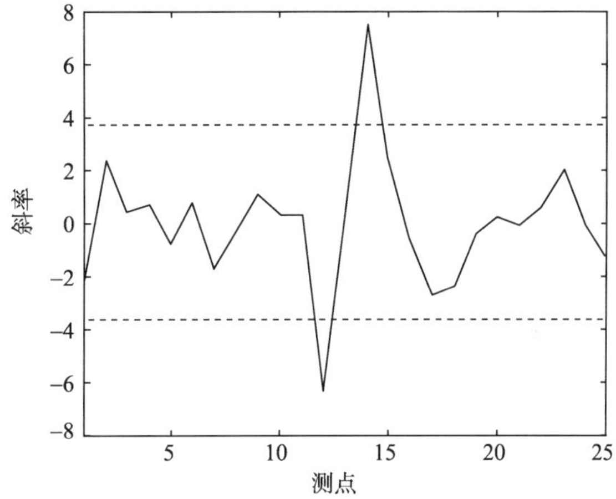

(b) 晚期信号区间

图 4.11　不同腐蚀长度模型的归一化感应电动势多测道线性剖面曲线的斜率变化

表 4.5　不同腐蚀长度模型的剩余壁厚及误差

腐蚀长度/mm	实际壁厚/mm	中期信号剩余壁厚/mm	晚期信号剩余壁厚/mm	中期信号误差/%	晚期信号误差/%
200	6.50	7.45	6.58	14.64	1.23
400	6.50	7.37	6.51	13.38	0.15
600	6.50	6.45	6.49	0.77	0.15

2. 不同腐蚀深度

下面设计不同腐蚀深度壁厚减薄的试验模型来模拟不同的管道腐蚀程度，管道模型剖面如图 4.8 所示。腐蚀区域位于管道中心，长度为 200mm，腐蚀端部①处距管端长度为1900mm，端部②处距管端长度为2100mm。令壁厚减薄程度分别为15%、25%和 35%，根据式(3.72)计算试验模型的金属量减少百分比，分别为 17.85%、36.05%和 55.73%。同样地，采用定点测量的方式在管道上方设置测点，测点间距为 200mm，共 25 个测点，管道埋深为 1000mm。

通过 MATLAB 对实测信号数据进行处理，得到不同壁厚减薄的环状腐蚀处中期、晚期的单点对数曲线和多测道线性剖面图。图 4.12 所示是不同腐蚀深度模型腐蚀中心位置测点 13 处的中期和晚期归一化感应电动势衰减曲线。图 4.13 所示是不同时窗的归一化感应电动势多测道线性剖面图，图中 t_1、t_2、t_3 分别表示三个时窗的信号。从图 4.12 的局部放大图中可以看出，不同程度壁厚减薄的腐蚀，中期和晚期

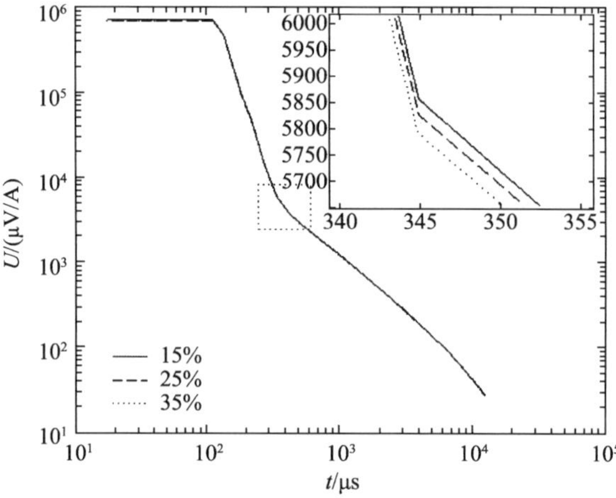

(a) 中期信号

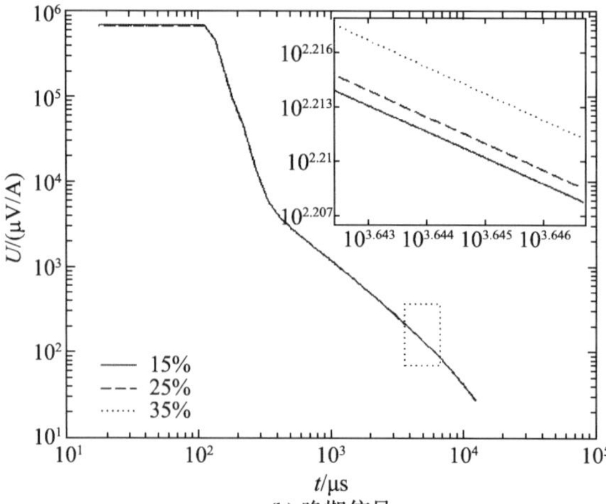

(b) 晚期信号

图 4.12　不同腐蚀深度模型的单点归一化感应电动势衰减曲线

单点衰减曲线区分明显，感应电动势变化趋势一致。图4.12(a)的中期信号区间，随着腐蚀程度的增大，金属量减少百分比增大，感应电动势幅值逐渐减小，且感应电动势信号变化明显；图4.12(b)的晚期信号区间，随着腐蚀程度的增大，金属量减少百分比增大，感应电动势幅值增大，感应电动势的变化量小于中期信号的变化量。从图4.13(a)中可以看到，在中期信号区间感应电动势幅值随着腐蚀程度的增加而减小，在测点 13 处有较明显的变化趋势；从图 4.13(b) 中可以看到，在晚期信号区间感应电动势幅值随着腐蚀程度的增加而增大，同样在测点 13 处有较明显的变化趋势。

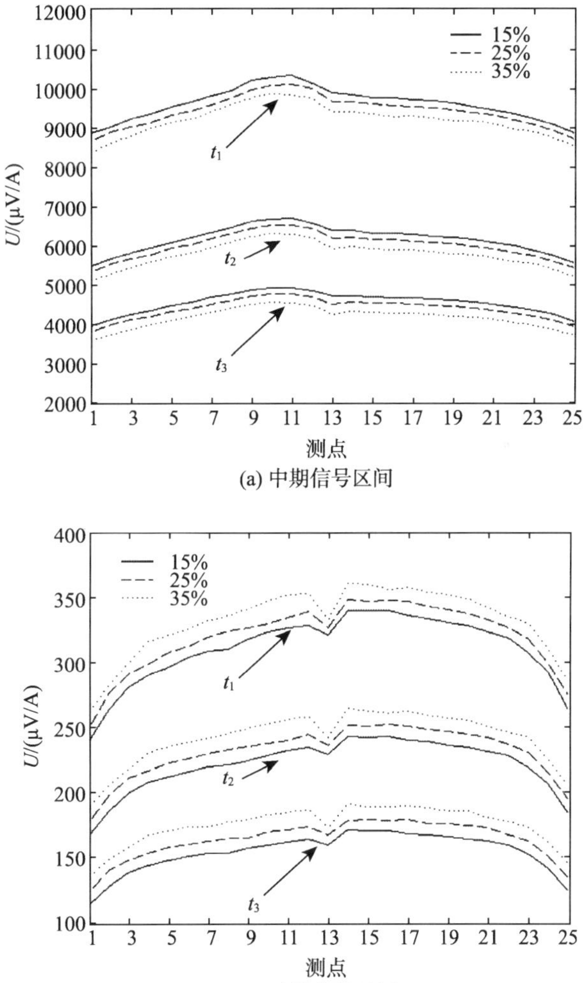

(a) 中期信号区间

(b) 晚期信号区间

图 4.13　不同腐蚀深度模型的归一化感应电动势多测道线性剖面图

根据剖面曲线斜率拟合剩余壁厚计算原理，分别对中期信号和晚期信号的多测道线性剖面数据进行曲线斜率变化求解，结果如图 4.14 所示。从图 4.14(a) 中可以看出，中期信号区间的斜率变化在测点 13 处较大，超过阈值线，但只呈现波谷，异常信号点存在偏移；从图 4.14(b) 中可以看出，晚期信号区间的斜率变化明显，在测点 13 和测点 14 处分别出现波谷和波峰，超过阈值线。分别对中期信号和晚期信号计算剩余壁厚，结果如表 4.6 所示。中期信号的剩余壁厚计算误差较大，且随着腐蚀程度的增加而增加；晚期信号的剩余壁厚计算误差较小，且随着腐蚀程度的增加而减小。

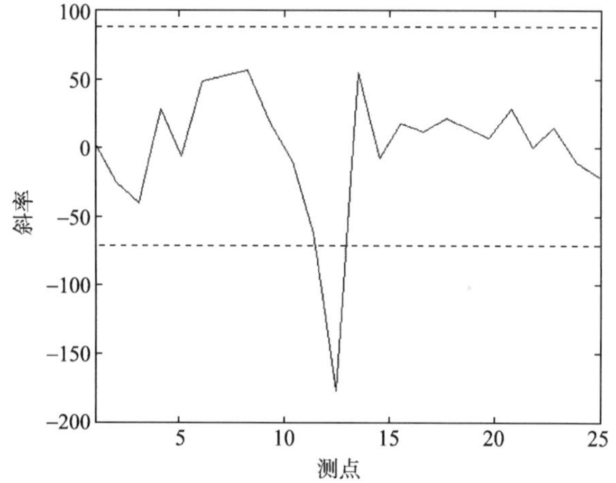

(a) 中期信号区间

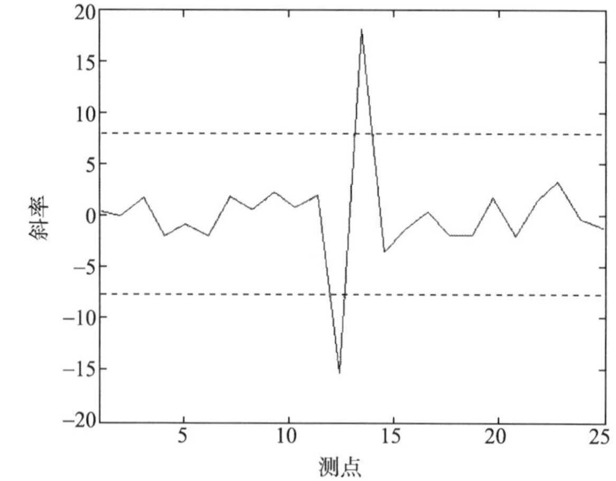

(b) 晚期信号区间

图 4.14　不同腐蚀深度模型的归一化感应电动势多测道线性剖面曲线的斜率变化

表 4.6　不同腐蚀深度模型的剩余壁厚及误差

腐蚀程度/%	实际壁厚/mm	中期信号剩余壁厚/mm	晚期信号剩余壁厚/mm	中期信号误差/%	晚期信号误差/%
15	6.80	7.41	6.53	8.97	3.97
25	6.00	7.39	6.23	23.17	3.83
35	5.60	7.32	5.72	30.71	2.14

综上所述，物理模型试验得到的感应电动势变化规律与数值模拟中的感应电动势变化规律基本相同，对于不同腐蚀长度和不同腐蚀深度的试验模型，中期信号的异常差异比晚期信号差异明显，多测道剖面曲线在测点 13 处变化明显。中期信号的剩余壁厚误差比晚期信号的剩余壁厚误差大，但是晚期信号由于幅值较弱，容易受环境噪声的干扰，因此在实际检测中宜综合选取时窗信息进行剩余壁厚的反演计算。结果表明，瞬变电磁法对较大面积腐蚀缺陷的检测精度较高，如果腐蚀面积小或者是点状腐蚀，则可能检测不出或检测误差大。

4.2.2　不同管径与埋深的模型试验

1. 不同管径

埋地管道管径受输送流量、输送压力和敷设环境因素的影响，选取合适的管径可以有效延长埋地管道的使用寿命，保证运行安全。设计两种不同管径的模型，管壁厚度均为 8mm，内径分别为 124mm、144mm，外径分别为 140mm、160mm，管道剖面如图 4.8 所示。管道上含有一环状腐蚀，腐蚀位于管道中心，腐蚀长度为 200mm，两种管径的腐蚀量相同，均为 1.5mm 的壁厚减薄，腐蚀端部①处距管端长度为 1900mm，端部②处距管端长度为 2100mm。同样地，采用定点测量的方式在管道上方设置测点，测点间距为 200mm，共 25 个测点，管道埋深为 1000mm。

通过 MATLAB 对实测信号数据进行处理，可以得到不同管径模型的环状腐蚀处中期、晚期的单点对数曲线和多测道线性剖面图。图 4.15 所示是不同管径模型腐蚀中心位置测点 13 处的中期和晚期归一化感应电动势衰减曲线。图 4.16 所示是不同时窗的归一化感应电动势多测道线性剖面图，图中 t_1、t_2、t_3 分别表示三个不同时窗的信号。从图 4.15 的局部放大图中可以看出，不同管径模型的中期和晚期单点衰减曲线区分明显，感应电动势变化趋势一致。中期信号和晚期信号区间的感应电动势幅值均随着管径的增大而增大。从图 4.16 中可以看到同样的规律，且多测道剖面在测点 13 处有较明显的变化趋势。在管道壁厚和腐蚀处剩余壁厚相同的条件下，管径越大，管体的金属量越大，产生的瞬变电磁响应信号就会越强，即感应电动势幅值越大。理论分析与实测信号结论一致，与模型仿真的结果在中期信号分离前略有偏差，这是由模型参数不完全一致导致的。

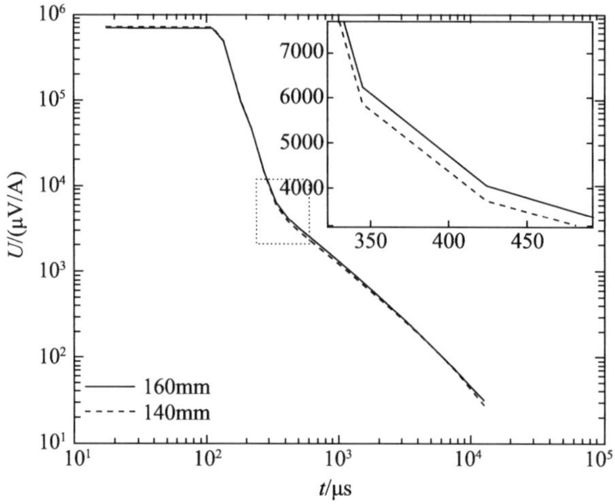

(a) 中期信号

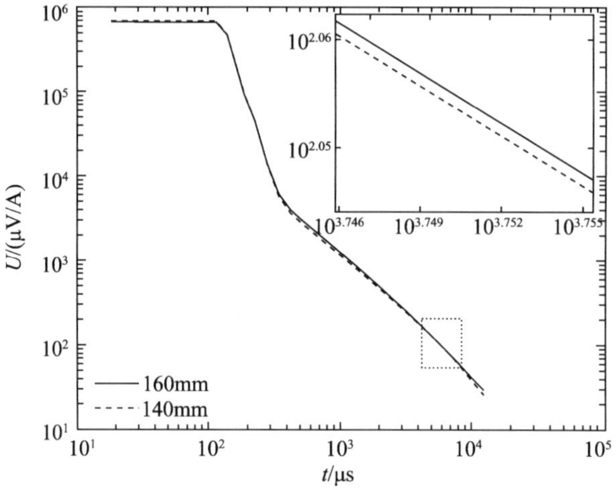

(b) 晚期信号

图 4.15　不同管径模型的单点归一化感应电动势衰减曲线

2. 不同埋深

敷设管道地区自然环境的差异会导致管道埋深的变化，例如川渝地区地势复杂，管道埋深变化特别剧烈。埋地管道瞬变电磁检测系统的发射机是以固定供电频率激励电压产生一次脉冲磁场，脉冲磁场向地下传播的距离取决于供电电压和供电频率，当管道埋深超过检测系统的检测范围时，接收线圈接收到的是地层的响应信息，这样不能很好地反映埋地管道管壁信息。只有保证管道的埋深在脉冲场传播距离范围内，检测数据才有效。

设计不同埋深的管道腐蚀模型，埋深是地面到管道中心的距离。令管道埋深分别为 600mm、800mm、1000mm 和 1400mm，管道剖面如图 4.8 所示。管道外径为

140mm，壁厚为 8mm，腐蚀长度为 200mm，腐蚀端部①处距管端长度为 1900mm，端部②处距管端长度为 2100mm，腐蚀段位于管道中心，腐蚀段的实际壁厚为 6.5mm。采用定点测量的方式在管道上方设置测点，测点间距为 200mm，共 25 个测点。

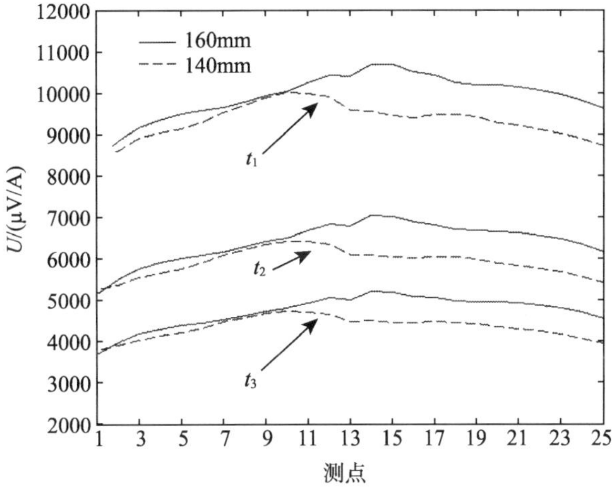

(a) 中期信号区间

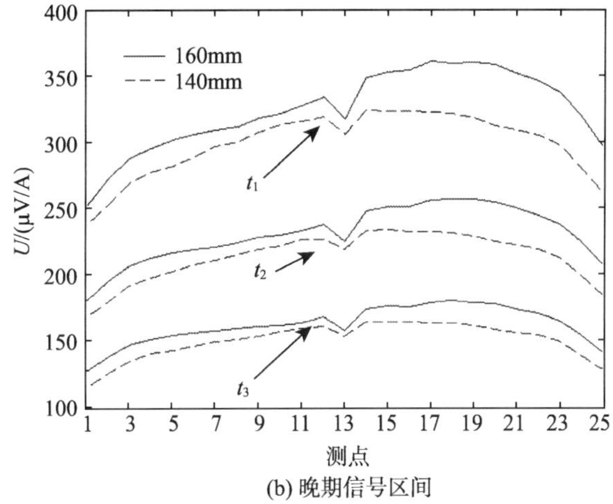

(b) 晚期信号区间

图 4.16　不同管径模型的归一化感应电动势多测道线性剖面图

通过 MATLAB 对实测信号数据进行处理，可以得到不同埋深模型的环状腐蚀处单点对数曲线和多测道线性剖面图。图 4.17 所示是不同埋深模型腐蚀中心位置测点 13 处的归一化感应电动势衰减曲线。从图中可以看出，早期信号即曲线首支重合，中期信号开始完全分离，相同时刻随着管道埋深增加，感应电动势幅值减小。

根据瞬变电磁法原理，引起这种变化规律的原因是随着管道埋深增大，一次磁场衰减距离产生变化及二次磁场向上传播距离变化引起感应电动势的减小。

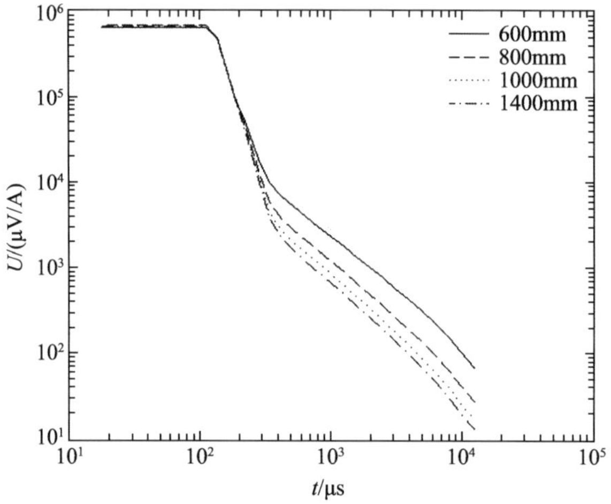

图 4.17　不同埋深模型的单点归一化感应电动势衰减曲线

图 4.18 所示是晚期任一时窗的归一化感应电动势多测道线性剖面图。从图中可以看出同样的规律，且随着埋深的增加，剖面在测点 13 处的异常幅值减小。

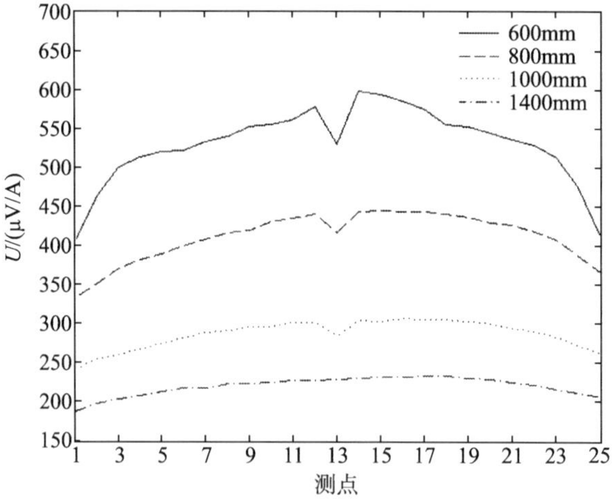

图 4.18　不同埋深模型的归一化感应电动势多测道线性剖面图

综上所述，不同管径和埋深的模型检测试验得到的感应电动势变化规律与时域有限差分算法数值模拟结果得到的变化规律相同，验证了数值模拟算法的正确性。感应电动势变化规律为瞬变电磁检测埋地管道腐蚀提供了一定的参考依据。

4.3　连续检测模型试验

在检测埋地管道的过程中，通常以点测的方式进行，即找准地下管道后沿着管道先布设测点，然后逐点检测。某一测点的工作过程为发射激励脉冲—关断脉冲—接收线圈进行延时观测，为提高准确度通常会重复进行多次发射与接收过程，并进行数据叠加，此点信息采集完毕再移至下一测点。这种逐点测量的过程可以降低检测人员在实施检测时人为因素引起的误差，但效率偏低，在实际野外环境下也容易出现漏检。因此，有必要在逐点检测的基础上研究连续检测的方法，以提高检测效率和准确度。

4.3.1　连续检测方法

常见管道探测仪或探地雷达等连续探测的仪器大多基于频域电磁法，激励电流产生的磁场始终作用于目标体，与瞬变电磁连续检测方法有本质不同。瞬变电磁法的连续检测是基于定点检测实施的，在原理上也属于时域电磁法，不同之处在于脉冲激励发射与二次磁场观测的时机。

激励源发射参数对接收线圈观测信号起着决定性的作用，除激励信号波形外，脉冲序列持续宽度(即脉冲宽度)和关断时间的差异都是影响检测结果的重要因素。整个瞬变响应过程的早期，仪器无法将脉冲激励立即关断(幅值归零)，无论是指数关断还是线性关断[6]，脉冲下降沿都会有微秒级短暂延时，这就使得早期的信号非常复杂。在具有一定延迟时间的断开过程中，发射线圈激励信号与一次磁场及二次磁场信号会产生叠加并相互干扰，影响接收线圈的观测结果。

关断时间是瞬变电磁法中的重要性能指标，为降低多种磁场的混叠干扰程度，常采用延时接收的方式进行观测。如图 4.19 所示，t_{of}为关断时间，t_d为关断后进行观测前的延迟时间，T_{of}为关断后的间歇时间，因关断时间极短，间歇时间 T_{of}约为激励脉冲重复周期 T 的 1/4，t_i为间歇期间对二次磁场进行观测的时间。实际检测时常使用 32Hz 发射频率的脉冲激励，导入边长为 1m、匝数为 30 的方形发射线圈中，从关断初始时刻起，关断时间 t_{of}约为 37 μs，观测延时 t_d约为 10 μs，在 t_i观测期内选取 22 段时间作为观测时间(即时窗)，通过接收线圈，在各观测时窗内取时间点对二次磁场感应值进行采样，通常在约 6.4ms 后结束采样。以 t_d结束时为 0 时刻，所取的 22 个时窗中心点如表 4.7 所示。

脉冲激励发射至关断时刻，再到观测结束，半个周期内完成一次检测过程，时间不到 13ms。根据“烟圈”理论可知，检测线圈覆盖地下管道及其周围局部范围，而不是管道上方某一点，在极短的时间内，连续检测过程中，移动检测线圈的距离相对于覆盖范围来说非常小，这么短的距离变化对接收线圈观测的瞬变响应影响就非常小，由连续检测带来的绝对定位误差亦可忽略。因此，连续检测时，只需让脉冲激励与检测速度合理匹配，即可在满足检测结果可靠性和准确性的前提下大大提高检测速度。

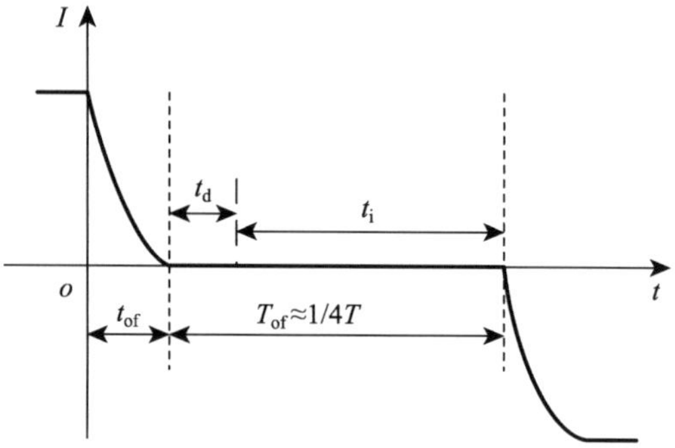

图 4.19　关断及观测时间

表 4.7　32Hz 脉冲激励下的时窗

时窗序号	时窗中心点/μs	时窗序号	时窗中心点/μs
1	20.00	12	656.00
2	51.00	13	815.00
3	84.00	14	1021.00
4	115.00	15	1284.00
5	139.00	16	1608.00
6	187.00	17	2023.00
7	226.00	18	2539.00
8	282.00	19	3183.00
9	346.00	20	4001.00
10	425.00	21	5035.00
11	529.00	22	6330.00

4.3.2　试验模型

为研究脉冲激励连续检测的效果，以常用钢制管道为检测目标，搭建室内模拟试验环境。选取 6000mm 长的钢管，外径为 141.5mm，壁厚为 8mm，进行圆周减薄加工，模拟腐蚀缺陷，加工后的管体及缺陷分布剖面如图 4.20 所示。在 1500～1650mm 处有模拟壁厚减薄情况，腐蚀段长度为 150mm，壁厚减至 6mm，模拟腐蚀减薄 2mm，腐蚀量为 25%；在 2000～3000mm 处，腐蚀段长度为 1000mm，壁厚同样减至 6mm；在 3000～4000mm 处，腐蚀段长度为 1000mm，壁厚减至 7mm，模拟腐蚀减薄 1mm，腐蚀量为 12.5%。

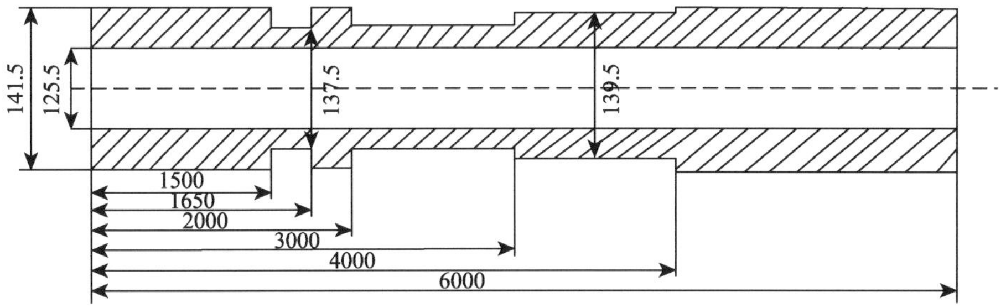

图 4.20　管道模型剖面示意图(单位：mm)

对此模型分别进行定点检测和连续检测，并对比试验结果。定点检测是从端头到末尾共划分 31 个测点，即每隔 200mm 一个测点。8 号测点处对应的是 150mm 长的腐蚀段，10～15 号测点对应的是减薄 2mm、长度为 1000mm 的腐蚀段，15～20 号测点对应的是减薄 1mm、长度为 1000mm 的腐蚀段。连续检测是从管道端头到末尾，按照一定的速度移动检测装置，测点数量与移动速度有关，检测完毕自动生成测点信息。

4.3.3　试验结果

以定点检测方式对以上管道模型进行检测。绕制发射线圈与接收线圈，边长分别为 1m 和 0.5m，匝数分别为 30 和 60，所用铜制漆包线线径相同，供以 16Hz 的激励信号，将检测装置抬离管道中心 1m，模拟管道埋深 1m 的情形。以检测线圈中心对应各测点位置，从 0 号测点开始沿着管道逐点检测，最终得到各测点的感应电动势值，进行电流归一化处理，再将每个测点相同采样时窗的归一化感应电动势值连成曲线，即得到整段管体的多测道剖面图，选取其中某几个中晚期时窗，如图 4.21 所示。从剖面数据可以看出，10～15 号测点的感应电动势值降低最明显，表示此区域存在较大程度的壁厚减薄，对应管体 3000～4000mm 处 2mm 的减薄区域；而从 15 号测点开始至 20 号测点，曲线缓慢上升，此区域对应管体 4000～5000mm 处 1mm 的减薄区域。0～5 号测点和 25～30 号测点对应着管道首尾两端，出现信号幅值快速上升和下降的情形。因本瞬变电磁检测是对线圈覆盖范围内一段区域的管道综合响应的观测，覆盖范围与线圈尺寸及埋深有关，当检测线圈置于前、后几个测点时，线圈激励的一次磁场作用于管道头尾以外的空气中，接收线圈观测到的值偏低。此外，在 1500～1650mm 处的较小区域减薄，导致相应测点及附近几个测点的信号幅值降低；受到管体 3000～4000mm 处 2mm 的壁厚减薄区域的影响，6～10 号测点的信号幅值较低。整体剖面变化趋势较好地反映了管道的腐蚀状况。

定点检测方法的优势在于检测过程中人为因素干扰小，固定间隔选取测点使腐蚀定位准确；缺点在于检测效率低，检测时每个测点最少需要约 20s 的时间，包括激励与观测和移动装置的时间，如果测点间距为 200mm，则间断性地检测这 31 个测点至少需要 10min，也就是说最少需要 10min 完成此长度为 6m 的试验管道的检测工作，才能保证检测结果的相对可靠性。若加大测点间的间隔，虽可提高检测效率，但会降低检测结果的准确性。

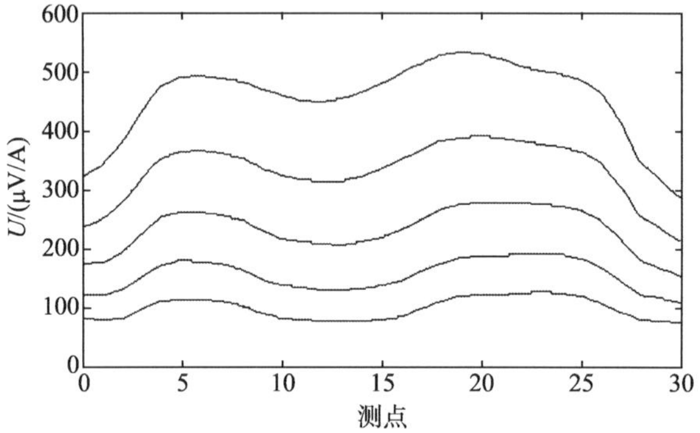

图 4.21　定点检测部分时窗归一化感应电动势多测道剖面图

以连续检测方式对同样的管道模型进行检测，为提高检测结果的可靠性与准确性，用塑料轮运载检测装置来实现平稳移动，其他参数保持不变。连续检测结果的归一化感应电动势多测道剖面图如图 4.22 所示。移动过程中采集了 47 个测点的信息，剖面曲线升降趋势与定点检测结果相近，因发射与接收参数不变，所以信号幅值也相近。

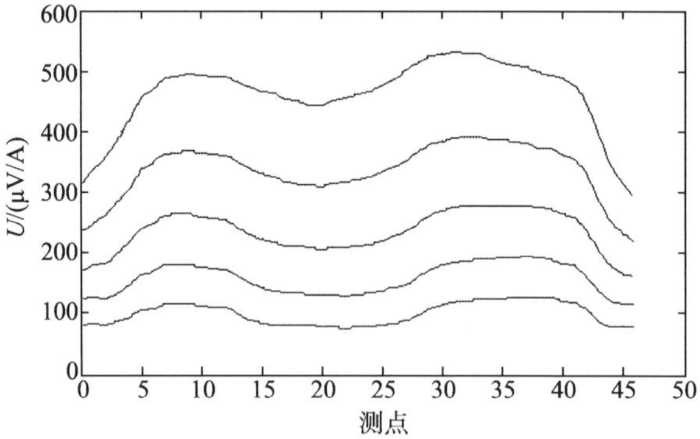

图 4.22　连续检测部分时窗归一化感应电动势多测道剖面图

从多测道剖面图可以看出腐蚀的大体分布及程度，有助于检测现场的快速分析，根据快速分析的结果可以有针对性地进行重复检测或加密测点重复检测。但是，单独某几个时窗的各测点电动势曲线并不能准确反映管体的腐蚀位置及程度，例如图 4.21 和图 4.22 中 16～25 号测点区间内，从上往下第一、二根曲线的幅值与其他曲线有一定差异，仅凭第一根曲线判断会出现较大偏差，因此需要尽可能多地利用有用时窗信息进行综合分析，计算管道剩余壁厚值，并进行测点与检测距离的转换。连续检测和定点检测的剩余壁厚如图 4.23 所示，可以看出两种方式检测的结果差异不大。随着检测线圈逐渐全部进入管体，壁厚值上升，在约 1m 处达到最大值，此处线圈仍受到 0 号测点前、2 号测点后的较小影响及 8 号测点处小范围周向减薄的较大影响，平均壁厚只有约 7.5mm；在约 2.5m 处剩余壁厚值仅有 6.1mm，因发射线圈边长为 1m，“烟圈”覆盖到两侧减薄程度稍小的区域，剩余壁厚值产生较小误差；同样，在约 3.5m 处，剩余壁厚值约 7.2mm，在 3.5m 之后，受未减薄区域影响越来越大，壁厚值上升，到基准测点约 4.5m 附近的壁厚接近原始壁厚尺寸，5m 以后受管尾端影响壁厚迅速降低。此外，相对于定位准确的定点检测方式，连续检测的结果在某些位置上产生了偏差，曲线中后期稍有滞后，产生这个现象的原因在于连续检测是人为推动检测线圈前进的，不可能保持绝对匀速移动。这是连续检测的一个缺点，受人为因素影响稍大，检测线圈移动速率时快时慢会导致缺陷定位不准确，可以通过多次重复检测来改善定位精度。

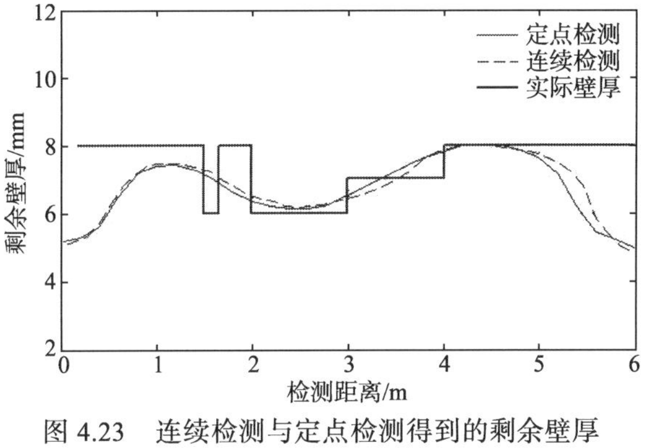

图 4.23　连续检测与定点检测得到的剩余壁厚

对试验管道 2～4m 的检测数据进行剩余壁厚误差分析，比较检测值与实际壁厚值，得到定点检测与连续检测的误差，数据如表 4.8 所示。定点检测的平均误差是 4.1%，连续检测的平均误差是 4.9%，两者相近，连续检测的误差稍大。

与定点检测方法相比，连续检测方法的优势明显，以连续不间断的方式沿着管道走向检测大大提高了检测效率，例如上模型连续检测过程中采集了 47 个测点的信息，设置每个测点的观测间隔为 1s，为消除突发性随机噪声干扰进行多次叠加提供了足够的时间，在这种情况下，完成 47 个测点的检测工作只花费了 47s，也就是说从头到尾检测完这根长 6m 的试验管道只需要不到 1min 的时间，其效率比定点检测提高了 10 倍以上。此外，47 个测点比定点检测设置的 31 个测点更加密集，在提高效率的同时，得到的测点信息更丰富，对管体的腐蚀缺陷反映更全面。

表 4.8　连续检测与定点检测的剩余壁厚误差

定点检测测点号	定点检测误差/%	连续检测测点号	连续检测误差/%
12	3.5	17	7.0
13	1.9	18	5.2
14	2.1	19	3.5
15	3.7	20	2.3
16	7.5	21	2.9
17	3.1	22	3.8
18	1.0	23	5.5
19	5.2	24	6.9
20	9.0	25	7.0
—	—	26	5.0
—	—	27	3.0
—	—	28	0.1
—	—	29	3.3
—	—	30	7.8
—	—	31	10.8

4.3.4　影响因素分析

用瞬变电磁法进行连续检测时，人为移动检测线圈的速度不均匀，导致缺陷定位不准确，而线圈移动时的不平稳也会影响连续检测的结果。4.3.3 节中以连续检测方式对试验管道进行检测，是在理想试验环境下进行的，检测线圈移动平缓，几乎没有受到晃动或振动的影响，检测线圈在整个检测过程中处于高度平稳状态，这在实际检测过程中是不能现实的。实际的埋地管道大多位于地面不平坦的环境中，以轮子推或人工拖拉的方式移动检测线圈都会受地形影响，使检测线圈处于不平稳状态。

为了研究检测线圈处于不平稳状态下的连续检测效果，以相同的检测参数在同一高度对相同管道模型进行试验，此时不使用塑料轮，改为手抬的方式，模拟步行检测过程中手的晃动给检测线圈带来的不平稳状态，得到相同时窗多测道剖面图，如图 4.24 所示。与理想情况下的连续检测结果对比，多测道剖面总体趋势一致，减薄位置及程度也相近，但在局部细节上稍有偏差，这是线圈移动时的不平稳造成的，给结果分析带来了一定的误差。计算剩余壁厚，结果如图 4.25 所示，与图 4.23 中平稳移动的连续检测结果相比，剩余壁厚的误差更大。因此对实际埋地管道进行非开挖瞬变电磁连续检测时，要尽可能使检测线圈在移动过程中保持平稳，有利于提高检测结果的准确性。对于复杂地形的检测环境，可以进行多次重复连续检测，综合评估，以提高检测结果的可靠性。

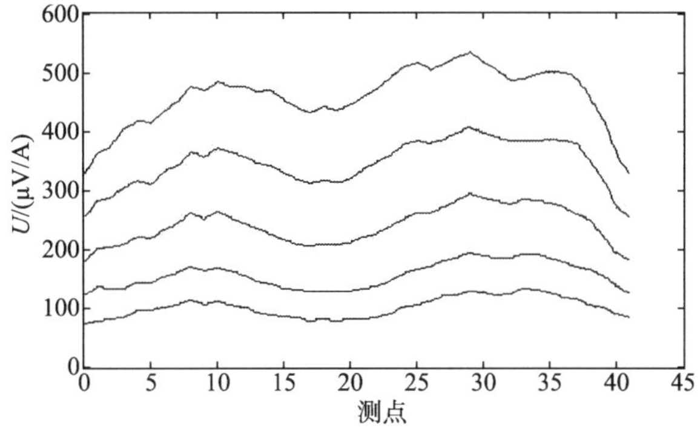

图 4.24　移动不平稳时连续检测信号的归一化感应电动势多测道剖面图

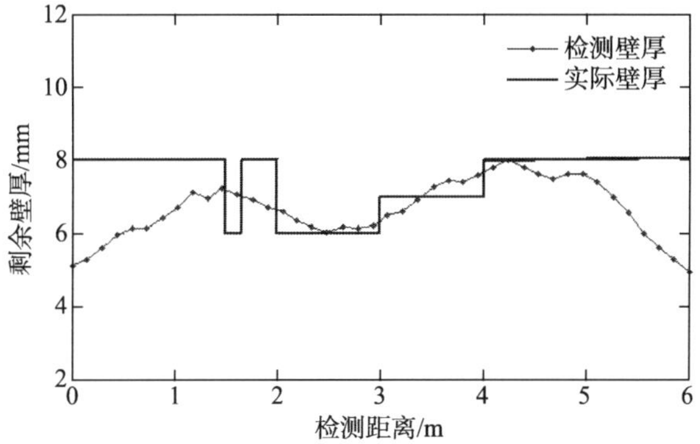

图 4.25　移动不平稳时连续检测信号的剩余壁厚

此外，管道埋深的变化也会影响连续检测结果。实际检测时，地面多有凹凸不平的区域，连续检测过程中检测线圈与管道间的距离会随地面情况的变化而发生变化。在此设计相应的试验，通过改变埋地管道与检测线圈的垂直距离，来研究埋深变化对连续检测结果的影响，试验中采用可调探测深度检测装置。为排除检测线圈移动不平稳造成的误差，利用塑料轮进行移动，收发线圈的参数保持不变，模拟埋深 1m 的情况。重复进行两次检测，当移动检测线圈至 2m 时，将检测线圈分别提离额外高度 50mm 和 100mm(即在原有埋深基础上增加的埋深数值)，移至 3m 处恢复到原提离高度，以模拟 2～3m 处有不同凸起程度的障碍物需要越过，对检测结果进行剩余壁厚计算，如图 4.26 所示。从图中可以看出，当提离高度增加 100mm 时，受前后管体影响，剩余壁厚值约为 7mm，检测区域内更严重的壁厚减薄已经反映不出。因此，在实际连续检测过程中，需要对出现较大埋深变化的区域进行记录，综合前后数据进行对比分析。

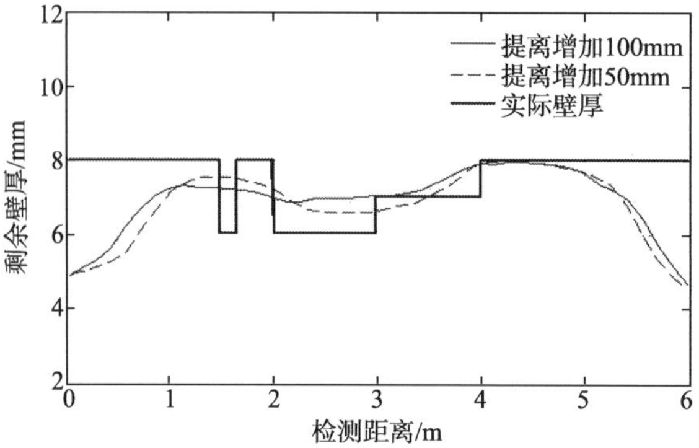

图 4.26　埋深变化时的剩余壁厚

4.4　并行埋地管道模型试验

随着埋地管道数量的增加，有限的地下空间资源变得更为紧张。并行敷设埋地管道方案的提出有效解决了这一问题。相比于传统的单管道敷设，并行埋地管道具有明显优势，一是减少了对植被的二次碾压和破坏，有利于保护当前的生态环境；二是既减少了工程中所占用的土地面积，又降低了工程建设预算；三是有利于工程后续的运行、维护和管理[7]。为此，需要研究并行管道模型的瞬变电磁响应特征，为实际检测提供指导。

4.4.1　试验模型和方案

并行埋地管道模型试验采用 2 根长度为 6000mm、外径为 74mm、壁厚为 5.5mm 的钢管作为试验对象，其中一根钢管环状打磨做模拟腐蚀处理，其模型剖面如图 4.27 所示；另一根钢管不做处理，为未腐蚀管道。试验分为三个阶段进行：第一阶段，并行双管道检测的可行性验证试验；第二阶段，并行双管道检测的可调探测深度检测装置验证试验；第三阶段，并行双管道检测的模拟实际工程环境试验。各阶段试验均采用中线回线检测装置。

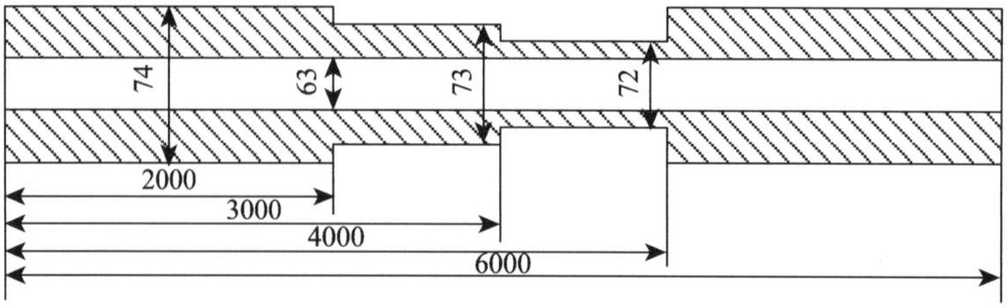

图 4.27　模拟腐蚀管道剖面图(单位：mm)

第一阶段试验，双管道水平并列放置，双管轴心相距 500mm，设计管道埋深 1000mm，即中心回线检测装置位于双管道轴线连线中点正上方 1000mm 处，如图 4.28 所示。采用定点检测方式，测点间距为 200mm，检测总长度为 8000mm，包括 6000mm 管道和管道两端各延长 1000mm 的空采区，检测装置参数设定如表 4.9 所示。第二阶段试验，在第一阶段基础上改变管道埋深，即改变检测装置提离管道的距离，可调探测深度检测装置参数如表 4.10 所示。第三阶段试验，在并行双管道上方增加横穿干扰管道，模拟情况如图 4.29 所示，干扰管道放置参数如表 4.11 所示，检测装置参数设定如表 4.12 所示。

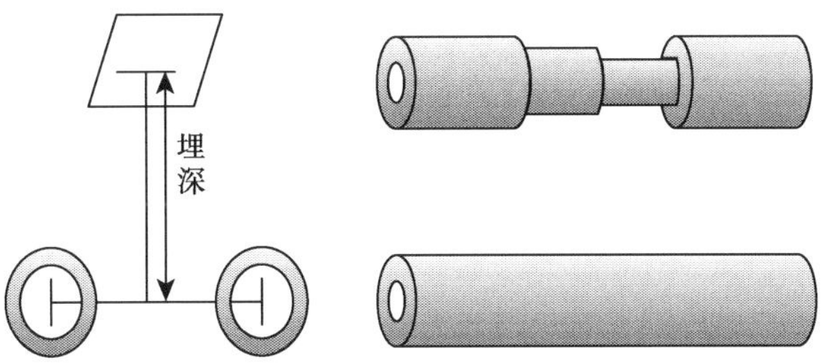

图 4.28　第一阶段试验示意图

表 4.9　第一阶段检测装置参数

试验编号	激发电流 /A	激励线圈参数				接收线圈参数		
		边长 /mm	匝数	线径 /mm	脉冲频率 /Hz	边长 /mm	匝数	线径 /mm
1	1.70	1000	20	0.80	8	500	40	0.72
2	1.70	1000	20	0.80	16	500	40	0.72

表 4.10　第二阶段检测装置参数

试验编号	激发电流 /A	提离高度 /mm	激励线圈参数				接收线圈参数		
			边长 /mm	匝数	线径 /mm	脉冲频率 /Hz	边长 /mm	匝数	线径 /mm
1	2.46	500	1000	10	0.80	16	500	20	0.72
2	2.50	500	1000	10	0.80	16	500	40	0.72
3	2.46	1000	1000	10	0.80	16	500	20	0.72
4	2.50	1000	1000	10	0.80	16	500	40	0.72
5	1.78	500	1000	20	0.80	16	500	20	0.72
6	1.70	500	1000	20	0.80	16	500	40	0.72
7	1.78	1000	1000	20	0.80	16	500	20	0.72
8	1.70	1000	1000	20	0.80	16	500	40	0.72

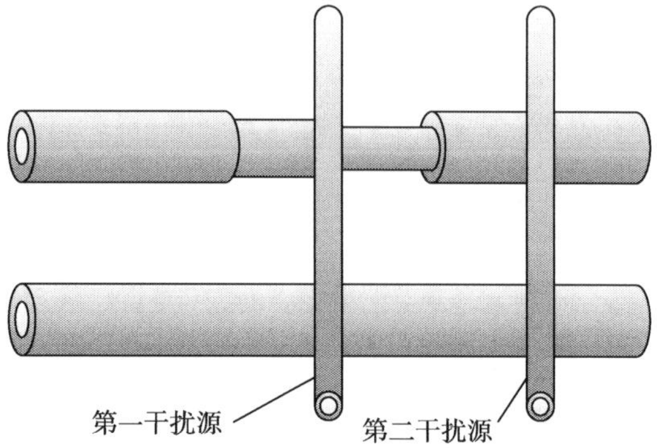

图 4.29　第三阶段试验示意图

表 4.11　模拟实际工程环境试验管道放置参数

试验编号	横穿干扰管道数量	提离高度/mm	到管右端距离/mm
1	1	500、1000	3000
2	1	500、1000	4500
3	2	500、1000	3000、4000

表 4.12　第三阶段检测装置参数

试验编号	激发电流/A	配合干扰源数量	激励线圈参数				接收线圈参数		
			边长/mm	匝数	线径/mm	脉冲频率/Hz	边长/mm	匝数	线径/mm
1	1.70	1	1000	20	0.80	16	500	40	0.72
2	1.70	1	1000	20	0.80	16	500	40	0.72
3	1.70	2	1000	20	0.80	16	500	40	0.72

4.4.2　试验结果

1. 第一阶段

第一阶段的原始激励信号频率分别为 8Hz 和 16Hz，利用归一化感应电动势计算得到的剩余壁厚曲线如图 4.30 所示，两种频率下的检测结果基本一致。由于管道首尾两端设置了空采区，故在 1～5 号测点、37～41 号测点无实际壁厚值，而空采区测量的剩余壁厚值大于 0，这是因为虽然在空采区，但检测范围已经可以覆盖到管道；在 6～9 号测点看到剩余壁厚值在逐渐增加，是因为检测范围仍然覆盖了部分空采区。因此，真实有用的数据段为 12～30 号测点的数据，后续试验数据分析中将剔除前后两端的无用数据项。从图 4.30 中可以看到 16～27 号测点的剩余壁厚值明显小于管道原始壁厚值，其中 16～21 号测点的剩余壁厚值略大于 21～27 号测点的剩余壁厚值，与模型的腐蚀程度一致。重点观察 16～30 号测点的剩余壁厚值，发现 16Hz 条件下的检测效果略优于 8Hz 条件下的检测效果。

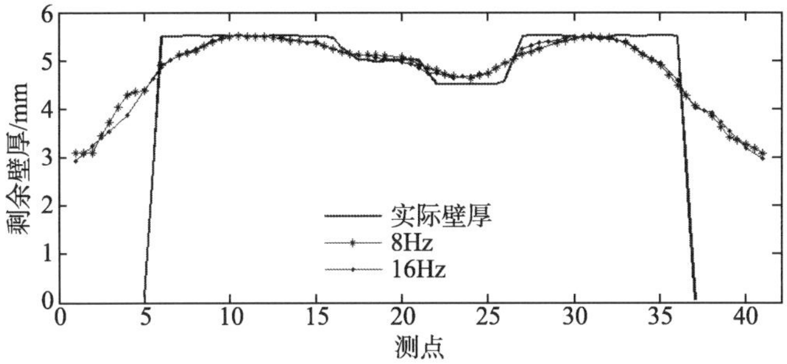

图 4.30　第一阶段检测的剩余壁厚曲线

第一阶段两组试验测得的腐蚀段管道剩余壁厚数据如表 4.13 所示。

表 4.13　第一阶段试验测得的剩余壁厚及误差

测点	实际壁厚/mm	激励频率 8Hz		激励频率 16Hz	
		实测壁厚/mm	误差/%	实测壁厚/mm	误差/%
17	5.01	5.13	2.40	5.12	2.20
18	5.00	5.10	2.00	5.09	1.80
19	4.98	5.09	2.21	5.02	0.80
20	4.99	5.08	1.80	4.97	0.40
21	5.01	4.90	2.20	4.84	3.39
22	4.49	4.79	6.68	4.74	5.57
23	4.51	4.66	3.33	4.62	2.44
24	4.50	4.63	2.89	4.66	3.56
25	4.50	4.74	5.33	4.74	5.33
26	4.49	4.94	10.02	4.94	10.02
27	5.49	5.12	6.74	5.24	4.55

表 4.13 中实际壁厚值为每个测点处利用超声测厚仪对该点周向测得的 8 个壁厚值的平均值，实测壁厚值为计算得到的管道剩余壁厚值，误差为测量值与真实值之间的相对误差。可以看到在 17～26 号测点的“腐蚀段”，误差值在 10.02% 以内，当壁厚值突然出现变化时，变化大的测点附近检测值误差值较大，在 17 号、22 号、26 号测点处非常明显。将剩余壁厚测量值与管道原始壁厚值(未腐蚀)进行比较，可得出管道的腐蚀量变化曲线，如图 4.31 所示。当激励信号频率为 8Hz 与 16Hz 时，检测到的腐蚀量与实际腐蚀量较为接近，证明了瞬变电磁法检测并行管道腐蚀的可行性。

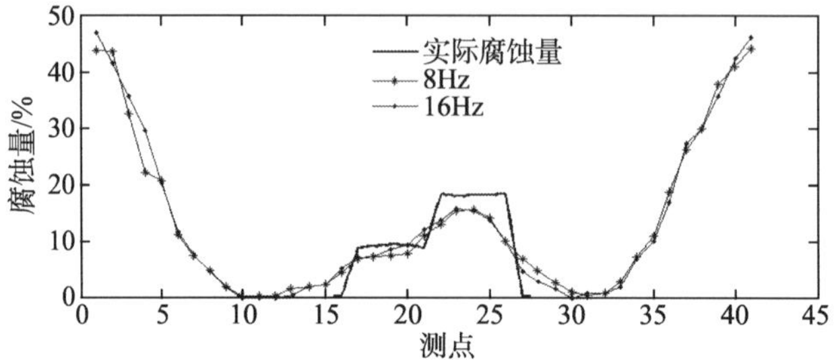

图 4.31　第一阶段检测的腐蚀量变化曲线

2. 第二阶段

按照第二阶段设计方案进行模型试验，将采集到的数据分为两组进行分析。将检测装置提离 500mm，激励信号频率为 16Hz，在数据中去除空采和受空采影响的部分数据项，使用 12～31 号测点的数据，其剩余壁厚曲线如图 4.32 所示，对应第二阶段的试验 1、2、5 和 6。从图 4.32 中可以看到，四种参数的检测装置都检测出了管道的“腐蚀”，且四组检测结果非常相近，较难判断哪组参数组合在检测装置提离 500mm 时检测效果最佳。因此，将检测剩余壁厚值与实际壁厚进行比较得到误差值，用于对四种参数的检测装置的精度进行判断，具体数据如表 4.14 所示。对表中平均误差进行分析可知，虽然从壁厚曲线图中无法做出明确判断，但通过误差值比较证明在检测线圈提离被测管道 500mm，检测装置内激励线圈匝数和接收线圈匝数分别为 10 和 20 时，对并行双管道的检测精度最高，平均误差值为 3.03%。

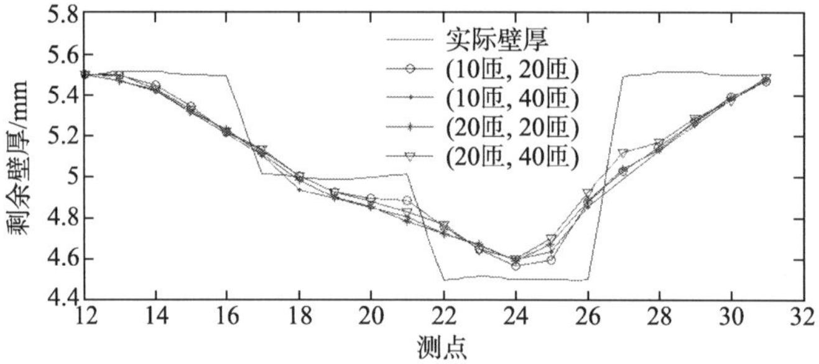

图 4.32　提离 500mm 检测并行管道的剩余壁厚曲线

当检测装置提离 1000mm 时，对并行双管道进行数据采集，激励信号频率为 16Hz，去除空采和受空采影响的部分数据项，使用 12～31 号测点的数据，其剩余壁厚曲线如图 4.33 所示，对应第二阶段的试验 3、4、7 和 8。由于此时检测装置距离被测目标较远，受到原始激励信号的影响较小，检测效果明显，四种参数的检测装置都检测出了管道的“腐蚀”，利用剩余壁厚测量值与管道实际壁厚值进行比较，可得出管道的腐蚀量变化值，如图 4.34 所示。由图 4.33 和图 4.34 都可以看出，试验 8 的曲线计算出的剩余壁厚值与实际壁厚值最为接近，此检测装置通过增大发射和接收线圈的匝数，增大了探测深度与接收信号的能力，从而提高了检测精度。通

表 4.14　提离高度为 500mm 时四种参数下检测装置的剩余壁厚及误差

测点	实际壁厚/mm	剩余壁厚测量值/mm				误差/%			
		试验 1	试验 2	试验 5	试验 6	试验 1	试验 2	试验 5	试验 6
12	5.50	5.50	5.50	5.50	5.50	0.00	0.00	0.00	0.00
13	5.51	5.49	5.47	5.49	5.49	0.36	0.73	0.36	0.36
14	5.51	5.45	5.42	5.43	5.44	1.09	1.63	1.45	1.27
15	5.50	5.34	5.31	5.32	5.33	2.91	3.45	3.27	3.09
16	5.49	5.22	5.21	5.23	5.22	4.92	5.10	4.74	4.92
17	5.01	5.11	5.10	5.11	5.12	2.00	1.80	2.00	2.20
18	5.00	4.99	4.93	4.98	5.00	0.20	1.40	0.40	0.00
19	4.98	4.91	4.89	4.90	4.92	1.41	1.81	1.61	1.21
20	4.99	4.89	4.84	4.86	4.88	2.00	3.00	2.61	2.20
21	5.01	4.89	4.81	4.79	4.82	2.40	3.99	4.39	3.79
22	4.49	4.76	4.72	4.72	4.76	6.01	5.12	5.12	6.01
23	4.51	4.64	4.65	4.67	4.65	2.88	3.10	3.55	3.10
24	4.50	4.56	4.58	4.58	4.60	1.33	1.78	1.78	2.22
25	4.50	4.60	4.63	4.67	4.70	2.22	2.89	3.78	4.44
26	4.49	4.88	4.85	4.89	4.92	8.69	8.02	8.91	9.58
27	5.49	5.03	5.99	5.03	5.12	8.38	9.11	8.38	6.74
28	5.51	5.15	5.13	5.14	5.17	6.53	6.90	6.72	6.17
29	5.51	5.26	5.25	5.27	5.28	4.54	4.72	4.36	4.17
30	5.50	5.38	5.38	5.38	5.38	2.19	2.18	2.18	2.18
31	5.50	5.47	5.48	5.48	5.49	0.55	0.36	0.36	0.18
平均误差						3.03	3.35	3.30	3.19

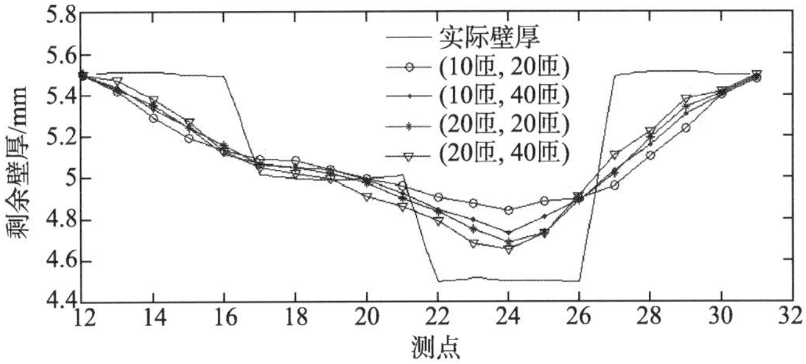

图 4.33　提离 1000mm 检测并行管道的剩余壁厚曲线

过误差分析计算，得到四种参数的检测装置的平均误差如表 4.15 所示。在检测装置提离 1000mm，激励线圈匝数的接收线圈匝数分别为 20 和 40 时对并行双管道的检测精度最高，平均误差值为 3.21%。但由于检测装置提离 1000mm 时模拟的管道埋深大于提离 500mm 时的管道埋深，管道埋深增加时，剩余壁厚计算误差略有增大。

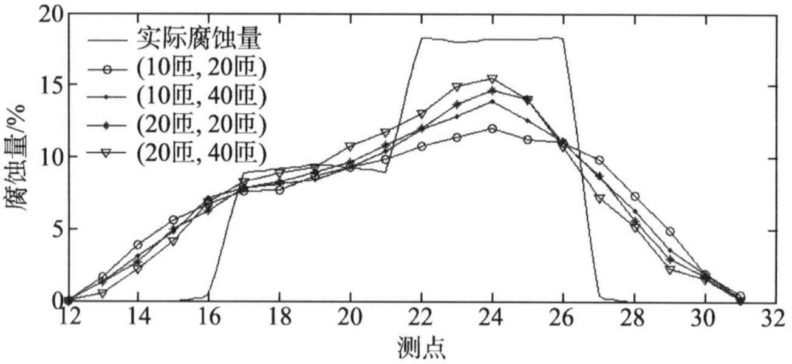

图 4.34　提离 1000mm 的壁厚腐蚀量变化曲线

表 4.15　提离高度为 1000mm 时四种参数下检测装置的平均误差

试验编号	平均误差/%
3	4.48
4	3.86
7	3.56
8	3.21

3. 第三阶段

在前两个阶段试验的基础之上进行第三阶段试验，模拟交叉管道对检测信号的干扰，验证第二阶段 8 种检测装置的检测效果。

1) 提离 500mm

(1) 第一干扰源。干扰管道位于被测并行双管道腐蚀段的中点，于并行双管道正上方横穿，如图 4.29 中的第一干扰源，检测时位于 21 号测点处。可调探测深度检测装置提离到 500mm 时，对应表 4.10 中的试验 1、2、5 和 6，检测得到的剩余壁厚曲线如图 4.35 所示。图 4.35 中显示在 12～16 号测点的检测范围，检测装置受到第一段腐蚀管壁减少的影响，实测壁厚值降低。从 15 号测点开始，检测装置开始覆盖干扰管道，在 16 号测点处壁厚曲线出现拐点，干扰管道影响逐步增大。由于干扰管道位于两段腐蚀管道交接处，且后段腐蚀管道的实际腐蚀量大于前段腐蚀管道的实际腐蚀量，剩余壁厚曲线在 20 号测点处出现壁厚最大值。之后，检测信号受到被测目标管道壁厚值减小、检测装置远离干扰管道的影响，剩余壁厚曲线逐步下降，在 25 号测点处再次出现拐点，这是检测信号受到被测管道后部完好的影响。在图 4.35 中四种参数的检测装置检测的壁厚值相差很小，难以对检测的优劣做出评价，因此对四种参数检测装置的检测精度进行误差分析，结构如表 4.16 所示。可知在激励线圈匝数和接收线圈匝数分别为 10 和 20 时，检测误差值较小，与第二阶段的检测结论一致。

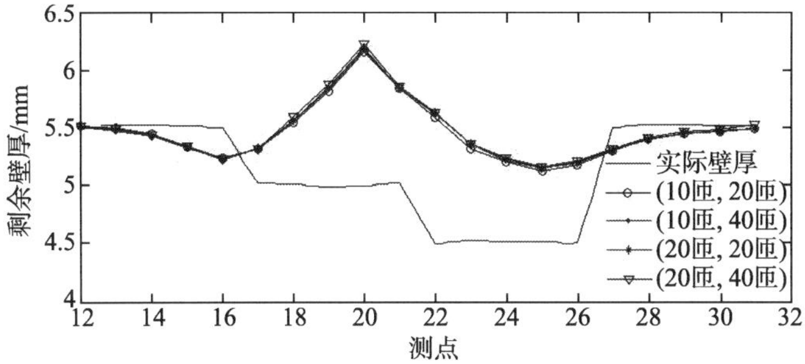

图 4.35　干扰管道横穿并行双管道腐蚀段的剩余壁厚曲线

表 4.16　提离高度为 500mm 时四种参数下检测装置的平均误差

试验编号	第一干扰源 平均误差/%	第二干扰源 平均误差/%	第一和第二干扰源 平均误差/%
1	8.74	4.36	10.21
2	9.05	4.53	10.29
5	9.13	4.53	10.45
6	9.18	4.46	10.42

(2) 第二干扰源。干扰管道位于被测并行双管道后端完好部分中间，于并行双管道正上方横穿，如图 4.29 中的第二干扰源，检测时位于 30 号测点处。可调探测深度检测装置提离到 500mm 时，对应表 4.10 中的试验 1、2、5 和 6，检测得到的剩余壁厚曲线如图 4.36 所示。在图中 12～23 号测点，剩余壁厚值曲线随着实际壁厚值的减小而下降，在 23 号测点处检测范围开始覆盖干扰管道，剩余壁厚曲线在 23～30 号测点不断上升，在 30 号测点之后又快速下降，因为从 31 号测点开始，检测范围开始覆盖空采区。对四种参数检测装置的检测精度进行误差分析，结果如表 4.16 所示。可知在激励线圈匝数和接收线圈匝数分别为 10 和 20 时，检测误差值较小，与第二阶段的检测结论一致。比较第一干扰源和第二干扰源的位置，第一干扰源更加靠近管道中间的腐蚀区域位置，对检测结果的影响更大。

(3) 第一和第二干扰源同时存在。干扰管道分别放置在被测并行双管道腐蚀段中点和被测并行双管道后端完好部分中点，并于并行双管道正上方横穿，即图 4.29 的第一和第二干扰源同时存在，检测时分别位于 21 号和 30 号测点处。可调探测深度检测装置提离到 500mm 时，对应表 4.10 中的试验 1、2、5 和 6，检测得到的剩余壁厚曲线如图 4.37 所示。由于两个干扰源相距较近，腐蚀段的腐蚀量难以识别，绘制腐蚀量曲线如图 4.38 所示。由图可以明显看到，17～27 号测点的腐蚀段数据，在两根干扰管道的干扰下仅 17 号、24 号、25 号、26 号测点显示出腐蚀，其余各点均被干扰管道信号“淹没”。对四种参数下检测装置的检测精度进行误差分析，结果如表 4.16 所示。可知在激励线圈匝数和接收线圈匝数分别为 10 和 20 时检测误差值较小，与第二阶段的检测结论一致。当同时存在两种干扰源时，检测误差进一步增大。

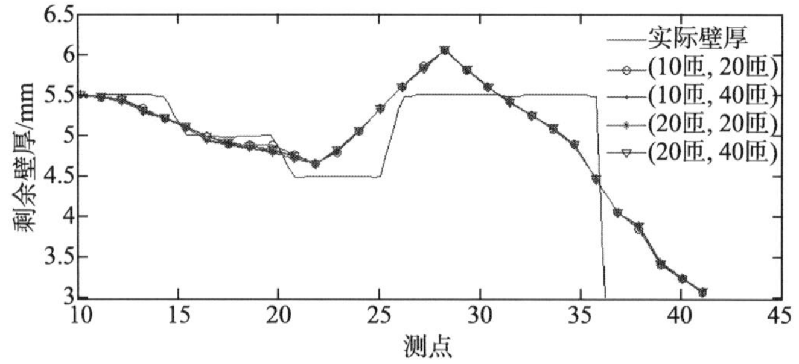

图 4.36　干扰管道横穿并行双管道尾部完好段的剩余壁厚曲线

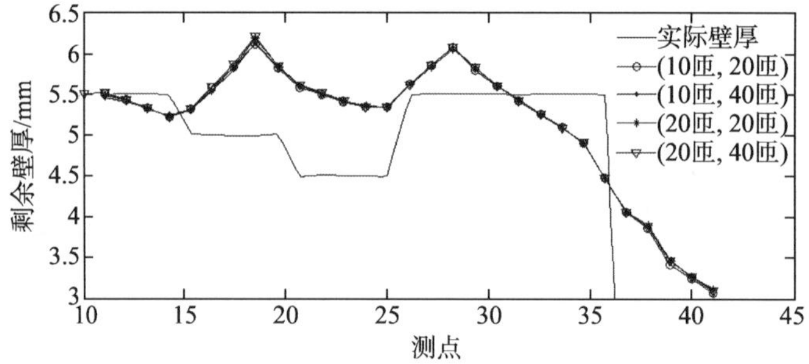

图 4.37　两根干扰管道检测的剩余壁厚曲线

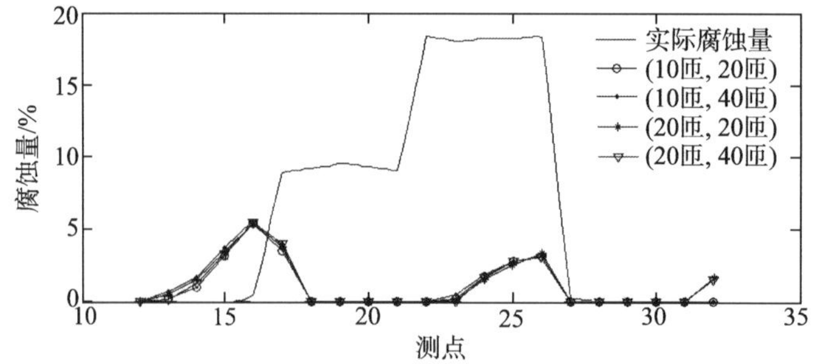

图 4.38　两根干扰管道检测的腐蚀量曲线

综上所述，当检测装置提离 500mm 时，三种交叉管干扰方式下四种参数的检测装置对管道腐蚀的检测精度与干扰管道的位置、数量及干扰管道间的相对位置有关。激励线圈匝数和接收线圈匝数分别为 10 和 20 时，检测误差值较小。

2) 提离 1000mm

(1) 第一干扰源。干扰管道位于被测并行双管道腐蚀段中点，于并行双管道正上方横穿，如图 4.29 中的第一干扰源，检测时位于 21 号测点处。当可调探测深度检测装置提离到 1000mm 时，对应表 4.10 中的试验 3、4、7 和 8，检测得到的剩余壁厚曲线如图 4.39 所示。图 4.39 中剩余壁厚曲线的变化规律与图 4.35 所示的检测结果较为相似，检测装置四种参数下的检测壁厚曲线变化规律基本一致，编号 8 的装置计算的剩余壁厚值在 12～17 号测点、21～31 号测点与原始壁厚值最为接近，证明在检测装置提离高度为 1000mm 时，试验 8 的检测装置最为精准。利用壁厚测量值与管道原始壁厚值进行比较，可得出管道的腐蚀量变化值，如图 4.40 所示。对四种参数检测装置的检测精度进行误差分析，如表 4.17 所示。由图 4.40 和表 4.17 同样可以看出，在检测装置提离高度为 1000mm，激励线圈匝数和接收线圈匝数分别为 20 和 40 时，检测误差值较小，与第二阶段的检测结论一致。

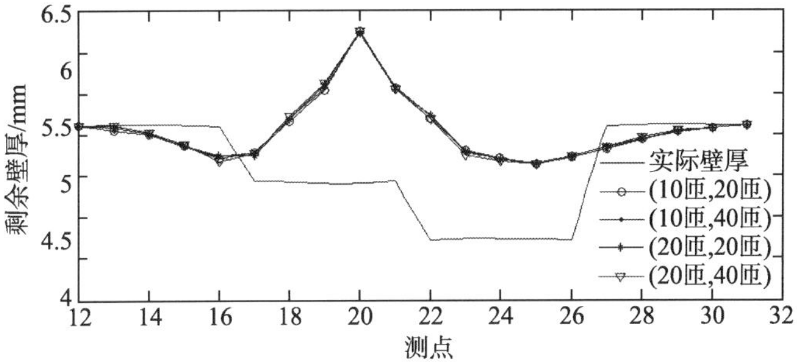

图 4.39 干扰管道横穿并行双管道腐蚀段的剩余壁厚曲线

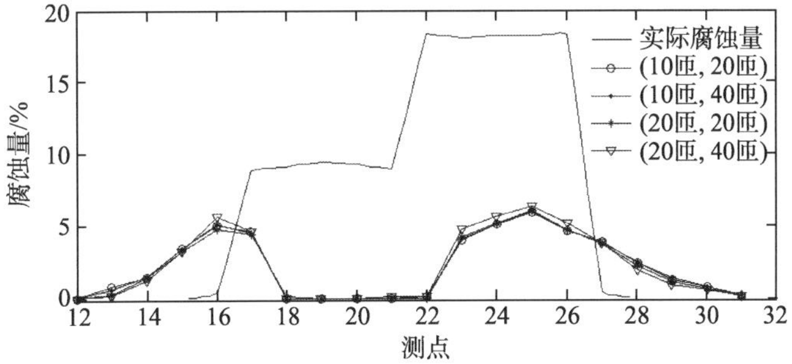

图 4.40 干扰管道横穿并行双管道腐蚀段的腐蚀量曲线

(2) 第二干扰源。干扰管道位于被测并行双管道后端完好部分中点，于并行双管道正上方横穿，如图 4.29 中的第二干扰源，检测时位于 30 号测点处。当可调探测深度检测装置提离到 1000mm 时，对应表 4.10 中的试验 3、4、7 和 8，检测得到的剩余壁厚曲线如图 4.41 所示。图 4.41 中剩余壁厚曲线的变化规律与图 4.36 所示的检测结果较为相似，从图中可以明显地看到试验 8 的剩余壁厚曲线在 12～25 号测点、31～36 号测点，与原始壁厚值最为接近，证明在检测装置提离高度为 1000mm 时，试验 8 的检测精度最高，与第二阶段的检测结论一致。利用壁厚测量值与管道原始壁厚值进行比较，可得出管道的腐蚀量变化值，如图 4.42 所示。对四种参数下检测装置的检测精度进行误差分析，见表 4.17。由图 4.42 和表 4.17 同样可以看出，在检测装置提离高度为 1000mm，激励线圈匝数和接收线圈匝数分别为 20 和 40 时，检测误差值较小。比较第一和第二干扰源的位置，第一干扰源更加靠近管道中间腐蚀区域位置，对检测结果的影响更大。干扰管道在尾部完好段时，对腐蚀段的壁厚影响较小。

表 4.17　提离高度为 1000mm 时四种参数下检测装置的平均误差

试验编号	第一干扰源平均误差/%	第二干扰源平均误差/%	第一和第二干扰源平均误差/%
3	9.13	5.46	9.97
4	9.18	5.23	10.01
7	9.10	5.12	9.99
8	8.96	4.94	9.89

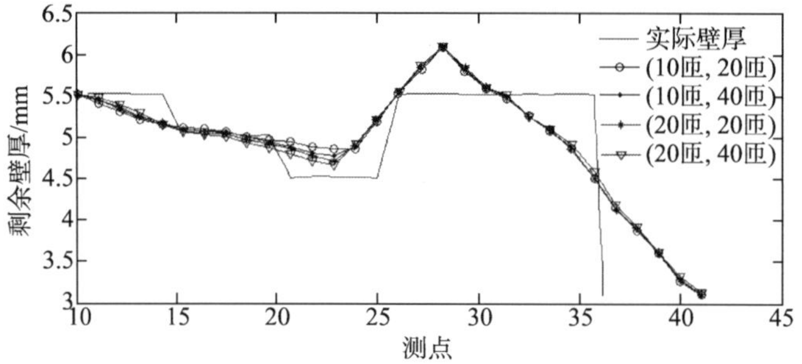

图 4.41　干扰管道横穿并行双管道尾部完好段的剩余壁厚曲线

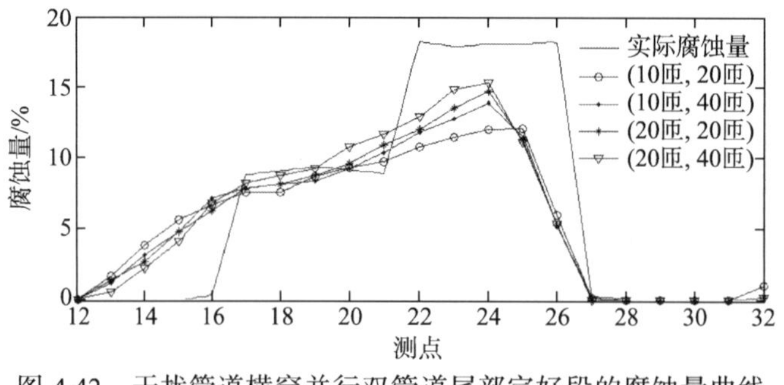

图 4.42　干扰管道横穿并行双管道尾部完好段的腐蚀量曲线

(3) 第一和第二干扰源同时存在。干扰管道分别放置在被测并行双管道腐蚀段中点和被测并行双管道后端完好部分中点，并于并行双管道正上方横穿，即图 4.29 中的第一和第二干扰源同时存在，检测时分别位于 21 号测点与 30 号测点处。可调探测深度检测装置提离到 1000mm 时，对应表 4.10 中的试验 3、4、7 和 8，检测得到的剩余壁厚曲线如图 4.43 所示，并绘制腐蚀量曲线如图 4.44 所示。图 4.43 中的试验剩余壁厚值曲线变化规律与图 4.37 所示的剩余壁厚曲线变化规律基本相似，但 17 号、24 号、25 号、26 号测点的腐蚀量比图 4.17 中的更为明显。图 4.44 中可以明显地看到 17～27 号测点的腐蚀段数据，在两根干扰管道的干扰下 17 号、24 号、25 号、26 号测点显示出腐蚀现象，其余各点均被干扰管道信号“淹没”。对四种参数检测装置的检测精度进行误差分析，见表 4.17。可知在检测装置提离高度为 1000mm，激励线圈匝数和接收线圈匝数分别为 20 和 40 时，检测误差值较小。当同时存在两种干扰源时，检测误差进一步增大。

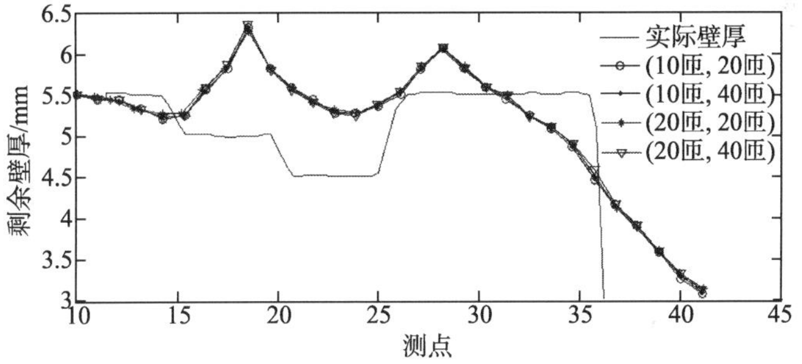

图 4.43　两根干扰管道检测的剩余壁厚曲线

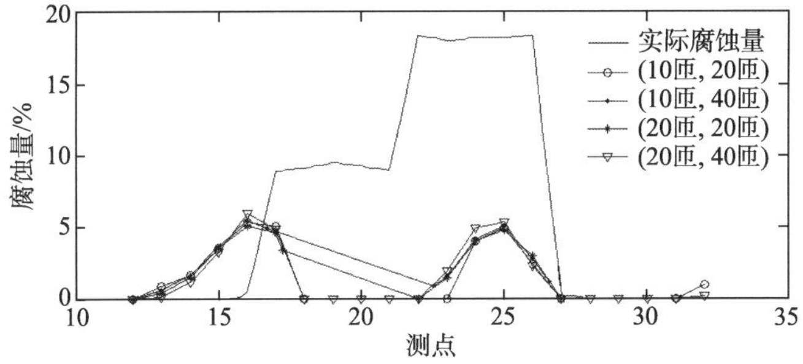

图 4.44　两根干扰管道检测的腐蚀量曲线

综上所述，当检测装置提离高度为 1000mm 时，三种交叉管干扰方式下四种参数的检测装置对管道的腐蚀检测精度与干扰管道的位置、数量及干扰管道间的相对位置有关。在激励线圈匝数和接收线圈匝数分别为 20 和 40 时，检测误差值较小。

并行埋地管道检测试验过程的三个阶段之间联系紧密，层层递进，最终达到了试验目标。试验结果表明，将瞬变电磁法用于检测并行埋地管道切实可行。

4.5 实际工况模拟试验

在瞬变电磁法的实际工程检测应用过程中，会遇到各种情形干扰二次磁场信号的接收。例如，埋地管道通常是由一根根管道焊接而成的，在某些连接处会出现两根管道壁厚不一致的情况；埋地管道敷设越来越密集，检测区域中存在交叉管道是不可避免的；盗油现象在埋地管道尤其是输油管道中十分常见，特别是在人烟稀少、交通相对便利的地方，往往会有不法分子在输油管道上安装盗油阀门窃取国家资源，即使被封堵后也会留下补丁。因此，有必要根据实际检测中可能遇到的情况设计模型试验，在模拟试验环境下观测其检测信号的特征，多次测量分析和总结规律，为复杂现场环境下的埋地管道检测评价提供依据。

4.5.1 壁厚不同的管道检测

埋地管道通常是由一根根长度为 6～12m 的单管连接而成的，连接方式有焊接、卡箍等。在不同的地质环境下，对管道的防腐、壁厚、管径等有相应的要求。在同一埋地管道检测中，会遇到某位置处两侧埋地管道壁厚不一致的情况，对检测结果造成一定程度的影响。

设计壁厚不同的埋地管道模型进行试验，模型由两段外径相同内径不同的管道组合而成，长度分别为 3400mm 和 3600mm，模型剖面如图 4.45 所示。管道外径均为 130mm，左侧管道内径为 110mm，壁厚为 10mm，右侧管道内径为 104mm，壁厚为 13mm，两段管道的壁厚相差 3mm。采用正方形中心回线检测装置，发射线圈和接收线圈的边长分别是 1m 和 0.5m，匝数分别为 30 和 60。管道埋深为 1m，即检测装置提离管道中心 1m。在管道上方布置测点，采用定点测量的方式。为保证瞬变响应信号覆盖管道，无空采区，起始测点为距离管道左端 2200mm 处，终止测点为距离管道右端 2200mm 处，每间隔 200mm 取 1 个测点，共计 14 个测点。

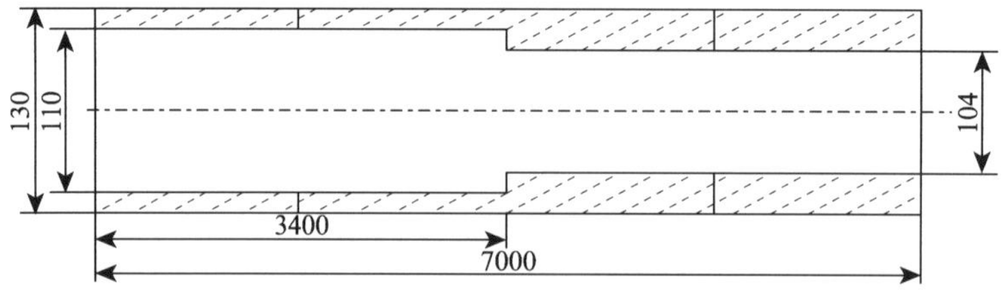

图 4.45 壁厚不同的管道模型剖面示意图(单位：mm)

下面分别进行单测点瞬变响应对比和归一化感应电动势多测道剖面的分析。选取 1 号和 14 号测点的瞬变响应曲线，如图 4.46 所示，归一化感应电动势的多测道剖面图如图 4.47 所示。图 4.46 中，1 号测点覆盖的主要是壁厚为 10mm 的管段，14 号测点覆盖的主要是壁厚为 13mm 的管段，将虚线框内的部分曲线局部放大后可以清晰地看到，14 号测点感应电动势的绝对值大于 1 号测点感应电动势的绝对值，即管壁越厚，瞬变响应的幅值越大。瞬变电磁检测埋地金属管道是测点处沿管道走向的一段管道的瞬变响应的综合反映，因此模型中的 14 个测点，从左向右，覆盖的检测范围中管径发生了变化，即出现了金属量递增，瞬变响应表现出增强趋势。随测点位置的改变，图 4.47 中感应电动势呈现递增趋势。因此，瞬变电磁法对这类不同管径的管道有较好的识别能力，其特征也较易辨识。

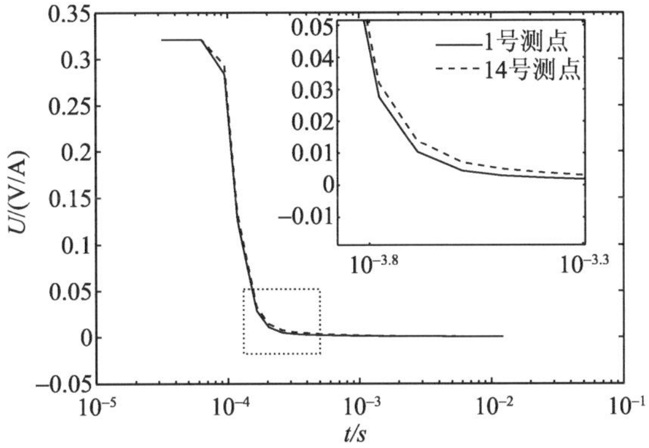

图 4.46　1 号和 14 号测点的瞬变响应曲线

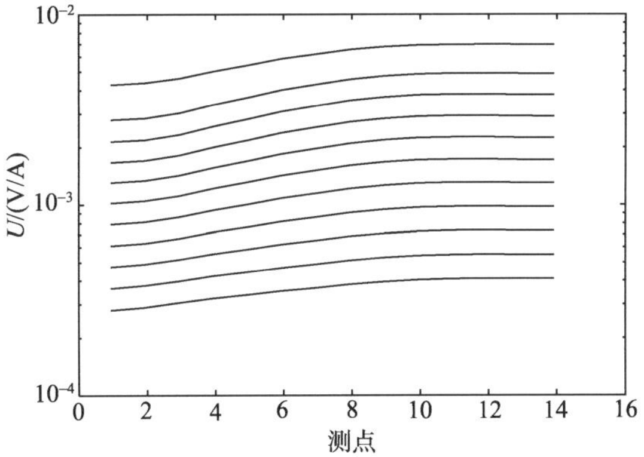

图 4.47　归一化感应电动势的多测道剖面图

4.5.2　交叉管道检测

目前，许多行业都通过敷设埋地管道来运输相应的资源，而管道敷设的不规范造成了地下“拥堵”，使得埋地管网纵横交错。在埋地管道检测中，被测管道和其他管道交叉是很普遍的现象。对交叉管道位置处的瞬变响应信号特征进行归纳总结，有助于对实际检测信号的分析和处理。在 4.4 节并行管道的检测试验中设计了交叉管道的模型试验，交叉管道全部位于检测管道上方，且与检测管道垂直，本节对单一管道进行模型试验，分析交叉管道位于检测管道上下两侧且交叉角度不同时的瞬变电磁响应信号特征。

试验采用一根长度为 6m、壁厚为 8mm、管径为 141mm 的钢制管道作为被检管道，一根长度为 1.5m、壁厚为 12mm、管径为 132mm 的钢制管道作为交叉管道。采用正方形中心回线检测装置，发射线圈边长为 0.4m，匝数为 40，接收线圈边长为 0.2m，匝数为 20。分别将交叉管道垂直交叉于被测管道的上方和下方，检测装置与被测主管道保持相等距离，即保持埋深不变，两管道高度差为 300mm，采用定点测量的方式，去掉首尾两端空采区的影响，得到的归一化感应电动势多测道剖面图如图 4.48 所示。图中，实线、虚线分别表示交叉管道位于检测管道上方和下方的相同时窗的多测道剖面曲线。实线表示的各测道每个测点实线归一化感应电动势值高于虚线表示的值，是因为交叉管道在上方时距离检测装置更近，产生的瞬变响应信号更强。另外，交叉管道位于检测管道上方时，归一化感应电动势值的变化特别明显，异常值约为无交叉管道区域瞬变响应的 2 倍。在 10 号测点后，越靠近交叉管道，接收到的归一化感应电动势值就越大，变化越显著。而交叉管道位于被检管道下方时，距离检测装置较远，在此距离范围能引起二次磁场变化的幅值较小，多测道剖面曲线异常突变显著减小。上下两侧交叉管道引起瞬变响应异常变化的范围基本一致，上侧交叉管道引起的异常响应更明显，其影响范围略大于下侧交叉管道。因此，通过观测瞬变响应突变的方向、程度，结合突变的影响范围，能够大致判断此区域是否为交叉管道及交叉管道位于被检管道的上方还是下方。

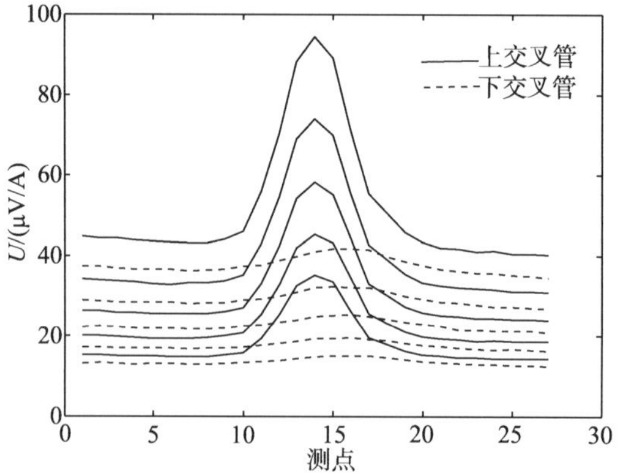

图 4.48　交叉管道位于被检测管道上下两侧的归一化感应电动势多测道剖面图

埋地管道实际检测中遇到的交叉管道不可能都是垂直于被检测管道的，还需要分析交叉管道与被测管道之间角度的变化对实际检测效果的影响。以交叉管道位于检测管道下侧为例来进行模型试验，每组试验的交叉管道中心位置和检测线圈中心位置一致，得到的归一化感应电动势多测道剖面图如图 4.49 所示。图中，实线、虚线、点线分别代表交叉管道与被检管道的夹角为 30°、45°、90° 时相同时窗的多测道剖面曲线。三组曲线基本呈一致趋势，由于基本试验环境一致，所以起始值、峰值基本都是一致的，试验环境搭建得较好，各曲线的差异只反映交叉管道角度变化带来的归一化感应电动势的不同。夹角越小，引起归一化感应电动势值变化的测点越靠前，当交叉管道与被检管道成 30° 角时，6 号测点归一化感应电动势值即发生了变化，当交叉管道与被检管道成 45°角时，归一化感应电动势值的变化延后到 8 号测点，当交叉管道与被检管道成 90°角即两者垂直时，这一变化则延后到 10 号测点。分析其原因，夹角越小，交叉管道和被检管道偏离的趋势越缓，使用同一检测装置时，交叉管道更易进入装置的检测范围，因此能更早地接收到来自交叉管道的二次磁场信号。从变化部分的剖面图看，夹角越小，曲线变化的趋势越缓，在两者垂直时变化幅度达到最大。因此，若剖面曲线突变增加的幅度大、峰值点过渡比较快，则大致判断交叉管道与被检管道接近垂直。

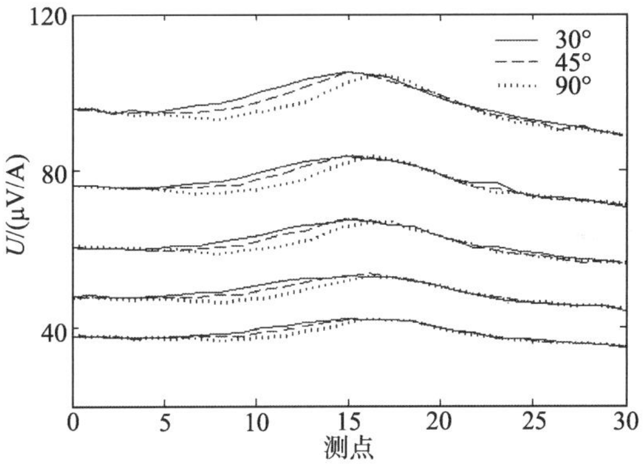

图 4.49　交叉管道与被检管道成不同角度时的归一化感应电动势多测道剖面图

4.5.3　盗油阀门检测

不法分子在输油管上安装阀门，窃取石油资源，会给国家造成极大的经济损失，即使盗油阀门被封堵后，管体上也会留下修补的痕迹。埋地管道非开挖检测系统能够识别出埋地管道上的盗油阀门装置，本节设计相应的模型试验进行验证。准备一根长度为 3m、管径为 130mm、壁厚为 13mm 的钢制管道来模拟埋地管道，管体正常，无腐蚀、焊接、破损等现象。准备一个和盗油阀门大小、材料相似的铁质体模拟盗油阀门，紧贴管道放置于管道上方。采用正方形中心回线检测装置，发射线圈边长为 0.4m，匝数为 40，接收线圈边长为 0.2m，匝数为 20，将检测装置提离一定高度来模拟管道埋深。

设计单一因素变化简化试验来检测盗油阀门，减少实测管道时由试验环境变化、管体本身壁厚差异等造成的干扰。将检测装置置于管道中央正上方，提离高度设定为 800mm。在管道同一位置采集多组数据，在外界环境一致的情况下，其采集信号应该是一致的；若在同一位置放置了盗油阀门，采集信号发生变化且重复性良好，并有规律可循，则说明盗油阀门能被检测出。在检测装置下方管道上方紧贴管壁的位置放置阀门模拟物，检测试验在 10 个测点进行采集，得到的归一化感应电动势多测道剖面图如图 4.50 所示。其中前 5 个测点未放置阀门模拟物，后 5 个测点放置了阀门模拟物。从图 4.50 可以看出，前 5 个测点和后 5 个测点的归一化感应电动势值分别一致；图中选取的是 12～16 号时窗，时窗越靠后，由于介质的欧姆损耗，管体本身引起的二次磁场信号越弱，相比阀门模拟物，能分辨出的二次磁场信号就更加不明显，表现为 5 号和 6 号测点间的曲线斜率越来越小，即时窗越靠后，同一被测目标上接收到的磁场信号值越小，识别盗油阀门装置的能力就越低。每个时窗的曲线中，放置阀门模拟物后采集的感应电动势幅值信号均明显强于未放置阀门模拟物的幅值信号。因此，上述现象说明了瞬变电磁检测系统具备分辨盗油阀门的能力。

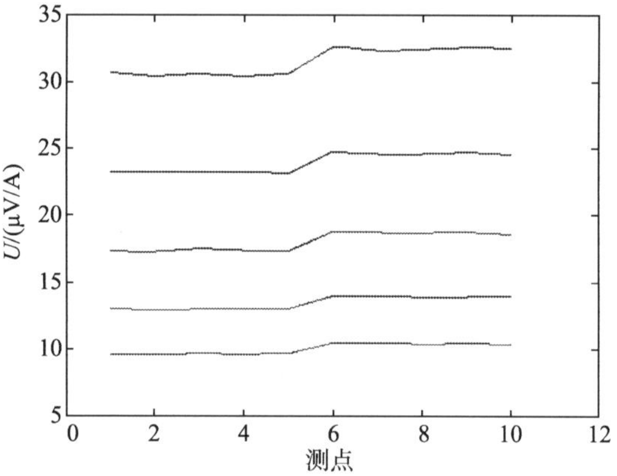

图 4.50　有无阀门模拟物的归一化感应电动势多测道剖面图

采用定点检测方式，测点间距为 100mm，检测装置置于管道中心正上方，提离高度为 800mm，初始测点距离阀门模拟物 1000mm。去掉两端空采区的影响，得到的归一化感应电动势多测道剖面图如图 4.51 所示。当检测范围未覆盖到阀门模拟物时，所采集到的信号值大小基本是一致的，即反映为管体信息，表示在图中的 1～6 号测点。从 7 号测点开始，阀门模拟物的响应信号开始被接收线圈接收到，并随着检测装置的靠近，瞬变响应越明显，归一化感应电动势值逐渐变大，当检测装置几何中心位于阀门模拟物正上方 11 号测点时，归一化感应电动势达到峰值；而后检测装置开始逐渐远离阀门模拟物，归一化感应电动势值逐渐变小。从 16 号测点开始，阀门模拟物的响应信号超出了接收线圈的检测范围，归一化感应电动势恢复为管体本身信号。

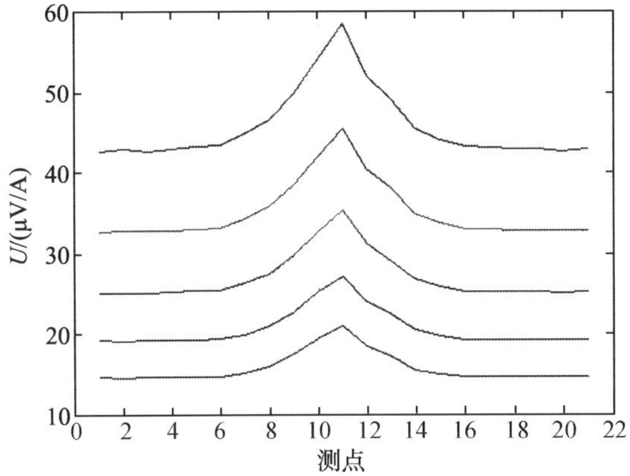

图 4.51　定点测量阀门模拟物的归一化感应电动势多测道剖面图

上述试验是在理想的环境下，采用较小尺寸检测装置和较小测点间距获得盗油阀门的瞬变响应。结果表明，埋地管道非开挖磁检测系统具备识别盗油阀门的能力，可在一定程度上找出盗油阀门。但实际现场埋地管道盗油阀门的检测会受到多方面因素的影响，难以区分其信号特征。通过试验获得多种情况下盗油阀门的瞬变电磁响应信号特征和装置的检测能力，可为实际工程应用中的判断提供了参考依据。由于盗油阀门与埋地管道相比尺寸较小，选择合适边长的中心回线检测装置对阀门的检出效果有直接影响。下面主要讨论检测装置收发线圈尺寸和管道埋深对盗油阀门检测的影响，试验设计了 4 组尺寸的中心回线检测装置，参数如表 4.18 所示。

表 4.18　中心回线检测装置参数

装置编号	发射线圈边长/mm	发射线圈匝数	接收线圈边长/mm	接收线圈匝数
1	400	20	200	40
2	800	20	200	40
3	400	20	400	40
4	800	20	400	40

首先，考虑接收线圈尺寸一致、发射线圈尺寸变化的情况，检测结果如图 4.52 所示。图 4.52(a) 是装置 1 和装置 2 相同测道时窗的归一化感应电动势多测道剖面对比图，4.52(b) 是装置 3 和装置 4 相同测道时窗的归一化感应电动势多测道剖面对比图，从图中可以看出，当接收线圈保持不变、发射线圈尺寸变大时，相同时窗的归一化感应电动势明显增大。这是因为发射线框越大，同一条件下发射线框产生的发射磁矩就越大，被测目标的一次磁场增强，相应的感应二次磁场值也会变大。

图 4.52(a) 中剖面曲线均显示出较为明显的盗油阀门引起的“突起”，两者剖面曲线走势基本一致，装置 1 剖面曲线的“突起”程度强于装置 2 剖面曲线，装置 1 和装置 2 剖面曲线均在 11～20 号测点表现出盗油阀门信号的响应特征。图 4.52(b) 中，装置 4 剖面曲线“突起”变化的范围在 10～21 号测点，宽于装置 3 剖面曲线的 12～19 号测点的变化范围，装置 4 剖面曲线的“突起”程度强于装置 3 剖面曲线。

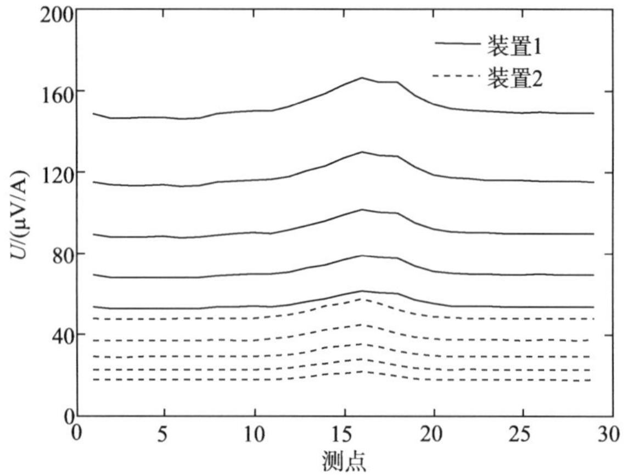

(a) 装置 1 和装置 2 的检测结果对比

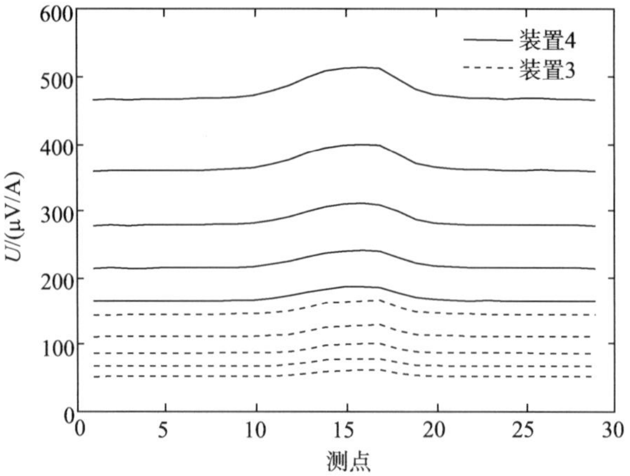

(b) 装置 3 和装置 4 的检测结果对比

图 4.52　发射线圈尺寸变化时的归一化感应电动势多测道剖面图

其次，考虑发射线圈尺寸一致、接收线圈尺寸变化的情况，检测结果如图 4.53 所示。图 4.53(a) 是装置 1 和装置 3 相同测道时窗的归一化感应电动势多测道剖面对比图，4.53(b) 是装置 2 和装置 4 相同测道时窗的归一化感应电动势多测道剖面对比图，从图中可以看出，当发射线圈保持不变、接收线圈尺寸变大时，相同时窗的归一化感应电动势明显增大。这是因为接收线框越大，同一条件下获得的感应二次磁场值就越大。但是，接收线圈尺寸变大后，剖面曲线的“突变”范围变大了，图 4.53(a) 显示的“突变”范围相对小一些，从图 4.53(b) 中可以明显看出阀门模拟物响应区域增大，由原来的 13～20 号测点变为 10～21 号测点的范围。

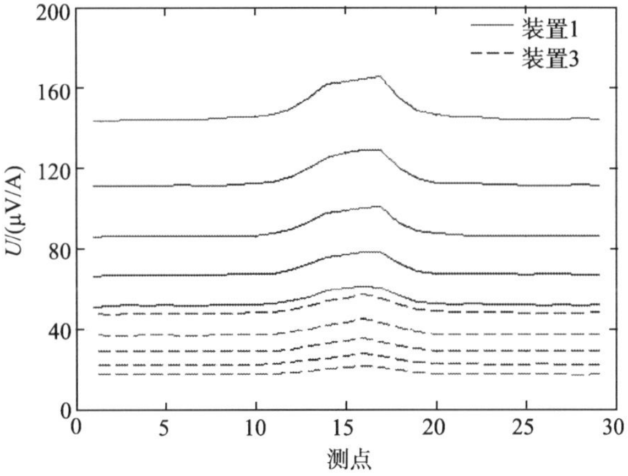

(a) 装置 1 和装置 3 的检测结果对比

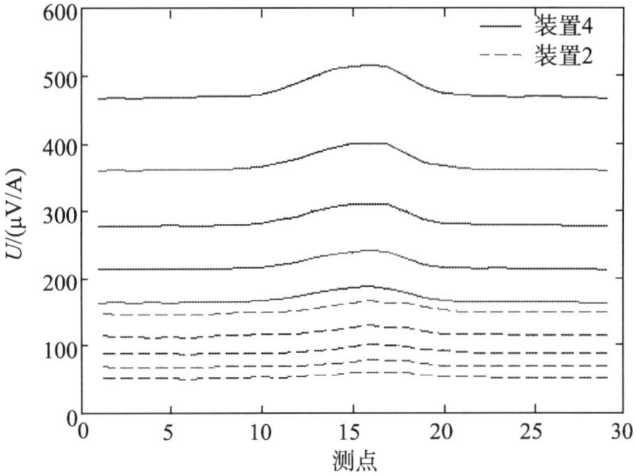

(b) 装置 2 和装置 4 的检测结果对比

图 4.53　接收线圈尺寸变化时的归一化感应电动势多测道剖面图

因此，增大接收线圈和发射线圈的尺寸都能增大其归一化感应电动势值。一定程度上增大接收线圈尺寸会增大盗油阀门信号的响应范围，同时也需考虑发射线圈尺寸，对被测物体进行具体分析以获得最佳的匹配参数。对比分析 4 种装置的剖面曲线，发现装置 4 的线圈参数表现出较好的测量效果。

实际检测过程中，管道埋深不一，检测装置能够分辨盗油阀门信号的最大探测深度也是需要考虑的因素。设计不同埋深的阀门模拟物检测试验，检测装置提离高度分别是 800mm、1200mm 和 1500mm。对装置 4 采用定点检测方式，测点间距为 100mm，图 4.54 是不同埋深情况下同时选取 14～16 号时窗的归一化感应电动势多测道剖面图。检测装置提离高度为 800mm 时，剖面曲线中阀门模拟物的瞬变响应信号特征比较明显；提离高度为 1200mm 时，瞬变响应信号特征减弱；提离高度为 1500mm 时，瞬变响应信号特征进一步减弱。也就是说，埋深越深，阀门模拟物的瞬变响应信号特征越小，因此在实际检测中要注意管道埋深和检测装置参数的匹配。从图 4.54 中也可以看出，三种埋深下阀门模拟物引起的瞬变响应范围均起于 6 号测点，归一化感应电动势值先呈现变大趋势，至阀门模拟物正上方的 11 号测点达到峰值，然后逐渐减弱，直至 16 号测点后恢复正常。瞬变响应异常范围为阀门模拟物前后各 500mm，不同埋深对盗油阀门检测范围影响不大。这是由于同一检测装置的参数一致，可探测范围的广度一致，埋深增加理论上会使检测区域的瞬变响应范围增大；同时随着埋深的增加，二次磁场信号在传播过程中的损耗也相应增多，两者综合作用下，小范围埋深的变化不会引起盗油阀门瞬变响应范围的变化。

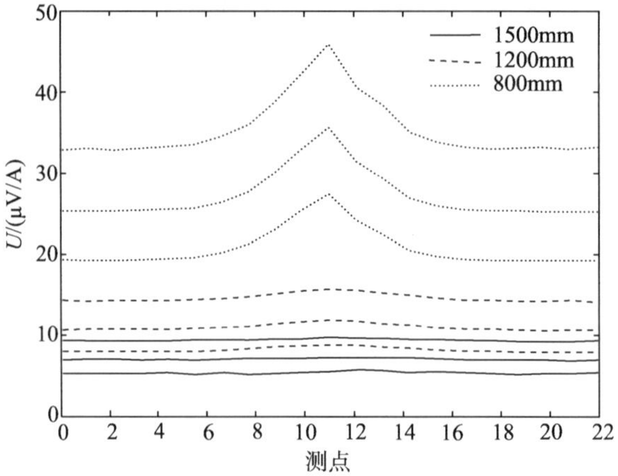

图 4.54　不同埋深阀门模拟物的归一化感应电动势多测道剖面图

4.5.4　盗油阀门与交叉管道的对比试验

理论上讲，埋地管道非开挖检测系统对于交叉管道和盗油阀门的测量信号在多测道剖面图上都表现出一致的瞬变响应特征，均反映一定程度的金属量增多。因此，有必要区分此类信号特征是由交叉管道引起的还是由盗油阀门引起的。将相同检测装置下交叉管道和阀门模拟物相同时窗的归一化感应电动势多测道剖面进行对比，如图 4.55 所示，实线代表存在交叉管道的剖面曲线，虚线代表存在阀门模拟物的剖面曲线。两组试验中交叉管道和阀门模拟物均放置在被检管道上方同一位置处，其中交叉管道是垂直于被测管道的。图 4.55 中，交叉管道和阀门模拟物表现出一致的瞬变响应特征。两种模型剖面图的差别有三点。第一，从异常处归一化感应电动势幅值看，交叉管道部分检测到的信号值与阀门模拟物相比增大十分明显，这是因为交叉管道金属量大，盗油阀门仅是一个小阀门，即便上面安装了联通装置，其管径也不会比交叉管道大，且试验用交叉管道管径相对较小，只有 132mm，管径较大的交叉管道引起的归一化感应电动势值会更大。第二，从引起异常响应的范围上看，阀门模拟物从 7 号测点开始，16 号测点截止，共 900mm，交叉管道从 5 号测点开始，17 号测点截止，共 1200mm，交叉管道引起的瞬变响应异常范围更大。第三，瞬变响应异常的形态有一定差别，因阀门模拟物相对较小，检测剖面图中通常呈现一个尖峰状态，峰值两侧归一化感应电动势呈近似直线下降，而交叉管道峰值两侧归一化感应电动势呈近似正弦波下降趋势。

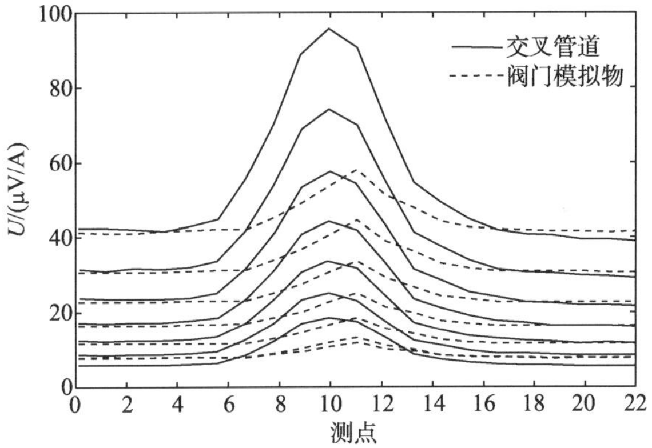

图 4.55　交叉管道和阀门模拟物的归一化感应电动势多测道剖面图

4.6　本 章 小 结

本章论述了埋地金属管道各种模型的实际检测试验及结果分析，介绍了相关的检测仪器和检测装置，对发射线圈和接收线圈的性能进行分析，并设计了改进的聚磁装置用于提高检测信号的强度；设计了不同腐蚀长度和深度、不同管径和埋深的管道腐蚀模型进行检测试验，验证了时域有限差分算法的仿真结果的正确性；对比分析了定点检测和连续检测的检测效果，结果表明，通过连续检测的方式可以大幅度提高检测效率；考虑实际检测中可能遇到的问题，设计了并行管道、交叉管道、管道壁厚不一致及有盗油阀门的检测模型，分析了各种模型产生的瞬变电磁响应特征，为实际检测数据的分析处理提供了依据。

参考文献

[1] 杜庆丰. 瞬变电磁法工作装置、数据预处理及反演解释系统[D]. 北京：中国地质大学，2008.

[2] 米萨克 N·纳比吉安. 勘查地球物理电磁法：第一卷 理论[M]. 赵经祥，王艳君，译. 北京：地质出版社，1992.

[3] 杨勇，王观军，柳言国. 管道磁聚焦瞬变电磁技术设计与实现[J]. 科学技术与工程，2014,(27): 54-57.

[4] 沈庆峰，杨显万，刘春侠. 软磁铁氧体材料[J]. 昆明理工大学学报(理工版)，2003，28(2): 17-21.

[5] 关小蓉，张剑光，朱春城，等. 锰锌、镍锌铁氧体的研究现状及最新进展[J]. 材料导报，2006, 20(12): 109-112.

[6] 白登海，Meju M. 瞬变电磁法中两种关断电流对响应函数的影响及其应对策略[J]. 地震地质，2001, 23(2): 245-251.

[7] 王乾坤，张争伟，石悦，等. 埋地油气管道并行敷设技术发展现状[J]. 油气储运，2011, 30(1): 1-4.

第5章　瞬变电磁检测埋地管道野外工作方法和工程应用

5.1　瞬变电磁检测野外工作流程

应用埋地管道非开挖系统检测埋地管道前，需要向管道运营单位了解管道参数，并对管道及检测环境进行实地调研，收集待检管道的相关信息，包括管道材质、埋深、规格(管径与初始壁厚)、焊缝类型、管道敷设位置及走向、防腐层和保温层的结构、腐蚀控制措施、地表检测环境、敷设年份、路由环境和维修历史等。

(1) 管道埋深。埋深是影响检测结果的重要因素，需要根据不同的埋深合理设置检测装置参数。

(2) 管径与初始壁厚。管径和初始壁厚会影响后期数据反演，是计算剩余壁厚不可或缺的参数。

(3) 管道敷设位置及走向。结合运营单位留存的管道相关文档，使用探管设备，探查清楚实际管道方位，对存在管道弯头、三通接头、交叉管道的情况也要详细记录，有助于检测段的合理划分和资料分析。

(4) 管道防腐、维修情况、地表检测环境等。了解管道现有的防腐措施和历史维护情况，对易出现腐蚀的位置进行记录，也有助于检测区域的合理划分。此外，地面平坦程度、植被覆盖情况及周边可能存在的干扰源等，都是影响检测过程实施及结果的因素。

根据综合信息确定检测方案，准备好检测过程中可能用到的仪器设备和工具。根据已有资料情况进行实地调查，划分测段，每个测段应至少有一个管壁厚度已知点作为该测段的基准点，对于条件相同的管段应考虑使用相同的检测参数。对每个检测段，检测前需要在地表做好标识，以便检测过程的快速进行。根据检测流程中各环节的具体测试内容、所用仪器和装备的技术性能以及数据处理方式等合理分配、控制该环节的检测精度，必要时可通过试验确认符合或满足检测精度要求的数据采集方案。

实地检测时，首先要合理布设测点，这样不仅能获得科学的评价依据和良好的检测效果，而且能节约检测成本。根据管道日常管理中汇集的管道穿孔、泄漏、介质腐蚀性等数据判断发生腐蚀较严重的管段，在基本点距的基础上采用适当加密的方式布设测点。防腐层和保温层破损处、缺陷点及其两侧、阴极保护失效部位、杂散干扰显著地段及怀疑发生腐蚀的管段应布置加密检测点。弯头或接头两侧、土壤介质明显变化处、环境因素明显分界处、第三方破坏频繁处可适当布置加密检测点，一般情况下采用在基本检测点距基础上适当加密的措施，必要时可进行全覆盖检测，即测点间距不大于被检管道埋深的 2 倍。根据实地情况布设测点，必要时可适当调整，测点要避免布置在靠近强干扰源、强磁场、有金属干扰物的地方。观测前，应首先校对测点号是否正确，随即做好现场记录，对干扰、周围环境以及必要的点位移动情况要详细记录。

然后，进行系统调试，记录包括关断时间在内的相关信息，根据观测到的感应电动势值和分辨率等，对激励电流的幅值、收发线圈的匝数进行调节，并确定当前环境下发射与接收的最佳参数。附近若有已开挖或裸露管体，可进行信号采样，作为基准点，这样有利于提高检测结果的准确性，避免因直接使用初始壁厚进行计算带来的误差。

开始进行检测，在已确定的观测点上敷设线圈使其平面接近水平，线圈中心偏离管道轴线在地面投影的距离不应超过管道中心埋深的 10%。对于方形线圈，要使线圈的一组边与管道走向大致平行。进行实地检测时，根据地面标识移动检测装置和设备，如果采用连续检测方式，为保证检测结果的可靠性和准确性，要以较均匀的速度水平移动检测装置，注意使其中心尽可能保持在管道正上方，同时要避免较大幅度的晃动。

检测完一段区域后，记录检测起始点与终点，同时对观测得到的原始感应电动势数据进行初步分析，记录检测区域内的异常点，必要时进行重复检测加以验证。另外，实际埋地管道的埋深会有变化，检测时需要使用探管设备对管道埋深进行测量，以保证最终数据的可靠性。在电磁干扰比较强的测段，可通过提高信噪比的办法抑制电磁干扰。常见的提高信噪比的方法包括增加激励电流、增加发射磁矩、增加叠加次数和加入聚磁磁芯等。每个测点至少应重复观测 2 次，2 次观测数据的相对误差不应超过 3%，如果不符合则应进行多次观测，取其偏差最小的 2 或 3 组数据的平均值作为该测点的瞬变电磁数据。

检测结束，将采集到的瞬变电磁数据进行整理和保存，以便做进一步的处理。这些数据包括：被检管道的编号和特征(材质、埋深、管径、壁厚、输送介质)等；检测时间、检测点号、回线参数、发射频率、发射电流、响应曲线等；检测点的大地坐标，基准点实测管壁厚度等；管道沿线环境、干扰源标注等。

最后，整理和分析数据，结合前期搜集的管径及初始壁厚等信息，进行管道腐蚀分析。

(1) 腐蚀定位。定点检测方式根据测点位置进行腐蚀定位，连续检测方式需根据测点与时间的关系，结合检测过程中的记录信息，对存在腐蚀的位置进行确定。

(2) 腐蚀程度。根据接收线圈观测值和综合环境信息，反演管道剩余壁厚，可换算成腐蚀量，直观反映腐蚀程度。

(3) 管道评估。根据数据处理结果，对存在腐蚀的区域进行统计，按腐蚀程度进行综合评估。

将上述检测过程绘制成流程图，如图 5.1 所示。

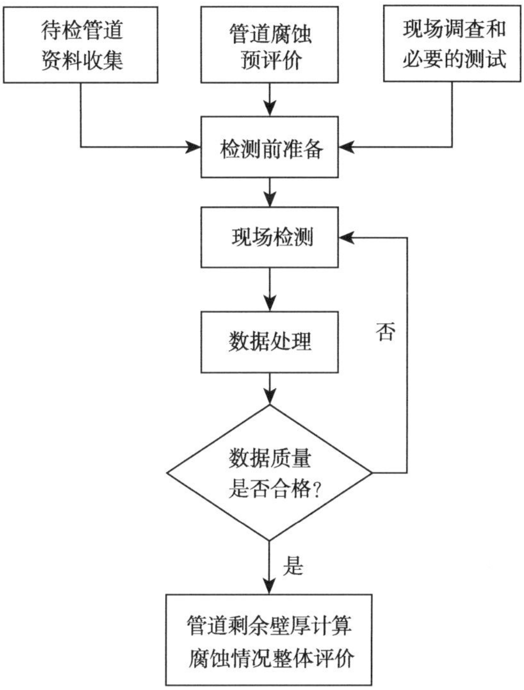

图 5.1　瞬变电磁检测埋地管道流程图

5.2　数据处理方法

瞬变电磁信号频带宽，且晚期信号弱，极易受到噪声干扰。野外检测时，地下管道环境复杂，接收到的信号也比较复杂，干扰因素多，噪声对管道剩余壁厚的计算造成不利影响，甚至会掩盖有用信号。若不进行数据处理，则得到的反演结果将不可靠，有时甚至得不到管道剩余壁厚数据。在实际检测操作过程中，可从两方面入手来解决噪声干扰问题，一是检测时，通过采集信号的多次叠加和加磁芯线圈装置来提高信噪比；二是检测之后，先对数据进行有效的处理，包括预处理、异常点剔除、分离一次磁场和平滑滤波等，消除噪声，提取有用信号，然后进行剩余壁厚计算。

5.2.1 噪声来源分析

埋地管道非开挖检测系统接收到的二次磁场干扰信号主要包括两部分：瞬变电磁仪自身的干扰和外部电磁噪声。其中，瞬变电磁检测仪自身的干扰主要是发射机和接收装置的影响，外部电磁噪声主要有天然电磁噪声和人文电磁噪声[1,2]。当瞬变电磁检测系统发射机瞬间关断时，根据电磁感应定律，接收线圈会产生感应电动势，这个电压就会和地下二次磁场在接收回线中感应的电压叠加，共同构成接收回线实测的感应电动势。因此，接收回线接收的感应电动势并不是纯粹的二次磁场信号，里边夹杂了接收线圈的暂态过程。另外，瞬变电磁检测仪的发射机一般也很难做到瞬间关断，关断过程表现为斜阶跃波，即有一个关断时间，接收线圈接收二次磁场的过程中还会叠加一次磁场信号。这两个过程虽然比较短，但是对瞬变电磁早期信号影响很大。现代电子技术可以让接收线圈工作在临界阻尼状态并使关断时间足够短来去除这些干扰信号，并使这些噪声足够小。

天然电磁噪声主要是地磁场的微脉动和天电场产生的噪声。地磁场的微脉动噪声是由来自太阳的等离子体与地磁场的相互作用和磁暴引起的，一般频率小于 1Hz；天电场产生的噪声主要是大气层释放电荷引发的闪电，其频率一般为 1～1000Hz，特别是在 8Hz、14Hz、20Hz、26Hz、32Hz 这些频率点上波导空腔发生共振，电磁场较强。

人文电磁噪声主要包括：电力网干扰噪声，我国工业用电频率为 50Hz，因此 50Hz 及其谐波的电平为干扰噪声；矿山或工业用电的干扰噪声，在矿山或工厂附近工作时，电器设备启动、关闭和运转会产生电磁噪声；有线广播和无线电台的干扰噪声，其频率都在瞬变电磁系统的工作频率范围之内，干扰较大。

外部电磁噪声的特征如表 5.1 所示。这些外部电磁噪声的频带从零赫兹到几吉赫兹，产生的干扰电平在几十毫伏到几百毫伏。因此，需要对埋地管道非开挖检测系统采集的数据进行预处理，才能得到准确的管道剩余壁厚信息。

表 5.1 外部电磁噪声的特征

分类	细分	产生机制	特征	影响
天然电磁噪声	地磁场微脉动噪声	等离子体与地球磁场之间相互作用	频率小于 1Hz	对直接耦合的仪器有一定的影响
	天电场噪声	大气层释放电荷引发的闪电	频率为 1～1000Hz，在共振点上幅度大	影响大，特别是磁场的水平分量大
人文电磁噪声	电力网	电力网辐射	供电电源的基波和奇次谐波的频率为 50Hz 和 150Hz	电力网附近干扰幅度大、频率不稳定
	矿山或工业用电	矿山电器	电机开、关过程产生瞬间脉冲	矿区工作影响大
	有线广播	农村广播网与大地构成回路	音频范围	在 TEM 信号频带范围、广播时无法工作
	无线电台	长波电台	15～30000Hz	发射时有干扰，可避开发射时间工作

5.2.2　多次叠加消噪

从脉冲激励到关断，再到二次磁场观测，是一个周期性的过程。对感应信号进行观测时，采样时间点、采样间隔不变，可采用线性叠加再取平均值的方式消除每个周期内产生的信号误差，消除干扰影响，提高信噪比。

假定有用观测信号为 $f_s(t)$，噪声干扰信号为 $N(t)$，两者混合在一起的信号为 $f(t)$，即

$$f(t)=f_s(t)+N(t) \tag{5.1}$$

设 t_k 为每轮采样的起始时刻，每隔时间 T 对下一个采样点进行采集，那么每轮中第 n 次采样后，有

$$f(t_k+nT)=f_s[t_k+(n-1)T]+N[t_k+(n-1)T] \tag{5.2}$$

由

$$f_s(t_k+nT)=f_s(t_k) \tag{5.3}$$

经过 m 轮重复性采样后，得到混合信号为

$$\sum_{n=1}^{m} f_s[t_k+(n-1)T]=mf_s(t_k)+\sum_{n=1}^{m} N[t_k+(n-1)T] \tag{5.4}$$

其中经过积累的噪声信号为

$$\sum_{n=1}^{m} N[t_k+(n-1)T]=\sqrt{N^2(t_k)+N^2(t_k+T)+\cdots+N^2[t_k+(m-1)T]} \tag{5.5}$$

将每轮采样的噪声均值定为 $\bar{N}(t_k)$，经过 m 轮重复性采样后，有

$$\sum_{n=1}^{m} N[t_k+(n-1)T]=\sqrt{m[\bar{N}(t_k)]^2}=\sqrt{m}\bar{N}(t_k) \tag{5.6}$$

由此可得整体系统信噪比为

$$\left(\frac{S}{N}\right)_{输出}=\frac{mf_s(t_k)}{\sqrt{m}\cdot\bar{N}(t_k)}=\sqrt{m}\left(\frac{S}{N}\right)_{输入} \tag{5.7}$$

即

$$\frac{(S/N)_{输出}}{(S/N)_{输入}}=\sqrt{m} \tag{5.8}$$

经过 m 轮叠加后，信噪比改善了 $\sqrt{m}$ 倍。因此，可以通过提高叠加采样次数的方式对信噪比进行优化，以提高检测结果的可靠性。如果是连续检测，增加叠加次数带来了更长时间的观测采样过程，对检测不利，那么还需要根据检测速度与准确

度的要求，合理设置叠加次数。

5.2.3　异常点剔除

为了更好地反映埋地金属管道的真实情况，需要去除无关的异常，只保留与埋地金属管道有关的信息。埋地金属管道检测过程中的异常主要是以下几种情况产生的二次干扰场：检测点正下方存在横穿的其他金属管道；检测点上方存在高压线干扰；检测点下方存在金属体，或该检测点位于管道三通接头处。这些检测点将会产生较大的异常干扰二次磁场，若不剔除，则无法得到有效的管道剩余壁厚数据。这些干扰源产生的信号通过滤波的方法无法消除，需要有针对性地进行异常点剔除。

在实际检测中，测点的布置无法像室内模拟试验那样密集，往往对管道的大面积腐蚀有较好的检出率，而腐蚀面积小或者点蚀会被漏检。因此，埋地管道腐蚀缺陷的归一化感应电动势剖面图反映出来的是较大面积的瞬变响应异常，若检测的感应电动势信号存在突变点，则表明此测点处存在干扰异常，该异常与埋地金属管道感应的二次磁场信号叠加，多测道剖面图表现出单个测点的瞬变响应值显著增大的特征。剔除这些异常点的做法是将数据进行测点圆滑处理，具体如下。

(1) 将 i 号测点的信号与同一时窗 i–1 号测点的信号相比，若相差较大(可设定相差比例，如 20%)，则继续与同一时窗 i+1 号测点的信号相比，若仍相差较大(可设定相差比例，如 20%)，则记录此测点。

(2) 重新计算该测点的信号幅值，计算公式为

$$a=\left(1-c_1\right)\lg(U_i)+c_1\left(\frac{r_1^{\ 2}}{r_1^{\ 2}+r_2^{\ 2}}\lg U_{i-1}+\frac{r_1^{\ 2}}{r_1^{\ 2}+r_2^{\ 2}}\lg U_{i+1}\right) \tag{5.9}$$

$$U_i'=10^a \tag{5.10}$$

式中，$c_1=c_0/100$ (c_0 为 0～100 的可调系数，c_0 越大，圆滑程度越高)；U_i 为 i 号测点处某时窗的归一化感应电动势；r_1 为 i–1 号测点与 i 号测点之间的距离；r_2 为 i 号测点与 i+1 号测点之间的距离；U_i' 为重新计算的该测点的信号幅值。

(3) 用同样的方法处理其余时窗信号幅值。

下面以管道模型检测过程中的某一次检测为例，说明异常点剔除效果。异常点剔除效果如图 5.2 所示，图中为 15～22 号时窗的数据。其中，图 5.2(a) 是测得的归一化感应电动势多测道剖面图，可以明显地看到在 13 号测点处存在异常干扰，若直接进行剩余壁厚计算，则得不到准确的剩余壁厚数据，导致本次检测过程失效。剔除异常点后，13 号测点的异常干扰得到剔除，如图 5.2(b) 所示，整组数据都能正常反映埋地金属管道信息。

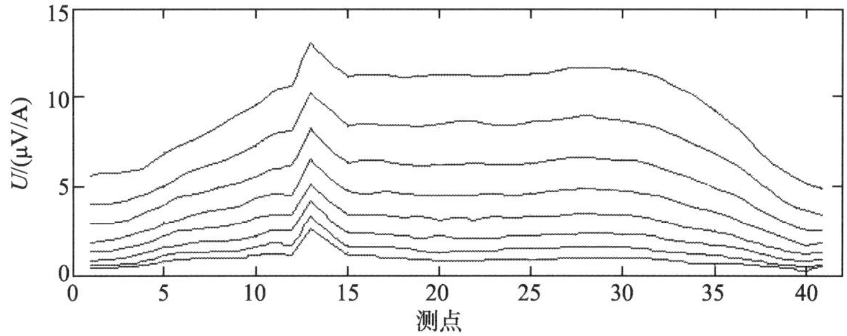

(a) 异常点剔除前的多测道剖面图

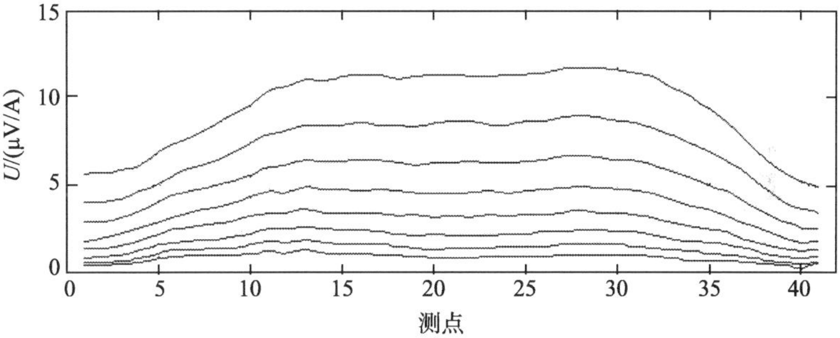

(b) 异常点剔除后的多测道剖面图

图 5.2　异常点剔除效果图

5.2.4　分离一次磁场

用瞬变电磁法检测埋地金属管道，理论上得到的数据是被测埋地金属管道及周围大地响应的纯二次磁场信息，这是它与频域电磁法的根本区别[3]。但是现有的仪器装置不可能做到瞬间关断，即存在斜阶跃波效应，其高频成分会对早期数据产生较大影响；瞬变电磁检测仪的接收装置是感性负载，当发射电流发生关断畸变时，一次磁场和二次磁场会对其分布电容进行充电和放电，即接收线圈存在固有的过渡过程，使得测得的瞬变电磁信号早期部分叠加了一次感应电动势[4]。由于存在一次磁场的干扰，瞬变电磁检测的早期数据将不准确，丢失了浅层检测信息，导致检测盲区。为减少一次磁场对观测结果的影响，有必要将一次磁场信号分离。

分离一次磁场的方法主要有以下几种[5]。

(1) 为了消除一次磁场对早期数据的影响，直接将早期时窗信号删除，这种做法可能会丢失浅部信息。

(2) 首先通过正演模拟地质模型计算得到二次磁场数值，则实测的二次磁场与正演计算得到的二次磁场的差值就是一次磁场大小，然后将一次磁场消除。由于正演模拟时存在对模型的理想化假设，所以仿真结果与仪器的实际接收信号之间存在一定差异，且耗费的时间过长，不利于实际应用。

(3) 根据接收线圈等效电路模型，由发射电流计算一次感应电动势，并得到一次感应电动势的影响，由测得的总感应电动势减去一次感应电动势的影响得到纯二次感应电动势。

一般采用方法(3)来消除一次磁场的影响，具体的计算方法如下。

假设检测装置工作在临界阻尼状态，关断时间为 t_{of}，观测时间为 t，当 $0<t\leqslant t_{of}$ 时，接收线圈产生的一次感应电动势为

$$U_{1gg}(t)=[1-(1+\delta t)e^{-\delta t}]\frac{M_{FJ}I}{t_{of}} \tag{5.11}$$

式中，δ 表示阻尼系数；M_{FJ} 为发射线圈与接收线圈之间的互感；I 为激励电流。

当 $t>t_{of}$ 时，接收线圈产生的一次感应电动势为

$$U'_{1gg}(t)=U_{1gg}(t_{of})[1+\delta(t-t_{of})]e^{-\delta(t-t_{of})} \tag{5.12}$$

因此，斜阶跃响应下，接收线圈中感应的一次磁场过渡过程用公式表示如下：

$$U_{1g}(t)=\begin{cases}U_{1gg}(t), & 0<t\leqslant t_{of}\\ U'_{1gg}(t), & t>t_{of}\end{cases} \tag{5.13}$$

斜阶跃响应下，导体在接收线圈中产生的二次磁场感应电动势的理论值为

$$U_{2g}(t)=\begin{cases}-\dfrac{IM_{FD}M_{DJ}}{L_D t_{of}}e^{-t/\tau}, & 0<t\leqslant t_{of}\\ \dfrac{IM_{FD}M_{DJ}}{L_D t_{of}}(1-e^{-t_{of}/\tau})e^{-(t-t_{of})/\tau}, & t\geqslant t_{of}\end{cases} \tag{5.14}$$

式中，M_{FD} 为发射线圈与埋地金属管道的耦合系数；M_{DJ} 为接收线圈与埋地金属管道的耦合系数；L_D 为埋地金属管道的等效电感；τ 为埋地金属管道的时间常数。

在发射电流关断后，纯二次磁场产生的感应电动势应为测得的感应电动势减去一次感应电动势，即

$$U_2(t)=U_{2g}(t)-U_{1g}(t)=U_{2g}(1-U_{1g}/U_{2g}) \tag{5.15}$$

当 $t=t_{of}$ 时，一次感应电动势比二次感应电动势要大许多，假设两者的幅值之比为 20，将式(5.13)和式(5.14)代入式(5.15)，则可得到

$$U_2(t)=U_{2g}(t)\left(1-\frac{20[1+\delta(t-t_{of})]e^{-\delta(t-t_{of})}}{e^{-(t-t_{of})/\tau}}\right) \tag{5.16}$$

因此，可通过测得的二次感应电动势 $U_{2g}(t)$ 计算得到纯二次磁场的感应电动势 $U_2(t)$。

下面以管道模型检测过程中的某一次检测为例，来说明一次磁场分离的效果。一次磁场分离效果如图 5.3 所示，图中显示的是较早期的 4～13 号时窗数据。其中，图 5.3(a) 所示是测得的归一化感应电动势多测道剖面图，图 5.3(b) 所示是一次磁场分离后的归一化感应电动势多测道剖面图。经过一次磁场分离后，信号幅值有所减小，可以很清晰地看到在 5～10 号测点处二次磁场感应信号无变化，从 11 号测

点开始二次磁场信号发生变化，说明埋地金属管道此处的壁厚开始发生变化，这与实际的埋地金属管道模型相符。

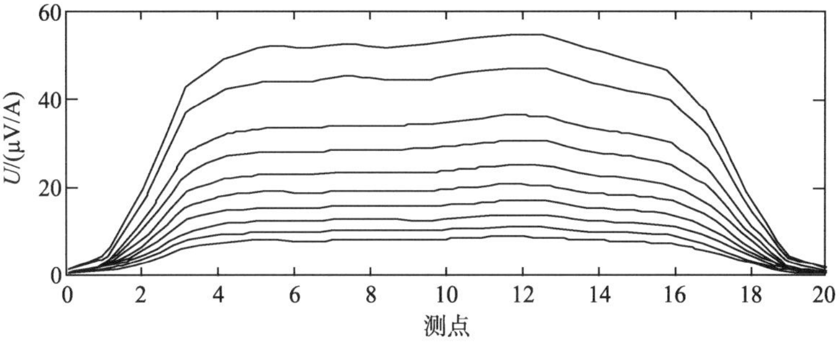

(a) 一次磁场分离前的多测道剖面图

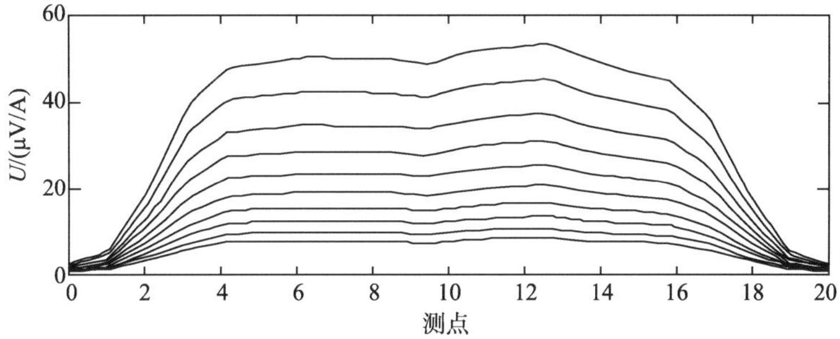

(b) 一次磁场分离后的多测道剖面图

图 5.3　一次磁场分离效果图

5.2.5　平滑滤波

剔除异常点和分离一次磁场的方法，消除了突发性干扰噪声，同时早期数据也得到改善，但晚期数据仍需要用其他的去噪方法进行处理以提高信噪比。根据瞬变电磁信号单向指数衰减规律，可采用三点指数逼近平滑滤波方法[6]。与单纯三点滤波方法相比，三点指数逼近平滑滤波方法对密集采样数据效果更好，且个别奇异点对信号无影响。三点指数逼近平滑滤波的具体步骤如下。

对 t_i 时刻的感应电动势进行三点指数逼近平滑滤波：

$$U_i'(t)=(U_{i-1}(t)+2U_i(t)+U_{i+1}(t))/4 \tag{5.17}$$

计算 i 号测点的斜率为

$$K_i=\frac{\ln U_i-\ln U_{i-1}}{t_i-t_{i-1}} \tag{5.18}$$

假设 $U_{i+1}(t)>U_i'(t)$，有以下计算步骤。

(1) 计算 $i+1$ 号测点沿 i 号测点的斜率衰减值 $U_{i+1}'(t)$，有

$$\frac{\ln U_{i-1}(t)-\ln U_i(t)}{t_{i-1}-t_i}=\frac{\ln U_i(t)-\ln U'_{i+1}(t)}{t_i-t_{i+1}} \tag{5.19}$$

由于为等间隔采样，化简可得到

$$U'_{i+1}(t)=\mathrm{e}^{\ln U_i(t)-K_i(t_i-t_{i+1})} \tag{5.20}$$

(2) 计算 $U'_{i+1}(t)$ 、$U_i(t)$ 两测点的夹角为

$$\alpha=\arctan\left(\frac{\ln U_i(t)-\ln U'_{i+1}(t)}{t_i-t_{i+1}}\right) \tag{5.21}$$

(3) 计算夹角 1/2 处的正切值为

$$\tan\left(\frac{\alpha}{2}\right)=\frac{\ln U_i(t)-\ln U''_{i+1}(t)}{t_i-t_{i+1}} \tag{5.22}$$

(4) 化简式(5.22)，计算 $U''_{i+1}(t)$ 值为

$$U''_{i+1}(t)=\mathrm{e}^{\ln U_i(t)-\tan\left(\frac{\alpha}{2}\right)(t_i-t_{i+1})} \tag{5.23}$$

否则当 $U_{i+1}(t)<U'_i(t)$ 时，有

$$U'_{i+1}(t)=(\ln U_i(t)+\ln 2U_{i+1}(t)+\ln U_{i+2}(t))/4 \tag{5.24}$$

下面以管道模型检测过程中的某一次检测为例，来说明平滑滤波的效果。平滑滤波效果如图 5.4 所示，图中显示的是晚期 21～25 号时窗数据。其中，图 5.4(a) 是测

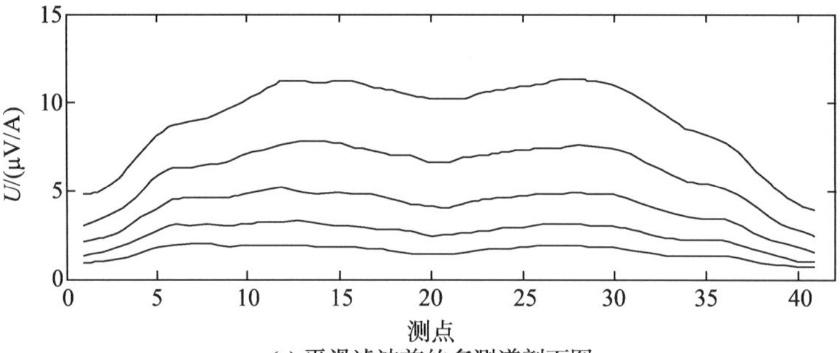

(a) 平滑滤波前的多测道剖面图

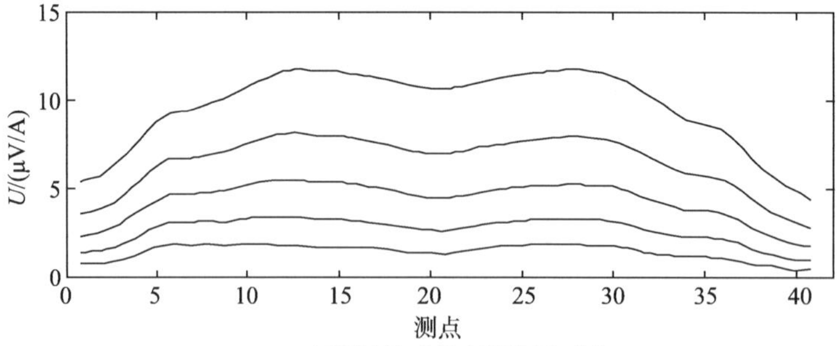

(b) 平滑滤波后的多测道剖面图

图 5.4　平滑滤波效果图

得的归一化感应电动势多测道剖面图，图 5.4(b) 是经过三点指数逼近平滑滤波后的归一化感应电动势多测道剖面图。由图 5.4(a) 和图 5.4(b) 对比可以看到，经过滤波处理后的数据曲线更加光滑连续，管道中间段的腐蚀缺陷瞬变响应特征更明显，提高了数据的信噪比。这为后续埋地管道剩余壁厚的计算提供了更好的数据来源，可提高检测精度。

5.3　数据处理软件

基于 5.2 节数据处理方法和最小二乘拟合的剩余壁厚计算方法，结合瞬变电磁检测埋地金属管道腐蚀的相关特性，本书作者设计开发了埋地管道非开挖检测系统数据处理软件。数据处理软件主要实现数据处理、管道剩余壁厚值计算、腐蚀成像和数据存储等功能，将采集的数据导入，经过处理后计算出管道的剩余壁厚，并成像显示结果，具有较好的人机交互性。埋地管道非开挖检测系统数据处理软件按照模块化设计，可对每个模块分别进行软件调试；同时，在每个模块进行编程时，加入运行异常进程处理程序，保证软件运行的可靠性。

埋地管道非开挖检测系统数据处理软件是基于 Microsoft Visual Studio 2010 平台 Visual C# .NET 语言开发的，该语言利用了.NET Framework，能够方便、快速、直观地创建和呈现 Windows 的应用程序。C#是面向对象的、简单、类型安全的程序设计语言，是从 C 和 C++派生来的一种新的编程语言，主要适用于 .NET 平台下的应用程序，具有如下特点[7]。

(1) 语法简洁。去掉了指针操作，不能够直接操作内存。

(2) 彻底地面向对象设计。它具有完全的面向对象语言的继承、封装和多态特性。

(3) 兼容性好。和其他开发语言组件有较好的兼容。

(4) 安全机制强大。消除了在软件设计开发中的语法等常见错误，提供垃圾回收器，能有效地管理内存资源。

(5) 具有完善的处理异常和错误机制。

(6) 具有强大的 Web 服务器控件。

埋地管道非开挖检测系统数据处理软件操作简单，只需将采集数据读入，便能计算出检测的剩余壁厚并显示管道的腐蚀程度。打开程序，软件开始界面如图 5.5 所示。单击“开始”按钮，进入如图 5.6 所示的数据处理工作界面。具体的软件操作及实现功能如下。

(1) 读取数据。埋地管道非开挖检测系统采集到数据后，单击“读取数据”按钮，载入采集到的数据，便会呈现数据的路径、采集数据的点数和时窗个数。

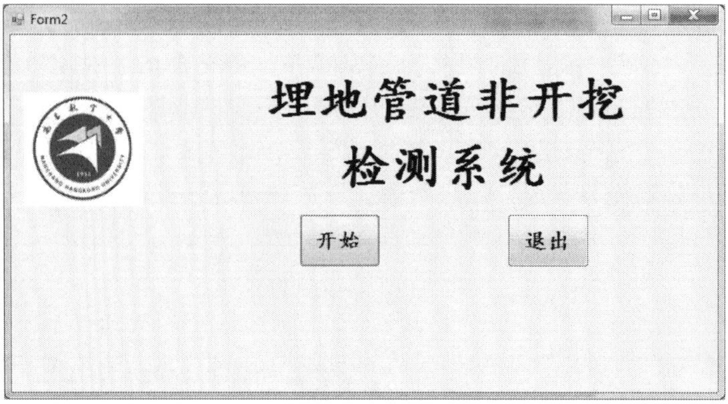

图 5.5　埋地管道非开挖检测系统数据处理软件开始界面

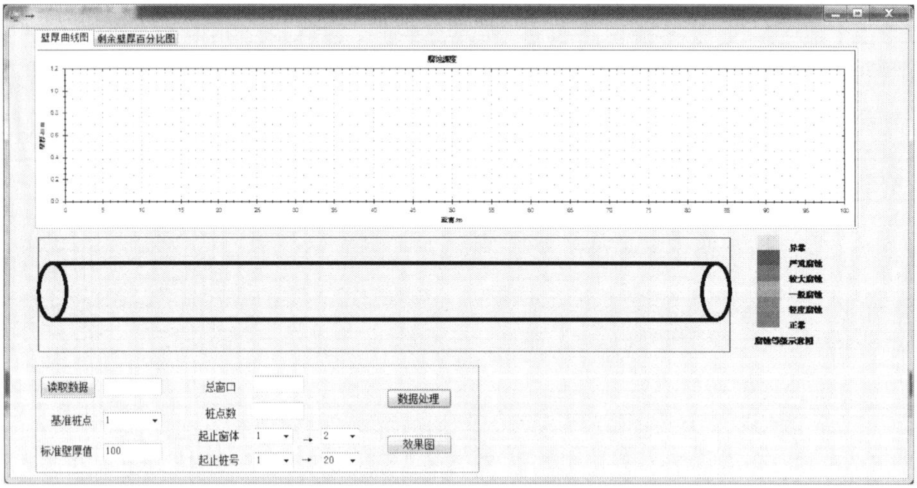

图 5.6　埋地管道非开挖检测系统数据处理工作界面

(2) 选取基准点并输入埋地管道壁厚值。在实际检测中，从管道某一处开始检测，无法预知哪部分管道是有缺陷的。因此，在读取了数据之后，需要选择一段较长且平稳的数据，通过分析确定出一个完好管道并将其中的某个点作为标准壁厚基准点。通常埋地管道不会出现很大一段腐蚀明显且程度基本一致的区域，这种较长平稳数据点的位置基本能反映完好埋地管道的情况。

(3) 选择起止测点号和起止时窗号。埋地管道检测中，往往会有很多的数据点，但太多的数据对观测不利。因此，可通过调节起止测点号定位到某区域，针对性地进行观测分析。而对于不同埋地管道的检测，考虑到埋深、外部环境、管径等多种因素，有些需要观测较早期的信号，有些则需要观测中晚期的信号，可以通过调整起止时窗号来观测最佳的数据曲线。

(4) 数据处理。对已经选定的数据进行异常点剔除、分离一次磁场和平滑滤波等操作，得到信噪比较高的纯二次磁场信号，用于后续的剩余壁厚计算。

(5) 显示剩余壁厚曲线和剩余壁厚百分比曲线。根据最小二乘拟合的剩余壁厚计算方法反演得到管道剩余壁厚值，将其连成剩余壁厚曲线。根据之前选取的基准点和设置输入的标准壁厚值，确定各个测点的壁厚值情况，计算得出剩余壁厚百分比，并做出曲线。

(6) 管道壁厚腐蚀成像。为了更直观地表现被测管道的状况，通过成像的方式把所测管道以平面图的方式呈现。管道各段的腐蚀情况用颜色加以区分。

5.4 石油管道检测

5.4.1 老任河石油管道检测

2010 年 7 月，本书作者对位于河北省河间市的老任河石油管道约 1.2 km 的管道进行瞬变电磁检测评价，并选取测点实施开挖验证。管道外径为 355mm，壁厚为 7.14mm，埋深为 1.5m，输送介质为原油，防腐保温层材料为硬质聚氨酯泡沫塑料，保温层厚度为 40mm。该输油管道于 2004 年 7 月停止使用，管道全程无裸露也无断点。

首先使用 SL-2188 型探管仪确定管道走向，然后以检测起点作为 0 号测点，测点间距为 10m，用埋地管道非开挖检测系统进行扫查。全部扫查完毕后对检测中的异常区域加密测点重复检测，使用的检测装置参数如表 5.2 所示。根据现场实际情况，本次检测共设置了 80 个测点，所有测点的检测结果中，管壁腐蚀程度在 5% 以内的有 28 个点，占全部测点的 35%；管壁腐蚀程度为 5%～10% 的有 14 个点，占全部测点的 17.5%；管壁腐蚀程度在 10% 以上的有 13 个点，占全部测点的 16.25%；此外，有 25 个测点存在强磁场干扰。

表 5.2 老任河石油管道检测装置参数

发射电流/A	发射频率/Hz	发射线圈参数			接收线圈参数		
		边长/m	匝数	线径/mm	边长/m	匝数	线径/mm
2.25	4	1	10	0.8	0.5	40	0.7

选取某一段长度约 380m 管道的检测结果，得到的归一化感应电动势多测道剖面图如图 5.7 所示。图中，10 号测点附近归一化感应电动势低于其左右邻近测点，18 号和 28 号测点的归一化感应电动势也衰减明显。因此，判断在这些测点处，管道存在不同程度的腐蚀情况。经过剩余壁厚算法处理，得到各测点的壁厚数据如图 5.8 所示。在 10～13 号测点管道存在腐蚀现象，腐蚀程度为 10%～20%；在 18～

21 号测点管道腐蚀比较严重，腐蚀程度超过了 20%；在 27～30 号测点管道也存在腐蚀，腐蚀程度超过了 10%。

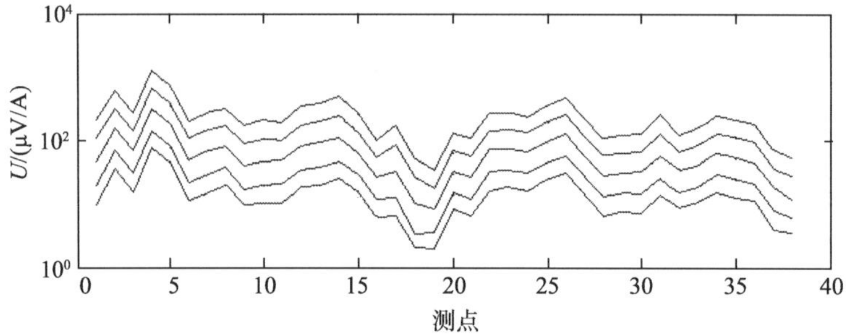

图 5.7　老任河石油管道某段 380m 长管道的归一化感应电动势多测道剖面图

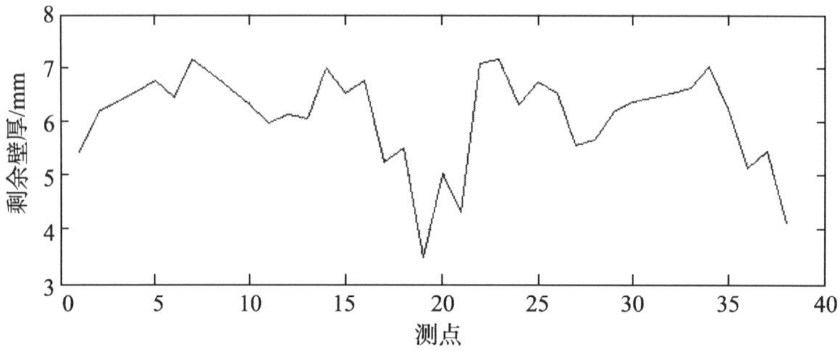

图 5.8　老任河石油管道某段 380m 长管道的剩余壁厚

随机选取其中的测点进行开挖验证，选取在 300m 附近处。将开挖的管道去除防腐保温层，对其中的 3 个位置环向抛光，采用超声测厚仪测量管道壁厚值，测量时在每一个环上等间隔取 10 个测点。开挖处管道的 3 个抛光环如图 5.9 所示。

图 5.9　老任河石油管道开挖处管道的 3 个抛光环

将所有测点的壁厚值取平均即得到该测点的真实壁厚值。其中，第一环的平均壁厚为 6.312mm，第二环的平均壁厚为 6.258mm，第三环的平均壁厚为 6.3mm，三个环的平均壁厚为 6.29mm。用瞬变电磁法测得的管道平均剩余壁厚为 6.36mm，相对误差仅为 1.11%。与管道原始壁厚相比，此处管道腐蚀程度为 11.90%，管道腐蚀状况如图 5.10 所示。

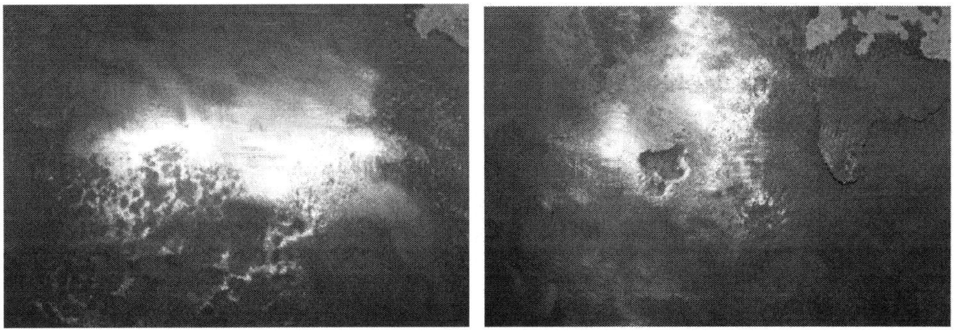

图 5.10　老任河石油管道开挖处管道腐蚀状况

5.4.2　三河生态活力公园石油管道检测

2015 年 7 月，本书作者受北京邹展麓成科技有限公司委托，对成都市三河生态活力公园地段埋地石油管道进行瞬变电磁检测，主要任务是探测此区域管道是否存在腐蚀缺陷。管道外径为 323mm，壁厚为 7.1mm，埋深为 1.5～1.7m，地势有缓慢起伏。检测装置参数如表 5.3 所示，检测现场环境如图 5.11 所示。

表 5.3　三河生态活力公园石油管道检测装置参数

发射电流/A	发射频率/Hz	发射线圈参数			接收线圈参数		
		边长/m	匝数	线径/mm	边长/m	匝数	线径/mm
1.8	16	1	30	0.8	0.5	60	0.7

图 5.11　三河生态活力公园检测现场环境

实施瞬变电磁检测前，使用探管仪对埋地管道走向进行定位，并记录埋深，在管道正上方按管道走向布置测线，采用定点测量的方式，测点间距为 1m，测线总长度为 50m，得到的归一化感应电动势多测道剖面图如图 5.12 所示。整体看来，各测点间的剖面曲线比较平缓，18 号和 29 号测点虽然较之前出现突变增大的情况，但之后每个测点又呈缓慢减小的趋势，故不能判定为管道探测的腐蚀异常。总体剖面曲线趋势略有下降的原因是，检测装置放于草地上，随着探测距离的增大，草地坡度变大，造成管道埋深变大，接收的感应电动势值缓慢减小。此次检测未发现管道存在严重腐蚀，因此委托方没有对该段管道进行开挖验证。

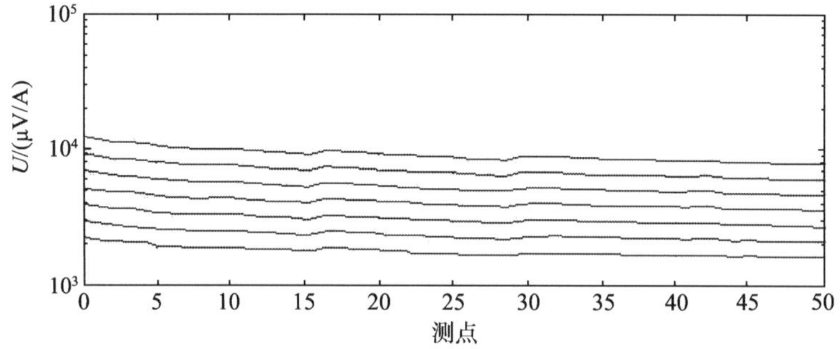

图 5.12　三河生态活力公园石油管道检测归一化感应电动势多测道剖面图

5.4.3　赛罕塔拉石油管道检测

2017 年 9 月，本书作者受中国石油华北油田二连分公司的委托，对赛罕塔拉单油井间的埋地石油管道进行腐蚀检测，同时评估管道的腐蚀程度。整体检测工程包含从赛一联合站出发的 Y1～Y6 集油管道，其中 Y4 线检测位置从赛一联合站墙根 20m 开始到油井 S32-1X 结束，总线距离为 2375m。输油管道外径为 273.1mm，壁厚为 6.4mm，管道埋深变化范围大，约为 1～3m。检测线路中有网围栏等障碍物。将 Y4 线划分为 15 段进行检测，普查后对腐蚀异常信号的重点区域进行复检。检测装置参数与表 5.3 中相同，适当增大发射电流，采用定点检测方式，测点间距设为 0.5m。检测现场环境如图 5.13 所示。

选取 Y4 线某处复检结果，将测点转成检测距离，共计 30m，得到的中晚期时窗归一化感应电动势多测道剖面图如图 5.14 所示。图中椭圆标注的区域为感应电动势变化显著的异常区域，左边第一个异常区域感应电动势变化幅度大，呈先下降后上升的趋势，且幅值小于时窗信号的感应电动势平均值；第二个异常区域感应电动势变化幅度较小，呈先下降后上升的趋势，其幅值也小于时窗信号的感应电动势平均值。因此，把这两处异常判定为管道腐蚀引起的瞬变响应异常。通过数据处理和剩余壁厚计算，两处异常的管道剩余壁厚分别是 3.63mm 和 4.25mm，腐蚀量分别达到 43.28% 和 33.59%。对两处腐蚀严重区域开挖验证，并将管道剖开，发现管道内壁均存在严重腐蚀，如图 5.15 所示，图中用椭圆标注的是腐蚀最严重区域，第二处腐蚀区域面积明显大于第一处腐蚀区域，与检测结果一致。

图 5.13　赛罕塔拉石油管道检测现场环境

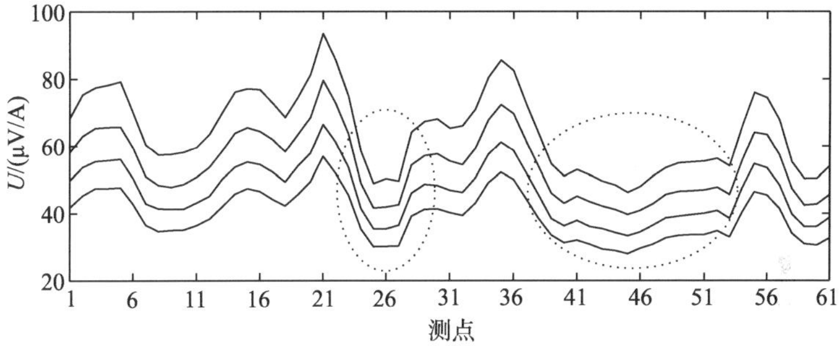

图 5.14　Y4 线重点腐蚀区域检测归一化感应电动势多测道剖面图

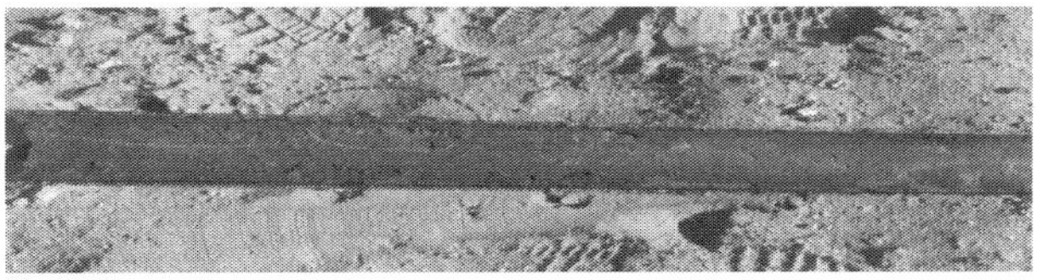

(a) 第一处异常开挖验证

(b) 第二处异常开挖验证

图 5.15　Y4 线重点腐蚀区域现场开挖验证图

5.4.4　马村盗油阀门检测

2015 年 10 月，本书作者对中国石化某分公司的输油管道进行检测。该段管道位于北京市大兴区马村，管道在敷设时放置了压力监测装置，通过监测输油管道的压力来判断管道是否运营正常。检测实施之前几年，公安机关破获了附近非法安装盗油阀门的盗油案件。后来，管道运营方发现某压力监控装置出现了一段持续约 40min 的压力下降，怀疑此次压力下降的原因是附近还存在盗油装置。由于压力监控装置敷设间隔较大，精度不够，只能划定可疑范围，1 年内通过多种检测方法未能找到盗油阀门的具体位置。因此，邀请我们采用埋地管道非开挖检测系统对马村可能存在的盗油阀门进行检测。管道运营方将可能出现盗油阀门的位置划定在 1km 的管道范围内，根据现场环境划分检测区域，但是管道穿越的地形比较复杂，有草丛、居民区、废墟等，占压情况比较严重，无法做到全覆盖检测。

由于运营方未提供相关探管设备和技术图纸，所以不知道管径、壁厚等参数，只了解大致管道位置和方向，埋深为 1m 左右，第一处检测现场如图 5.16 所示。检测区域近末端存在一个标识桩，标识桩中有钢筋混凝土成分，在标识桩附近区域会接收到更大的感应电动势值，对检测结果存在影响，因此检测时把标识桩移去后完成测量。将皮尺沿着大致管道方向展开作为检测路径，方便记录。检测装置参数与表 5.3 中相同，采用定点测量的方式，测点间距设为 0.5m。

图 5.16　马村第一处检测现场

第一处检测现场的归一化感应电动势多测道剖面图如图 5.17 所示。从图中清晰可见自 9 号测点开始，接收线圈的感应电动势值显著变大，到 12 号测点恢复正常。感应电动势值增大的范围位于移去标识桩区域，地面平坦，周围无特殊环境能引起此异常。从归一化感应电动势值看，瞬变响应异常显著，且 11 号和 12 号测点接收电压值基本一致。由于异常增大较明显，但是增大部分的感应电动势值还未到其原来值的 1 倍，且管道埋深只有 1m 左右，不可能有交叉管道从其上方经过。如果是交叉管道从检测管道下方经过，埋深加大，其异常剖面的变化不会这样剧烈，且异常的范围在 1m 以内，小于一般交叉管道引起的异常范围，因此排除了存在交叉管道的可能。综合判断此区域很可能存在盗油阀门装置，经运营方证实，标识桩位置的确存在一个盗油阀门，但并未移去，只是通过焊接方式将盗油阀门焊死，因此异常的程度比一般盗油阀门更加明显。

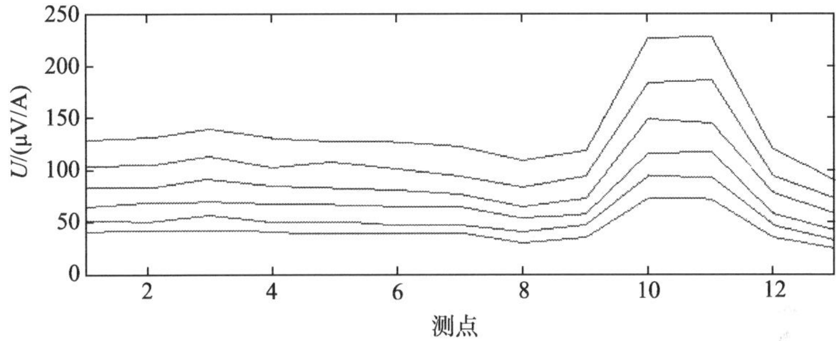

图 5.17　马村第一处检测现场归一化感应电动势多测道剖面图

另一处产生明显异常的检测现场是一公交站台旁，检测现场环境如图 5.18 所示。此段检测距离较长，路面状况较好，且每隔几十米有管道定位标记，采用定点测量方式，测点间距设为 1m，获得了 100m 左右的归一化感应电动势多测道剖面图，如图 5.19 所示。从图中可以看出，前 50 个测点的剖面曲线波动很大，1～16 号测点接收到的感应电动势值逐渐减小，17～35 号测点接收的感应电动势值逐渐变大，36～50 号测点接收的感应电动势值呈逐渐减小趋势。由于测点间距比较大，前 50 个测点覆盖了 50m 的范围，因此这种大范围的异常不是由盗油阀门、交叉管道这样的干扰源产生的。检测地段在水泥路段，地势平坦，因此也排除埋深变化带来此种异常的可能。从 50 号测点开始，接收的感应电动势值变小，且剖面曲线十分紊乱，接收到的信号不稳定，造成这种情形的原因是电磁干扰，现场开挖后得到了证实。

图 5.18　马村公交站台检测现场环境

在 84 号测点，接收的感应电动势有明显的突变，这和盗油阀门引起的异常很像。周围未见可能引起此异常响应的其他干扰，因此怀疑此区域可能存在盗油阀门，随后对此区域加密测点进行复检。97 号测点的位置也出现了异常的感应电动势增大，但这是受到路边电线杆的影响所致。

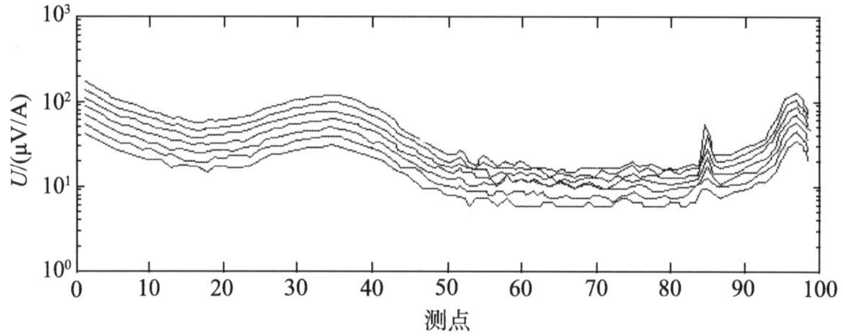

图 5.19　马村公交站台检测归一化感应电动势多测道剖面图

对 84 号测点附近疑似区域进行了多次重复检测，测点间距缩小为 200mm，得到的归一化感应电动势多测道剖面图如图 5.20 所示。多次检测在同一位置(即以 15 号测点为中心的区域)接收到的感应电动势值都出现增大的现象，异常的范围在 1m 以内，图中间隔 200mm 均有 2 个点在峰值附近，因此判定为盗油阀门等较小金属物件引起的瞬变响应异常。现场开挖情况如图 5.21 所示，地下为 2 根并行埋地管道，间距为 0.5m，埋深为 2.5m，管道旁敷设了电缆，这是造成接收信号紊乱的原因，开挖处并未发现盗油阀门。但开挖处异常信号明显，且多次检测重复性好，开挖的土壤中也未见其他明显的金属物体。将挖土回填后再次检测此区域，发现感应电动势异常消失。综合各种因素分析，此处为管道焊缝位置，地上为公交驻停路面，可能是管道内部压力和外部土壤共同作用，在焊缝区域造成的应力集中过大而产生的瞬变响应异常。开挖回填后，此处土壤应力被释放，因此接收到的感应电动势重新恢复正常。此外，此次检测的其他区域未再发现疑似盗油阀门的异常瞬变响应。因此，若该区域确实有盗油阀门存在，则可能是在管道被占压而无法检测的区域。

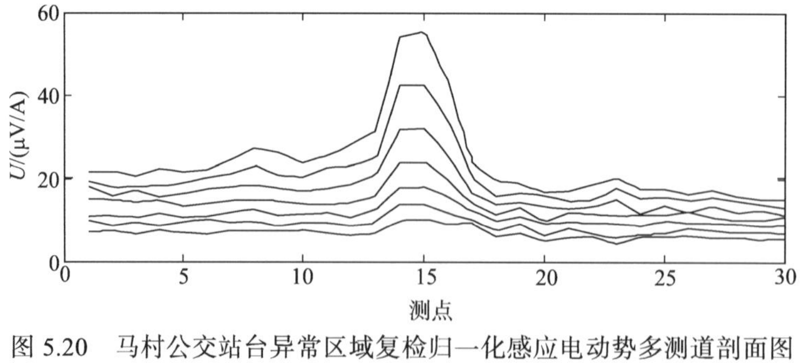

图 5.20　马村公交站台异常区域复检归一化感应电动势多测道剖面图

图 5.21　马村公交站台异常区域开挖现场

5.5　天然气管道检测

5.5.1　石西油田天然气管道检测

2012 年 6 月，本书作者对乌鲁木齐市石西油田一段长度为 50m 的并行埋地天然气管道进行瞬变电磁检测。此管道存在较为严重的泄漏情况，已经停止使用。管道外径为 219mm，壁厚为 6mm，埋深为 1.5m，并行管道间距为 2m。

首先使用 SL-2188 型探管仪确定管道走向，然后以检测起点作为 0 号测点进行检测，测点间距为 2m，共计 25 个测点。检测装置参数如表 5.4 所示，检测现场环境如图 5.22 所示。

表 5.4　石西油田天然气管道检测装置参数

发射电流/A	发射频率/Hz	发射线圈参数			接收线圈参数		
		边长/m	匝数	线径/mm	边长/m	匝数	线径/mm
2.12	32	1	30	0.8	0.5	60	0.7

检测结束后，将测得的数据利用埋地管道非开挖检测系统数据处理软件进行处理，得到的归一化感应电动势多测道剖面图如图 5.23 所示。从剖面图中可以看到，该段管道在 11(距起点 24m)～17 号测点(距起点 34m)处，瞬变响应信号幅值有明显下降。计算剩余壁厚，把求得的剩余壁厚值与管道原始壁厚值进行比较，得到管道的腐蚀程度。由计算结果可知，整段管道均有腐蚀，其中，13～19 号测点(28.0～40.0m)处有严重腐蚀，其腐蚀量大于 50%，其余部分均有不同程度的腐蚀。

图 5.22　石西油田天然气管道检测现场环境

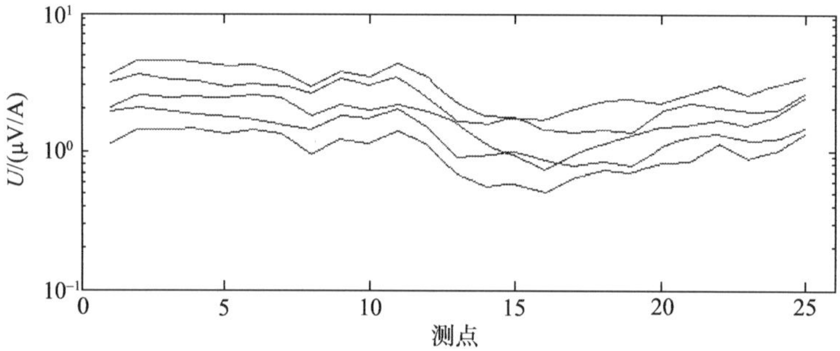

图 5.23　石西油田天然气管道检测归一化感应电动势多测道剖面图

为了验证检测结果的准确性，在 13～19 号测点区域随机选点进行开挖验证，如图 5.24 所示。采用超声测厚仪测量管道壁厚，发现管道的壁厚值与原始壁厚值相比严重偏小，腐蚀量在 60%左右，轻敲管道，管道内掉落许多铁锈，证明了检测的可靠性。

图 5.24　石西油田天然气管道开挖验证现场

5.5.2　大鲁店附近天然气管道检测

2014 年 9 月，本书作者对北京天然气管道有限公司位于大鲁店附近的一段天然气管道进行了非开挖瞬变电磁检测。此前有俄罗斯检测人员使用磁力层析技术对这条管道进行了非开挖检测，管道运营方根据俄罗斯检测人员给出的结果，即将在某处进行开挖验证。实施开挖前一日，受北京天然气管道有限公司的邀请对待开挖区域的管道进行检测。

待检管道外径为 710mm，壁厚为 8mm，运行压力为 1.3MPa，管体表面防腐层为环氧粉末涂料，管道埋深约为 2.1m。管道位于一条河边，地下土壤含水量偏高，开挖后的坑内需要用水泵定时抽水，地面平坦，有密集草类植被。待检测区域实地环境如图 5.25 所示，后期开挖验证现场如图 5.26 所示。

图 5.25　大鲁店附近待检测区域实地环境

图 5.26　大鲁店附近开挖验证现场

规划检测区域，以待开挖点为中心，选取前后共 8m 管段，并确定具体检测方案。检测装置参数如表 5.5 所示。

表 5.5　大鲁店附近天然气管道检测装置参数

发射电流/A	发射频率/Hz	发射线圈参数			接收线圈参数		
		边长/m	匝数	线径/mm	边长/m	匝数	线径/mm
1.8	32	1	40	0.8	0.5	80	0.8

沿着管道从起始点至终点进行连续检测，对观测到的信号进行预处理，选取各测点不同时窗的归一化感应电动势值进行分析，得到的多测道剖面图如图 5.27 所示。

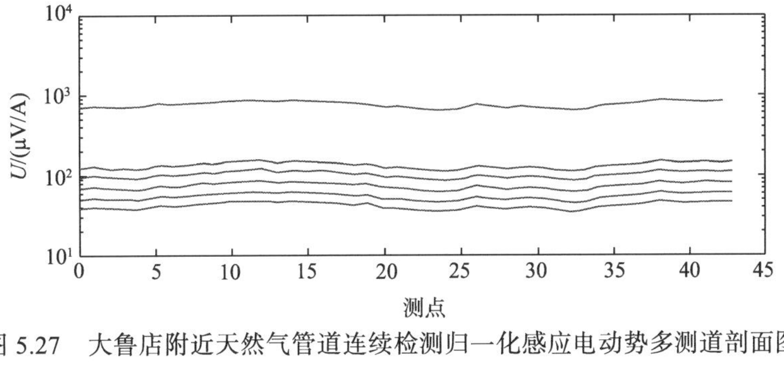

图 5.27　大鲁店附近天然气管道连续检测归一化感应电动势多测道剖面图

整体剖面数据的微小波动是由连续检测过程中的检测线圈移动造成的，每个测点线圈的水平度、离管道中心的偏离程度会有较小差异，不属于噪声干扰。为便于比较，还进行了定点检测，测点间距为 0.5m，得到的定点检测归一化感应电动势多测道剖面图如图 5.28 所示。对连续检测和定点检测的结果进行对比，可以看出两者差异不大，连续检测具有较好的可行性。

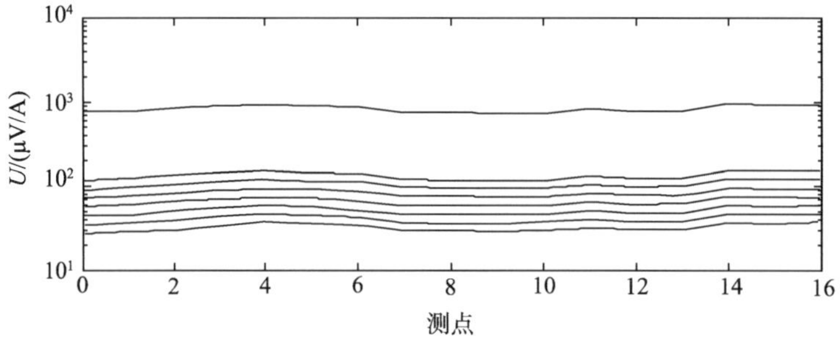

图 5.28　大鲁店附近天然气管道定点检测归一化感应电动势多测道剖面图

根据连续检测的结果，综合检测环境记录，进行剩余壁厚反演计算，结果如图 5.29 所示。换算后的检测距离与实际值稍有偏差，因实际检测过程中无法做到绝对匀速，参考检测过程中的实时记录，图中椭圆标注的位置为运营方即将开挖的目标中心点，反演得到待开挖点处的剩余壁厚值约为 7.38mm。因附近无已开挖点或裸露管体作基准参考，故代入管道初始壁厚值进行剩余壁厚的计算。

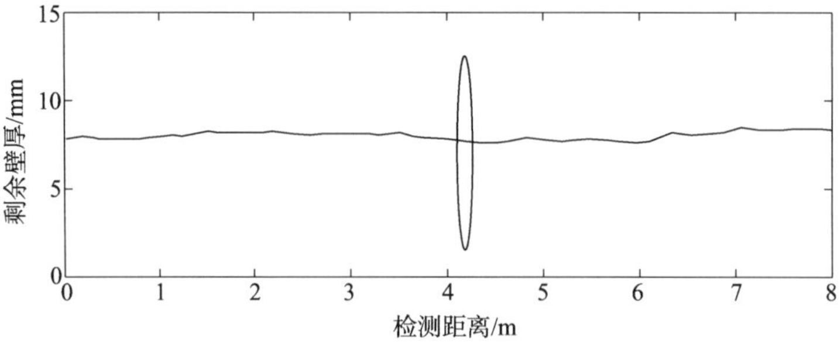

图 5.29　大鲁店附近天然气管道剩余壁厚

开挖验证发现，管体表面防腐层材料完好，存在内壁腐蚀情况，且管体底部腐蚀程度远大于顶部。使用超声测厚仪对此处局部区域进行了壁厚测量，取中心点、左右各 10cm 处共三个位置进行圆周测厚，圆周每隔 45° 测量一个值，并取均值记录到表 5.6 中。由表中数据可知，实际管体腐蚀程度较小，整个区域的剩余壁厚均值为 7.62mm，与连续检测反演出的结果相差 0.24mm，误差为 3.15%，验证了实际工程应用中连续检测的可行性和可靠性。

表 5.6　大鲁店附近天然气管道实测壁厚均值

位置	左 10cm 处	中心点	右 10cm 处
壁厚均值/mm	7.56	7.68	7.62

5.5.3　京藏高速某段天然气管道检测

2014 年 9 月，本书作者对北京天然气管道有限公司位于京藏高速北京段附近的一段天然气管道进行了非开挖瞬变电磁检测。待检管道外径为 520mm，壁厚为 8mm，管道埋深约为 2.6m，管道防腐层材料为环氧粉末涂料。管道所在环境为树林，穿过几条马路，总检测长度约为 1100m，地面植被较少，但路面不够平坦。附近有一处阀井，可取作壁厚参考基准值，如图 5.30 所示。

检测之前，使用探管仪对待检管道进行了精确定位，检测现场环境如图 5.31 所示。在地表做好标识后进行检测段的划分，根据实际情况，确定检测方案，检测装置参数如表 5.7 所示。

图 5.30　阀井处管道图

图 5.31　京藏高速某段天然气管道检测现场环境

表 5.7　京藏高速某段天然气管道检测装置参数

发射电流/A	发射频率/Hz	发射线圈参数			接收线圈参数		
		边长/m	匝数	线径/mm	边长/m	匝数	线径/mm
1.5	32	1	50	0.8	0.5	100	0.8

由于此段管道埋深较大，所以增加了检测线圈匝数，采集的信号早期出现较

严重的饱和现象，选取中晚期时窗数据进行处理，对结果有一定影响。整体数据量较大，选取其中一个区域连续检测的归一化感应电动势多测道剖面图如图 5.32 所示。

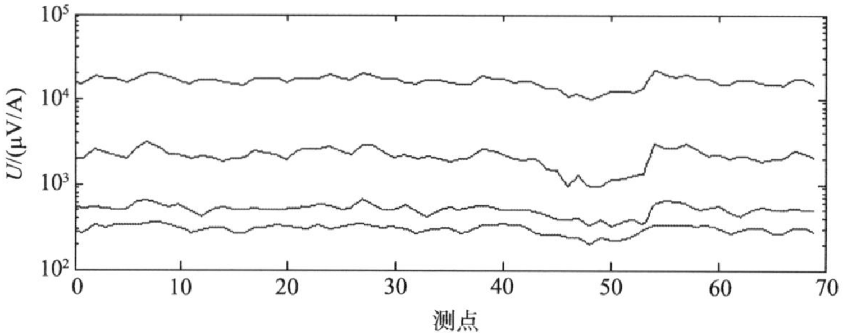

图 5.32　京藏高速某段天然气管道连续检测归一化感应电动势多测道剖面图

受实际地面环境影响，连续检测时检测装置不能平稳前进，晃动和偏离程度都会影响各测点的实测值。在 50 号测点处前后出现异常低信号，疑似为腐蚀区域。进行壁厚反演，以阀井处采得的信号为基准壁厚参考，将测点转换成检测距离，得到壁厚数据如图 5.33 所示。由图可以看出，距检测起点 6.9m 处为中心的区域壁厚值相对较低，壁厚最低值为 6.76mm，最大腐蚀量约为 16.7%。此位置是由测点数均匀换算得到的，腐蚀的实际位置可能有偏差。

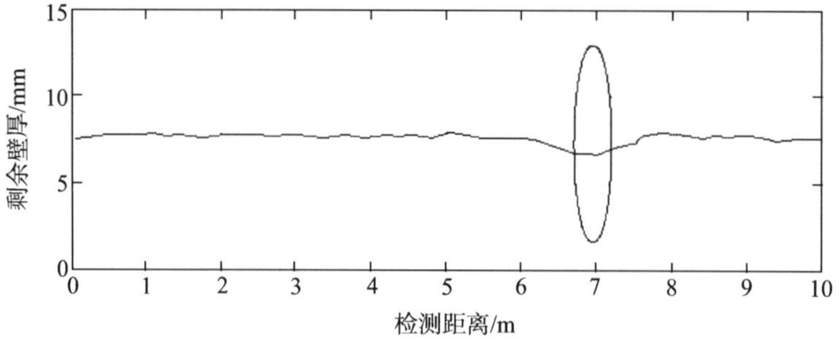

图 5.33　京藏高速某段天然气管道剩余壁厚

为了确定最大腐蚀区域存在的准确位置，并再次验证连续检测的可靠性，以上述疑似点为中心，划定前后各 3m 共 6m 的复检区域，进行定点检测复检验证，测点间距为 0.5m，得到定点复检归一化感应电动势多测道剖面图如图 5.34 所示。

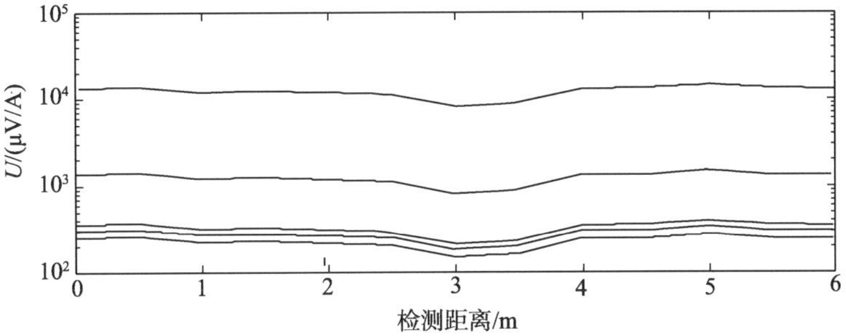

图 5.34　京藏高速某段天然气管道定点复检归一化感应电动势多测道剖面图

定点复检结果与连续检测相近，严重腐蚀区域位置偏移较小，结合实地记录，推断距检测区域中心约 3.2m 处(即原区域 7.2m 处)为腐蚀最严重的区域中心。后期以此处为中心进行了开挖验证，结果显示此处只存在少量内壁腐蚀，其真实壁厚值相较于检测结果要大得多。但该区域内的管体存在多处大面积组织异常，如图 5.35 所示，分析检测结果产生较大偏差的原因主要是此处管体组织的异常。

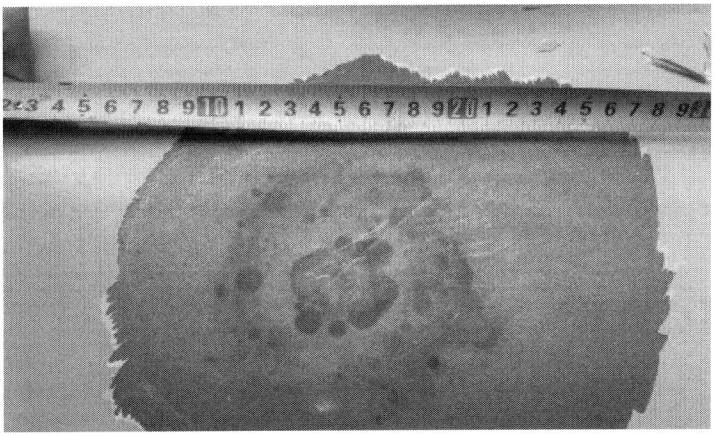

图 5.35　京藏高速某段天然气管道开挖验证处的管道组织异常

5.5.4　长庆油田天然气管道检测

2014 年 10 月，本书作者对陕西省榆林市中石油长庆油田第二采气厂厂站内部的在役天然气管道进行了非开挖瞬变电磁检测。由于此段管道是场站内部的主管道，管径比较大，外径为 650mm，壁厚为 10mm，埋深为 2.1m。厂站内检测环境较好，采用连续检测的方式，检测现场环境如图 5.36 所示，检测装置参数与表 5.4 中一致。

图 5.37 为某段管道的检测数据中部分时窗的剖面数据，可见 25～30 号测点有明显的信号异常，原因是此处有两管交汇情况，其他区域信号趋于平稳。

图 5.36　长庆油田第二采气厂检测现场环境

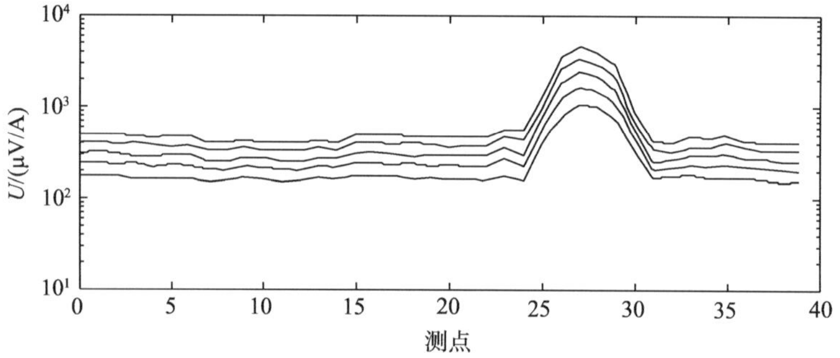

图 5.37　两管交汇处归一化感应电动势多测道剖面图

厂内大部分区域铺有石灰石，中间有人行道可供行人与车辆通过，人行道地面比石灰石区域低约 200mm，抽检的管道中经过多个区域，连续检测时要从石灰石区域进入人行道再进入石灰石区域，采集到的信号会出现相应的异常区域，如图 5.38 所示，15～25 号测点对应的就是人行道地面，这一段埋深相对减小会使该区域的信号幅值略有增加。

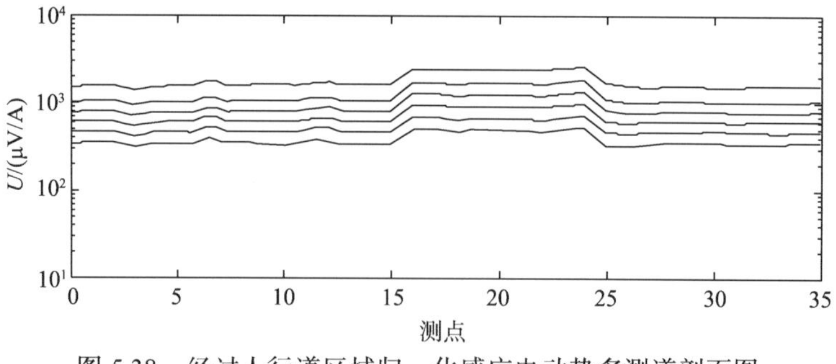

图 5.38　经过人行道区域归一化感应电动势多测道剖面图

通过对检测结果和现场记录的综合数据分析，判定厂内埋地天然气管道运营状况良好，抽检的管道中不存在严重腐蚀情况。

5.5.5　昌平区某段天然气管道检测

2015 年 9 月，本书作者对北京天然气管道有限公司位于北京市昌平区的一段埋地管道进行非开挖瞬变电磁检测。检测之前，管道方使用雷迪管线探测仪对管道进行了大范围的包覆层破损情况检测，对破损严重的点进行了定位，并准备开挖 3 个检测破坏程度最为严重的点。开挖前，使用埋地管道非开挖检测系统对开挖点进行检测，以便开挖后进行验证和技术改进。

被检管道外径为 529mm，壁厚为 8mm，埋深为 2.6m。检测现场环境良好，地面平坦，如图 5.39 所示。

图 5.39　昌平区某段天然气管道检测现场环境

以 3 个要开挖的点为中心布置测线，采用定点检测方式进行检测，测点间距设为 0.5m，检测装置参数如表 5.8 所示。

表 5.8　昌平区某段天然气管道检测装置参数

发射电流/A	发射频率/Hz	发射线圈参数			接收线圈参数		
		边长/m	匝数	线径/mm	边长/m	匝数	线径/mm
2.1	16	1	30	0.8	0.5	60	0.8

其中一条测线的归一化感应电动势多测道剖面图如图 5.40 所示，从图中没有发现瞬变响应异常的区域，由于埋深较大，接收到的感应电动势值较小。经过剩余壁厚反演软件处理后，也没有发现管体腐蚀区域，因此判断该区域没有管道腐蚀情况。其余两条测线也得到同样的检测结果。运营单位开挖后证实，确实只是防腐层破损严重，管体未受到腐蚀，管壁未出现明显减薄，与瞬变电磁检测结果一致。

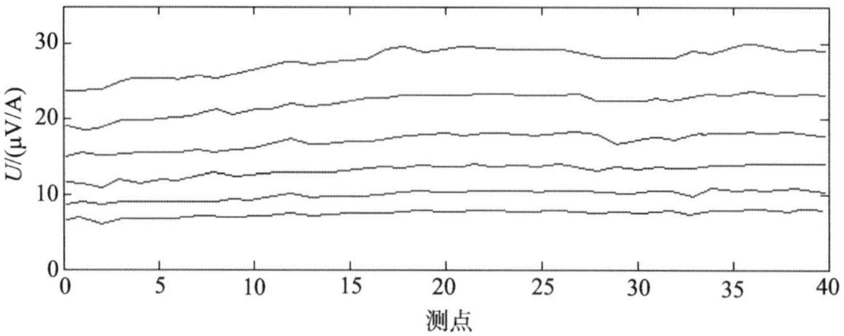

图 5.40　昌平区某段天然气管道检测归一化感应电动势多测道剖面图

5.6　热力管道检测

埋地管道除了用于长距离能源输送，还用于居民供暖，即作为热力管道。热力管道的铺设一般是在城市人口密度大的区域，复杂的铺设环境和城市生态环境给检测带来了新的问题。前面主要将瞬变电磁法用于埋地管道腐蚀的检测，其对象是长输油气管道，我们也尝试将该方法应用到城市热力管道的检测中，本节给出相关的检测案例。

5.6.1　呼和浩特市热力管道检测

2012 年 11 月，本书作者受呼和浩特市热力公司委托，对其埋地热力管道进行非开挖检测评价。其中一段埋地管道位于呼和浩特市营坊道街，为平行并排的两条管道，一条为供水管，另一条为回水管。管道外径为 159mm，壁厚为 8mm，埋深为 2m。该管道已运营近十年，现在处于水暖供热状态，委托方每天要不断给管道补水近百吨，但管道压力表读数一直达不到标准故判断管道有漏水。初步判断管道漏水在此街道 100m 以内的范围，但是无法确定泄漏准确位置，采用埋地管道非开挖检测系统对这段管道进行腐蚀检测。首先使用 SL-2188 型探管仪确定管道的走向，然后以检测起点作为 0 号测点进行检测，测点间距 2m，使用的检测装置参数如表 5.9 所示。

表 5.9　呼和浩特市热力管道检测装置参数

发射电流/A	发射频率/Hz	发射线圈参数			接收线圈参数		
		边长/m	匝数	线径/mm	边长/m	匝数	线径/mm
1.29	16/32	1	30	0.8	0.5	60	0.7

检测完成后得到的归一化感应电动势剖面图如图 5.41 所示，33 号测点附近是一个小区的出口，管道存在三通，并有其他金属管道干扰，故此处测得的信号存在

一个较大的凸起，但通过查看确定三通处并未存在管道腐蚀漏水情况。通过实际检查，2 号和 30 号测点存在横穿的其他管道，因此也表现为凸起的信号。除去这三点的干扰，发现在 4～16 号测点处的归一化感应电动势剖面曲线先下降后上升，其中在 8 号测点附近归一化感应电动势最低。经过剩余壁厚计算得到了各测点的壁厚值如图 5.42 所示，其中 4～17 号测点区域管道存在严重腐蚀现象，剩余壁厚减小了 40%以上，18～20 号测点区域管道存在轻度腐蚀现象，其他测点管壁基本正常。若管道发生漏水，应该是在管道腐蚀最严重的地方，故认为管道漏水点应该在 8 号测点附近，即距离起始点 13～15m 处存在泄漏。

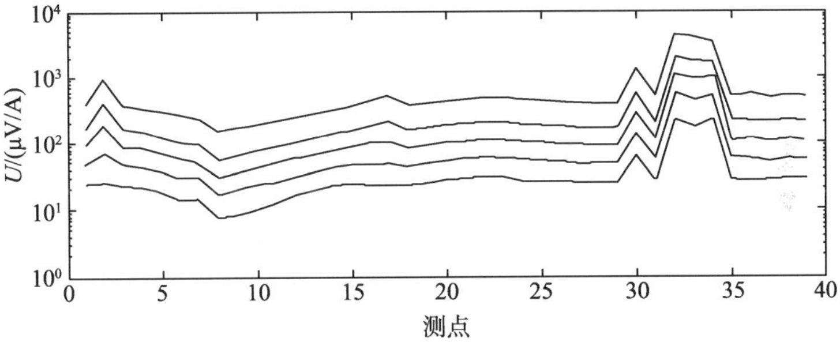

图 5.41 呼和浩特市热力管道检测归一化感应电动势剖面图

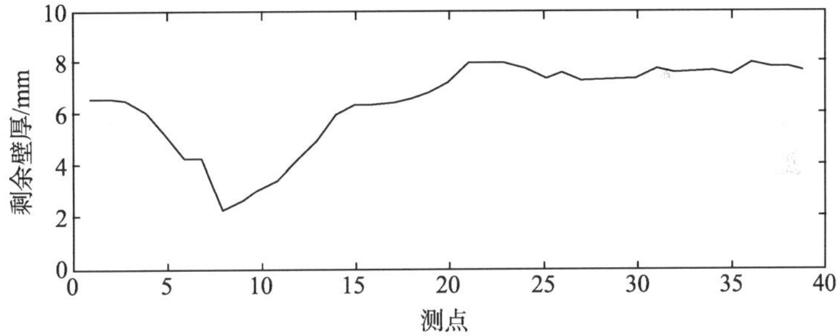

图 5.42 呼和浩特市热力管道剩余壁厚

选取距离起始点 14m 的地方为中心，向两边进行开挖验证。将路面水泥切开，继续往里开挖不到 0.5m 深，就有大量热水冒出地面，如图 5.43 所示。

安排委托方暂时停止供水，并用水泵将水抽干，继续开挖，找到漏水点，如图 5.44 所示。此段管道防腐保温层已经严重破损，有水流往外冒出，漏水点是长 20mm、宽 5mm 的槽型破损点。用超声测厚仪测其壁厚，漏水点两侧附近壁厚值为 2.5～3.5mm，与计算得到的管道剩余壁厚值基本相同。委托方将此处腐蚀穿孔修补以后，继续供水运营，此时管道压力表显示正常，表明管道无其他漏水点，漏水问题得到解决。

图 5.43　切开路面水泥

图 5.44　呼和浩特市热力管道破损情况

5.6.2　天津市热力管道检测

2017 年 9 月，本书作者受天津市津安热电有限公司委托，对天津市芥园西道 1.2km 供热埋地管道进行非开挖检测，并进行了全线开挖验证。检测过程中主要用埋地管道非开挖检测系统对埋地管道检测中存在的各种干扰物进行定性识别。各种干扰物包括热力管道敷设时的补偿器和固定墩，地下交叉的各种金属管道，以及地面的排污井盖和其他金属干扰物。该段管道是平行并排的两条管道，一条为供水管，另一条为回水管，管道外径为 400mm，壁厚为 7mm，埋深为 1.5～2m，检测现场环境如图 5.45 所示。首先使用雷迪 RD8000 型管线探测仪确定管道的走向，然后以检测起点作为 0 号测点进行检测，测点间距为 0.5m，使用的检测装置参数如表 5.10 所示。下面给出经验证的补偿器、固定墩和地表排污井盖的典型瞬变电磁响应结果。

图 5.45　天津市芥园西道检测现场环境

表 5.10　天津市热力管道检测装置参数

发射电流/A	发射频率/Hz	发射线圈参数			接收线圈参数		
		边长/m	匝数	线径/mm	边长/m	匝数	线径/mm
1.29	16	1	30	0.8	0.5	60	0.8

图 5.46 所示是含有补偿器的归一化感应电动势多测道剖面图，在 69～79 号测点存在两个波峰，波峰最大值位于 71 号和 77 号测点处，即此段存在补偿器，且补偿器影响的瞬变响应异常长度为 3～4m。

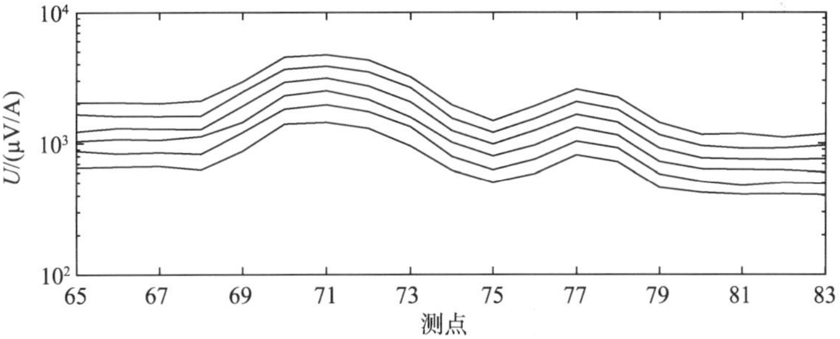

图 5.46　含有补偿器的归一化感应电动势多测道剖面图

图 5.47 是含有固定墩的归一化感应电动势多测道剖面图。与补偿器不同，它表现为单个波峰异常，类似交叉管道的瞬变响应，但是异常覆盖的范围更大，约为 2m，且异常幅值小于补偿器的异常幅值。图 5.48 是检测装置覆盖了地表排污井盖的归一化感应电动势多测道剖面图，由于排污井盖位于地表，距离检测装置更近，所以产生的瞬变响应异常幅值远大于补偿器和固定墩，表现为剧烈的瞬变响应增

大，异常覆盖的范围约为 2m。图 5.48 中椭圆标注的是补偿器的位置，可以看出和排污井盖的异常差异。

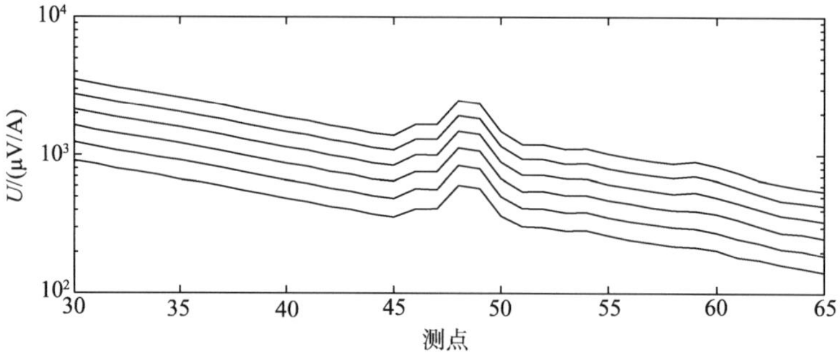

图 5.47　含有固定墩的归一化感应电动势多测道剖面图

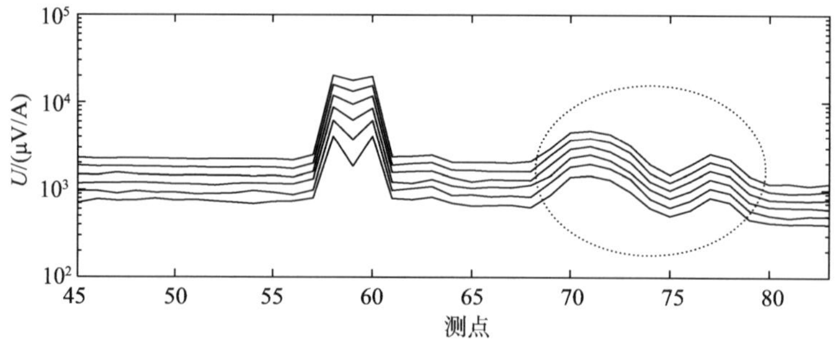

图 5.48　排污井盖的归一化感应电动势多测道剖面图

5.7　本 章 小 结

本章主要论述了瞬变电磁检测埋地管道腐蚀的野外工作流程；分析了检测过程中噪声的来源和采取的数据处理方法，主要有多次叠加消噪、剔除异常点、分离一次磁场和平滑滤波等；基于 C# 语言开发了数据处理软件；将瞬变电磁法应用到石油管道、天然气管道和热力管道的检测中，各种检测案例的检测结果分析以及部分开挖验证，说明该方法取得了较好的工程应用效果。

参 考 文 献

[1] 程德福，林君，于生宝，等. 瞬变电磁法弱信号检测技术研究[J]. 吉林大学学报(信息科学版), 2002, 20(2): 1-5.

[2] Macnae J C, Lamontagnet Y, West G F. Noise processing techniques for time domain EM systems[J]. Geophysics, 1984, 49(7): 934-948.

[3] 党瑞荣，赵文涛，任志平. 瞬变电磁法中接收线圈过渡过程分析[J]. 石油仪器，2009, 23(2):

7-9.
[4] 嵇艳鞠, 林君, 王忠. 瞬变电磁接收装置对浅层探测的畸变分析与数值剔除[J]. 地球物理学进展, 2007, 22(1): 262-267.
[5] 杜庆丰, 管志宁, 何朝明. 瞬变电磁数据预处理方法探讨[J]. 物探与化探, 2006, 30(1): 67-70.
[6] 嵇艳鞠. 浅层高分辨率全程瞬变电磁系统中全程二次场提取技术研究[D]. 长春: 吉林大学, 2004.
[7] 明日科技. C#从入门到精通[M]. 3 版. 北京: 清华大学出版社, 2012.

第 6 章　总结和展望

6.1　总　　结

埋地管道被誉为地下生命线，在各行各业中发挥着重要的作用。但是随着埋地管道使用年限的增加，管道的安全隐患问题日益凸显。运用瞬变电磁法对埋地金属管道的腐蚀缺陷进行非开挖的无损检测，通过理论分析、数值模拟、试验测试和实际工程应用等多方面的研究和分析，可以确定该方法检测埋地管道腐蚀的可行性和可靠性。本书主要研究内容和结论如下。

(1) 围绕瞬变电磁法的基本原理进行理论分析，阐述埋地金属管道的瞬变电磁响应过程。分析了激励信号和接收信号的特点及激励信号参数对观测结果的影响，主要包括脉冲宽度和关断时间这两个重要参数。由于埋地金属管道埋藏浅，其瞬变电磁响应可看作均匀半空间场问题，为此讨论了均匀大地表面瞬变电磁场的计算方法，以磁偶极子源为例，对比分析了重叠回线和分离回线两种测量方式下瞬变电磁响应的差异。根据“烟圈效应”简化分析，获得埋地金属管道的瞬变电磁响应范围，它与发射线圈的边长和管道的中心埋深有关。研究管道剩余壁厚计算方法，提出基于最小二乘法的剩余壁厚拟合计算方法和对感应电动势剖面曲线斜率拟合的计算方法。

(2) 进行瞬变电磁场的数值模拟研究，获得埋地管道模型的瞬变电磁响应特征。

① 从广义麦克斯韦方程组出发，推导适用于三维截断空间的非均匀网格算法及基于非均匀网格技术的时域有限差分方程。为了保证时域有限差分方程计算的稳定性和收敛性，分析了数值算法的稳定性条件和收敛性条件，提高数值模拟准确性。根据激励源的分类、功能以及时间域电磁法常用的激励源波形，选取适合三维截断空间的激励源，并设置激励源的施加方式，即沿电场水平分量棱边施加激励源，将初始场代入迭代公式进行计算。讨论了三维截断空间吸收边界条件的优缺点，较好地模拟无限空间场的传播，保证截断空间电磁场的稳定。引入上延拓边界条件及离散傅里叶变换和二元三次样条插值方法，实现地空截断边界面的边界处理。为了能使埋地管道与非均匀网格剖分的三维截断空间较好地耦合，引入局部共形网格算法剖分埋地管道所在空间处的网格，实现管道模型与三维截断空间模型的耦合。

② 根据算法流程实现三维截断空间模型的建立、电磁场信号的提取及不同类型腐蚀模型的数值模拟，给出时域有限差分算法建模仿真的模型结果。对三维截断

空间进行可视化显示，并对模型的介质参数进行显像，充分了解三维截断空间的介质分布。将激励源产生的场作为初始条件施加在计算场域中，观察电场和磁场随时间的扩散分布图，分析电场和磁场的扩散规律，证明激励源的施加方式是有效的。设置不同腐蚀长度和程度的埋地管道模型、不同传输介质的埋地管道模型、不同管径与埋深的埋地管道模型和不同属性腐蚀物质的埋地管道模型进行仿真计算，得到各类模型的瞬变电磁响应特征，总结相关参数变化引起的感应电动势变化规律，为瞬变电磁法的实际检测应用提供理论依据。同时，给出有限元法建模仿真的部分结果用于对比分析。

(3) 进行埋地管道模型的瞬变电磁检测试验研究，验证数值模拟结果的准确性，模拟实际工况下的检测试验，获得合适的检测方式、检测参数和数据处理方法。

① 根据数值模拟模型设计物理试验模型，设计不同腐蚀长度、不同腐蚀程度、不同管径、不同管道埋深等物理试验模型，通过分析单测点感应电动势衰减曲线和多测道剖面曲线及计算剩余壁厚，验证数值模拟结果和相关参数变化引起感应电动势变化规律的准确性。

② 分析瞬变电磁法的检测装置形式和参数，选用适合埋地管道检测的方形中心回线检测装置。发射线圈的参数直接影响观测结果，线径越大、匝数越多、激励电流越大，关断时间越长，观测到的响应信号中有用成分减少，会降低检测结果的可靠性。对于不同参数的接收线圈，需要调节阻尼电阻使其工作于临界阻尼状态，此时接收端可获得最佳观测信号。当接收线圈边长为 0.5m、匝数为 60，且发射线圈边长为 1.0m、匝数为 30 时，实际检测的效果较好。在此基础上，研制了新型的加磁芯线圈装置，利用铁氧体磁芯的“聚磁”效果加大接收信号的幅值，提高信噪比，改善检测精度，但铁氧体和线圈需有合适的匹配，不然会适得其反，对检测产生极大干扰。

③ 讨论连续检测技术的可行性、优势和不足。连续检测方法与定点检测方法的准确性相近，但其检测效率远比定点检测高。连续检测过程中检测线圈移动不均匀、不平稳，会在一定程度上影响检测结果的准确性，因此可以通过多次重复检测的方式进行修正。局部埋深变化会在一定程度上影响观测信号幅值，需结合检测过程中的实际记录进行综合分析。在实际检测中，可以将连续检测与定点检测相结合，以快速、准确地对埋地管道腐蚀情况进行评估。

④ 考虑实际检测中可能遇到的问题，模拟实际工况进行检测试验，设计并行管道、交叉管道、管道壁厚不一致和有盗油阀门的检测模型，分析各种模型产生的瞬变电磁响应特征，为实际检测数据的分析与处理提供依据。

⑤ 介绍瞬变电磁信号的预处理方法，包括异常点的剔除、一次场的分离和平滑去噪。由预处理前后的效果图可以看出数据预处理的有效性，预处理算法改善了检测信号的质量。另外，设计开发了用于数据处理的软件，主要实现消噪处理、管

道剩余壁厚值计算、数据成像、数据存储等功能，具有较好的人机交互特性。

(4) 进行埋地管道的现场检测应用，将瞬变电磁法应用到石油管道、天然气管道和城市热力管道的检测中，部分进行了开挖验证，取得了较好的工程应用效果。

6.2 展　望

运用瞬变电磁法检测埋地管道的腐蚀情况，能够实现非开挖的检测，对大面积腐蚀缺陷具有较好的检测效果，对各种干扰因素也能有较好的分辨和识别，可以实现连续检测，提高检测效率。但在实际应用中，还存在一些问题值得进一步深入研究和探讨。

(1) 对瞬变电磁检测技术本身而言，可以从检测装置和数据处理算法两方面深入研究。改进和优化检测装置，制作便携式工装，在保证检测能力的前提下，使其尺寸尽可能小，以提高连续检测过程实施的灵活性，适应不同的地表检测环境。目前的壁厚反演算法只对单一管道且无干扰的简单环境计算较为准确，若有并行管道、交叉管道或者其他金属干扰物的存在，则剩余壁厚的计算误差变大。因此，需要改进剩余壁厚计算方法，优化数据处理软件，增强数据综合分析能力。最终的结果显示，可以在反演软件中进行三维成像。

(2) 受瞬变电磁法原理的限制，在检测管道腐蚀时只能获得某段区域内的平均腐蚀情况，对局部出现的小范围点蚀、孔蚀等较少金属量损失情况分辨力较低，且不能区分是内壁腐蚀还是外壁腐蚀，只能对腐蚀段进行轴向定位，无法对腐蚀信息进行周向定位。因此，需要结合多种技术手段进行综合评估，如弱磁无损检测技术，这是一种埋地管道非开挖检测的新技术。

(3) 瞬变电磁法虽然已应用到部分城市热力管道的检测中，但城市地下管道系统错综复杂、检测过程中噪声干扰大，一般只能进行粗略的检测和异常干扰源的定性分析，精细检测和定量分析还达不到应用的需求。因此，对城市埋地管道的检测，一方面要研究有用弱信号的提取技术，另一方面要结合多种技术手段对管道进行综合评估。

(4) 越来越多的管道安全隐患已经显现出来，建立管道输送安全信息平台的工作刻不容缓。随着大数据和云计算技术的发展，管道输送安全信息平台的建设已经没有技术上的难点，将使用瞬变电磁法检测管道获得的数据作为平台的一部分信息上传，定期进行检测和信息维护，可以对管道的运营风险做出评估。